KB071459

어느
사회복지사의 죽음

DEATH OF A SOCIAL WORKER

어느
사회복지사의 죽음

:: Sue Miller 저 | 김현옥 · 김경호 공역

학지사

헌정사

"정부가 잘못하고 있는데 옳게 가는 것은 위험하다."

볼테르(Voltaire)

이 책을 자신들의 삶과 타인의 삶에 영향력을 미치려는 모든 이에게 바칩니다. 이들의 노력에 행운이 깃들기를 진심으로 바랍니다.

나는 또한 내 마음속에 영원히 남아 있는 마가렛, 로버트, 폴의 기억에 헌정합니다.

역자 서문

이 책의 원제는 *Death of A Social Worker*, 직역하면 '어느 사회복지사의 죽음'이 된다. 다소 과격한 듯 보이는 원제를 역자들이 그대로 직역한 이유는 저자인 밀러(Miller)가 이 책에서 표현하고 싶었던 자신의 삶을 최대한 반영하고 싶었기 때문이다. 번역 작업 전에 이 책은 소제목 없이 15개 장이 있을 뿐이었으나, 우리가 번역하면서 1부와 2부로 나누고, 또 각 장에서 가장 핵심적인 내용을 대변하는 제목을 만들어 냈다. 이렇게 해서 총 2부 15장의 책으로 재구성된 셈이다. 이 책의 1부는 밀러라는 한 인간에 대한 자기 고백이고, 2부는 영국의 아동복지체계에 대한 고발로 요약할 수 있다.

1부에서는 밀러의 어린 시절, 사회복지 분야로 입문하기 전 그녀의 삶을 1인칭 시점으로 기술하고 있다. 늘 따라다니던 친구 같은 가난과 모계 중심의 가계적 특성, 창의적이고 성실한 삶, 사랑하는 사람들이 죽어 가는 순간에도 최선을 다하는 모습 등이 그려져 있다. 여기서 볼 수 있는 것은 사회복지사의 삶 속에 있는 뼈아픈 클라이언트의 모습이다. 이후, 밀러가 아동보호체계에서 약자인 아동과 청소년을 왜 그토록 동일시하여 헌신을 다하는가, 조직의 관료 혹은 관리체계에 대해서 다소 무모하다고 여길 정도의 도전을 할 수 있도록 만든 개인의 경험을 이해할 수 있을 것이다.

밀러가 힘들고 가난하며 외롭고 빠듯한 노동을 경험했음에도, 타인을 조종하려 들거나 염세적·비관적 성격이 아닌 점에 주목해야 한다. 이러한 점에서는 밀러와 그녀 어머니의 성격이나 삶 등을 비교해 가며 읽어 보는 것도 이 책의 또 다른 재미일 것이다. 나는 개인적으로 밀러의 레질리언스는 상당 부분 그녀의 어머니를 닮아 있다는 생각을 여러 번 하였다.

2부에서는 밀러가 그토록 원하는 가족지원 팀의 사회복지사가 되어, 학대받은 아동에 대한 개입을 해 나가는 과정을 기술하고 있다. 그러나 밀러의 기쁨은 잠시이고, 팀이 해체된 이후 영국 아동복지체계에 대한 밀러의 비판적 분석에 주목해야 한다. 흔히 필자를 포함하여 아동학대 분야를 연구하는 연구자들은 영국의 아동보호체계를 하나의 지침서로 비중 있게 다룬다. 그럼에도 이 책은 영국 아동보호체계의 구멍을 노골적으로 드러낸다. 사회복지사들의 과중한 서류 업무, 아동보호 사례가 법원으로 갈 경우 사회복지사의 통제권 상실, 친권을 제한하여 조치되는 경우의 지난함 등을 잘 보여 주고 있다. 상대적으로 우리나라의 아동보호체계는 학대받는 아동을 제대로 보호하기 위해서는 도대체 얼마나 멀리 있다는 말인가 하는 고통스러운 회의를 하기에 충분한 내용을 담고 있다.

그럼에도 우리는 이 책이 사회복지사들에게 읽히기를 원한다. 소진을 다루는 방법, 사회복지사로서 개인의 성장사가 현재의 업무에 어떠한 영향을 미치는가, 조직에서 마주쳐야 하는 철없는, 혹은 너무도 철든 윗선을 어떻게 보아야 하는가에 대해서 이 책은 노하우를 제안하지는 않으나 많은 메시지를 함축하고 있다.

한편 밀러는 이 책이 교수들에 의해서 번역된 것을 달가워하지 않을 것 같다. 왜냐하면 그녀는 곳곳에서 이론적인 접근의 무용함, 이론 자체에 대한 거부감 등을 언급하고 있기 때문이다. 그러므로 당연히 한국 사회복지 분야에서 이론으로 치우쳐 있다는 비판을 받고 있는 교수들이 자신의 책을 다루었다는 것이 불쾌하지 않을까 염려된다. 그러나 충분히 밀러의 심정을 이해하되 또한 비판하고 싶은 부분도 있었으므로, 우리는 번역을 중단하지 않았다. 한 인간에 대한, 적어도 학대받은 아동에 대한 이해 없이 접근할 수 없고, 이론 없이 이해되지 않기 때문이다. 더 솔직히는 이 책이 재미있었기 때문이다.

저자가 활용한 영어는 어려웠다. 사전에도 없는 관용어는 당연한 손님이고, 관용어를 응용한 불청객도 불쑥불쑥 등장해서 우리를 곤혹스럽게 했다. 우리는 괴로웠으나, 나는 밀러의 표현 능력에 경의를, 그리고 그녀의 표현에 대한 열정에 또 한 번의 경의를 보낸다. 진심으로.

최대한 고심하여 교정하였으나, 여전히 낯설거나 오역이 있을 것이다. 독자 여러분의 주저 없는 지적을 기다리면서, 학대받는 아동과 함께하는 한국 사회의 사회복지사들이 이 책으로 조금이라도 위로받기를 바란다.

2014년
아름다운 남강이 보이는 새 연구실에서

프롤로그

나는 사회복지사가 되기 위해 이 세상에 태어났고, 늘 그런 생각을 하며 살았다. 이제는 그런 생각은 순진할지도 모른다. 물론 나는 나와 세 자녀를 부양하기 위해 생활비를 벌어야 했지만, 나의 신념과 가치는 항상 나에게 중요한 것이었다. 나의 일은, 단지 직업을 갖는 것과 다르게 매우 뜻깊은 것이었다. 나에게 사회복지는 직업일 뿐만 아니라 소명이었으며, 기여할 것이 많다고 생각했다. 지금도 나는 그렇게 생각하고 있다.

우리 모두는 우리가 어른들에게서 상처(damage)받은 대로, 자녀에게 상처를 입힌다. 정도의 차이가 있을 뿐이다. 나 자신을 포함한 그 누가 상처를 주지 않을지는 알 수 없지만, 우리와 자녀들이 받을 상처는 많은 변수에 따라 달라진다. 대부분의 '상처'는 의도적인 것이 아니고, 지식과 자기 분석의 부족으로 발생하기도 하고, 혹은 드러난 상황 및 생애 사건, 심지어는 우리 사회의 대처 역량과 지지 네트워크에 의해서 발생한다. '우수한' 사회복지사란 통찰력과 다양한 삶의 경험을 가지며, 가족의 어려움의 원인을 확인하고 이것을 해결하는 데 필요한 전문기술을 겸비하고 있으며, 아동을 위한 최선의 이익에 근거하여 단지 최후의 수단으로 가족에게서 아동을 격리한다. 이것이 바로 이론이다.

현실적으로 사회복지사는 박애주의자, 무능력자, 훼방꾼, 불친절한 사람 혹은 이 모든 것의 조합으로써 신문지상의 혹평을 받는 경우가 있다. 지속적인 개선방안에 대한 증거를 수집하고, 비판을 불식시키기 위하여 노력하고, 조사 보고서 및 연구 결과의 최근 자료에 대응하면서, 법률과 정책 및 절차의 변화를 도모하는 한편, 엄청난 시간과 돈, 노력이 자격증 취득 전후의 훈련을 위해, 그리고 사회복지사 보수교육을 위해 투입되었다. 물론 이것은 불가능한 과업이며, 지방자치단체의 최일선 아동 담당 사회복지사들은 점점 더 자신의 통제력을 넘어서는 상황과 결과를 책임지고 감당해야 하는 등 최악의 대가를 지불했다.

　경력이 많고, 충분한 지식을 갖추었으며, 숙련된 실천기술을 사용하고, 배려심이 깊은 사회복지사일수록 숙련된 실천기술의 필요성이 약화되고, 더 많은 좌절을 하고, 과중한 업무에 압도당하게 만드는 메커니즘은 어떻게 작동하는가? 이른바 '사회사업실천을 두고 벌이는 게임'을 하고 있는 우리 중 몇몇은 이것에 대해 정확히 알고 있지만, 바로잡을 기회를 거의 가지지 못한다. 나는 여기서 완벽함에 대해 이야기하는 것이 아니라, 힘든 상황을 겨우 버터 나가는 우리 편과 사라져 가고는 있지만 나쁜 실천 관행에 개입하고 자신들을 보호하는 데 급급한 채 학술적이고 경험적인 지식에 기반하여 전문적 판단을 구사하는 능력을 갖춘 상대편 간의 차이를 말하는 것이다.

　나는 나의 실천과 신념을 급진적인 자세로 취한 적은 없으며, 우리가 수행해야 하는 업무 범위가 가지는 제약을 이해해 왔다. 나의 관심은 이것이 맞는가 혹은 틀리는가에 있다. 즉, 단순한 질문으로도 충분할 정도로 대부분의 실천가와 사회복지 관리자들은 심사숙고할 시간과 에너지 또는 그럴 만한 의향을 가지고 있지 않았다. 이것은 특정 개인이나 개인이 속한 집단을 비난할 의도는 전혀 아니다. 궁극적으로 우리는 클라이언트의 변화를 원하기 때문에 이 직업을 선택했다. 그렇지 않은가? 또한 내가 하고자 하는 말은 일을 순서에 따라서 자신들의 입장을 차근차근 생각해 왔던 '사회복지 분야'에서의 누군가에 대한 폭로는 전혀 아니다.

지방자치단체의 사회복지는 현재 위기에 처해 있다. 사실상 상황은 절망적이다. 이 글은 나의 인생 전반에 걸치면서도 좁게는 사회복지 분야에서 지뢰밭을 지나오면서, 내 자신의 여정에 대한 매우 개인적인 설명이다. 글쓰기의 구성 방식을 찾기 위해 고군분투하였는데, 최종적으로 학술적이기보다는 자서전적이고 개인적인 접근 방식을 선택하였다. 이러한 방식으로 나는 개인과 전문직의 공동 영역, 그리고 이론과 실천의 접점을 조명하고 싶었다. 교과서나 실천가의 연구에서 보이는 가공된 전문가 버전이 아니라, '실상'을 보여 주는 방식을 희망하였다. 전문가 버전과 같은 '공식적인' 설명들은, 전문가들이 처음 의뢰받았던 조사 목적의 속성에 좌우되어, 실천의 현실이나 삶 그 자체를 제대로 설명하지 못한다.

최근 들어 사회복지는 사회사업 과정을 포함한 많은 복지 분야에서 클라이언트의 강점, 욕구, 어려움, 억압과 관련된 '인간의 상황'에 대한 이해와 지식을 향상시키는 데 개인적인 설명의 가치를 인정하기 시작하였다. 우리는 그동안 사회복지사의 목소리를 제대로 듣지 못하였으며, 우리를 괴롭혀 온 불통, 마비에 도전할 때가 되었다.

감사의 글

이 책을 저술하면서 감사드려야 할 분들은 셀 수 없습니다. 내가 이전에 알고 있는 모든 사람은 나에게 개인적인 역량과 전문적인 역량을 갖추는 데 여러 가지 가르침을 주었습니다.

내 가족은 나의 삶이었고, '한 가족'이라는 이유로 나를 지지해 주는 많은 가족성원에게 감사드립니다. 또한 많은 것을 이해하려는 노력에서 나온 나의 '강한 주장'을 인내해 주신 지난날과 지금의 동료에게 감사드립니다.

마지막으로 내가 피치 못할 사정으로 이 책에 등장하는 인물들의 성명, 특정한 지명, 나의 고용주, 서비스 이용자와 나 자신을 포함한 상세한 정보를 감추려 했다는 사실을 지적하고 싶습니다. 물론 나를 잘 알고 있으며 내가 상세하게 서술했던 사람들은 자신들과 나를 확실하게 알아차릴 것입니다. 나는 공정하고 악의 없이 표현했다고 믿습니다.

Contents

Part 1. 나는 누구인가

Part 2. 나는 어떤 일을 하고 있는가

Part 1
나는 누구인가

1
소녀에서 엄마로

나를 고백하다

나는 1953년, 런던 남부 브릭스톤(Brixton)에서 성공한 직조공이자 (나중에 알게 된 사실이지만) 비리가 있는 경찰관의 둘째 딸로 태어났다. 그 당시 아버지가 수도 경찰청으로 발령이 나서 우리 가족은 잉글랜드의 노스웨스트에서 런던으로 오게 되었다. 나의 어머니는 한때 열렬한 사랑에 빠져, 그로 인해 많은 대가를 치른 것으로 알고 있다. 요즘 우리 가족은 그 당시의 일에 대해서는 거의 대화를 하지 않는다. 그러나 가끔, 어머니는 나에게 자신의 옷과 속옷이 각각 두 벌씩 있으며, 하나를 입고 있는 동안에 나머지 하나는 늘 세탁 중이었다고 말씀하셨다. 또한 어머니는 모유 수유를 하지 못하였으며, 그렇다고 분유를 사는 것도 힘들어서 카네이션 밀크(Carnation milk, 네슬레 사에서 생산되는 연유의 명칭-역주)에 물을 타서 나에게 먹였고, 이것으로 나의 치아와 뼈의 건강하지 못한 상태가 설명되는 셈이다. 어머니가 돌아가신 후, 어머니의 사촌은 나에게, 아버지는 빳빳하게 세

탁된 자기 셔츠에서 한 점 얼룩이라도 있는 날이면 어머니를 구타하였고, 어머니는 그것을 견뎠다고 말해 주었다.

오랜 시간이 지나 할아버지가 돌아가신 후에 나와 여동생은 일간지 『맨체스터 가디언(Manchester Guardian)』에서 오려 낸 오래된 신문 기사를 보았는데, 아버지의 재판에 관한 것이었고 스트레인지웨이스(Strangeways) 교도소에서 3년 징역을 복역한다고 나와 있었다. 그 당시 나는 두 살이었고, 어머니는 여동생을 임신한 상태였다. 나의 아버지의 위범행위는 동성애가 불법이던 당시 남자에게 접근하여 성관계를 요구하며 괴롭힌 것과 관련 있었다. 아버지는 돈 벌 계획을 반짝 떠올렸는데 부유한 기업인을 호텔로 유인한 뒤 신분증을 제시하면서 그를 협박하기를 계속했다. 아버지는 외관상으로는 돈을 잘 버는 능력자로 보였는데, 무슨 이유로 그런 짓을 저지르게 되었는지 도대체 알 수가 없다. 그 후 아버지는 큰돈을 건네받으려던 중에 공중전화 부스에서 체포되었다. 이것은 그 사업가의 제보와 경찰의 감시에 따른 것이었다.

어머니와 나는 북부로 돌아와 외할아버지와 외할머니 그리고 언니와 같이 살게 되었다. 예전 어머니와 아버지는 '생활이 안정될 때까지' 외할머니가 언니를 양육하도록 합의한 적이 있었다. 그리고 여동생을 출산한 이후, 외할머니에게 우리를 맡겨 두고 생활비 등을 벌기 위하여 종종 이부제 근무를 해 가며 공장생활을 계속하셨다. 어머니는 자존심이 강한 여성이어서 양육수당을 신청하거나 아버지에게서 한 푼의 돈도 받으려고 하지 않았다. 나는 아버지를 절대 알 리가 없었는데, 어머니가 돌아가신 지 약 10년이 지난 뒤 내가 30대였을 때, 막연한 호기심에 이끌려 우리 자매는 아버지를 찾게 되었다. 여러 사람에게서 전해 들은 바에 따르면, 아버지는 현재 젊은 여성과 함께 지내고 있으며, 한때 엄청난 돈을 벌었다가 탕진하였으나 지금도 제법 부유하게 살고 있었다. 자신의 손자들에 대해서는 알고 싶어 하지 않았지만, 장성한 딸들인 우리와는 연락을 취하고 싶어 하였다. 하지만 우리는 그의 뜻을 따르지 않았다. 우리는 아버지 때문에 많이 힘들었고, 그때는 아무런 감정도 남아 있지 않았다. 또한 그 당시 새 아버지가 돌아가실 상황이었고, 비록 그 또한 많은 단점을 지니고 있었지만, 새아버지는 친아버지보다 우리에게 더 많은 것을 해 주셨다. 비록 친아버지가 '우리에게 빚진 것이 있었다' 하더라도, 또한 그 당시 내가 절박하게 가난한 상황이었다고 할지라도 아버지에게 도움을 요청함으로써 나의 원칙을 깨고 싶지는 않았다.

나와 외할머니와의 관계는 팽팽한 긴장 관계의 연속이었다. 여동생은 출생 직후부터 외할머니가 양육하였지만, 나는 두 살까지 외할머니와 만난 적도 없었다. 게다가 나는 고집이 세고, 무엇보다 여동생과 나를 차별 대우하는 것에 대해서 매우 반항적이었다. 따라서 항상 그러한 문제에 대항하여 말썽을 일으키거나 외할머니나 여동생의 등 뒤에서 다양한 수단을 강구하여 골탕을 먹이곤 하였다. 또한 형제 서열에서 둘째였던 관계로, 여동생은 '아기'라는 이유로 내가 동생에게 양보를 해야 했으며, 언니는 나보다 '연상'이라는 이유로 동일하게 양보를 해야 했다. 나는 항상 이 부분에 대해 유감을 가지고 짜증을 내곤 하였다. 하지만 대체적으로 우리 세 자매 사이는 우호적인 편이었다. 아이들이란 늘 그렇듯, 어떤 사소한 일에서는 앙심을 품기도 하지만 돌아서면 잊어버리고, 어쨌든 어렸을 때 자매들이 대개 그러하듯이 우리는 잘 어울려 놀곤 하였다. 우리는 같은 공간에 함께 있으면서 누구와 어떻게 풀어 가야 할지를 알 정도로 정서적으로도 친밀하였다.

금요일마다 우유 배달원이 우리 집에 배달해 주는 작은 병에 담긴 신선한 오렌지 주스는 우리의 특별 간식이자 큰 즐거움이었다. 그런데 나의 막내 여동생 레이첼(Rachel)이 어느 금요일 날, 내가 학교에서 돌아오는데 나를 정문에서 맞이해 주며 (그때 외할머니는 가게에 나가시고 안 계셨다) 자신이 내 오렌지 주스를 마셨다고 하고는, (외할머니는 호일 뚜껑에 우리 이름의 머리글자를 늘 적어 두었다) 자신의 것은 나중에 먹으려고 아껴 둘 것이라 말했다. 내가 막 동생을 붙잡으려 하는 순간에 외할머니가 돌아오셨고, 레이첼은 내가 자신의 주스를 빼앗아 먹으려 한다고 일렀다. 나는 기가 막혔다. 외할머니는 해명을 들으려 하지도 않았으며, 증거—즉, 빈 병과 내 이름 머리글자가 적힌 뚜껑—를 보시고는 그 어떤 주스도 먹을 수 없다고 하셨다. 나는 울화통이 터졌지만, 감히 외할머니의 말씀을 거역할 수는 없었다. 그래서 레이첼의 주스 병을 위층으로 몰래 가지고 올라가서는 뚜껑을 열어 보디 파우더를 듬뿍 넣어 두었다. 나는 호되게 야단을 맞을 것을 각오했지만, 레이첼이 그 병의 오렌지 주스를 한 모금 꿀꺽했을 때의 표정을 상상하면, 그만한 대가는 충분히 감수해도 좋다고 생각하였다. 생각해 보면 나 역시 그와 같은 방법으로 주스를 마시고자 하였을 것이다.

하지만 보통 때 우리 세 자매는 제법 사이가 좋았고 잘 협동했는데, 특히 모험에 가담할 때 더욱 그러하였다. 우리는 본파이어 나이트〔Bonfire Night, 매년 11월 5일, 의사당을 폭파하고 와서 제임스 1세와 그 일가족을 시해하려 한 가톨릭교도들의 화약 음모 사건이 무마된 것을 기념하는 날이다. 이날 영국에서는 행동대장 가이 포크스의 상(像)을 괴상한 모습으로 만들어 거리로 끌고 다니다가 밤이 되면 불태우는 풍습이 있는데, '가이 포크스'라고도 한다-역주〕를 위한 가이 포크스(Guy Fawkes', 영국 '화약 음모 사건'의 실행 담당자) 인형을 만들곤 하였는데, 그 축제 기간 동안 인형을 정원 벽 위에 두어 출근과 퇴근을 기록하는 공장 사람들의 관심을 끌곤 하였다. 우리는 벽 뒤에 숨어서는 돌 하나를 옮겨서 모금용 깡통을 그곳, 그러니까 '가이를 위한 동전 한 닢(penny for the Guy)' 표지판 옆에 두곤 하였다. 그 당시 우리는 잘 몰랐지만, 행인들에게 있어 우리는 매우 눈에 잘 띄었는데, 그 이유는 그 벽이 겨우 90센티미터 높이였고, 길의 커브에 위치해 있었기 때문이었다. 그리고 나서는 가이 인형과 함께 이 집 저 집을 돌아다니며 노래하고 동전을 모았다.

언젠가 우리는 한 해에 더 많은 돈을 걷기 위하여, 더욱 실제 같은 가이 인형이 필요하다고 생각하였다. 그 당시에 우리는 대략 일곱, 아홉 그리고 열한 살이었다. 레이첼이 가장 몸집이 작았기 때문에 우리는 그녀를 잘 차려입히고는 그녀의 얼굴에 물감을 칠하고, 상자 수레 안에 태워 이리저리 끌고 다녔다. 그러던 중 문으로 올라가는 계단이 많아서 레이첼이 타고 있던 수레를 끌어올릴 방법도 없는 상당히 호화스러운 집에 이르게 되었다. 이에 우리도 물러서지 않고 수레를 내버려둔 채 집주인이 레이첼을 잘 볼 수 있도록 떠받쳐 올렸다. 우리는 이런 수고를 할 필요가 없었는데, 그 이유는 주인 여자가 나와서는 자기 집에서 나가라고 하면서 그 '물건(분장한 레이첼)'도 가지고 가라고 요구했기 때문이었다. 레이첼의 장난기가 그치고 계단으로 떨어졌을 때, 그 집주인과 우리 중 누가 더 놀랐는지는 지금도 모르겠다. 즐거운 날들이었지만, 할머니는 결코 이러한 구걸 행위를 용납하지 않으셨기 때문에 우리는 할머니께 감히 이런 이야기를 하지는 못했다.

우리는 그 당시 지역 가톨릭 학교의 자선 바자회 단골손님이었는데, 우리가 주로 구입한 것은 가장용 옷이나 특이한 손가방이었다. 우리가 가지고 돌아온 '한 짐 가득한 낡은 쓰레기' 때문에 우리는 항상 외할머니에게 꾸지람을 듣곤 하였다. 이 일로 인하여 우리 자매는 스스로 모금활동에 대한 아이디어를 떠올리게 되었는데, 우리 지역의 다운증후군 아동을 위한 모금이었다. 이후 나와 언니는 십 대 초반에 한동안 다운증후군 아동양육시설에서 자원봉사자로 활동하였다. 우리가 살았던, 줄지어 선 집 사이의 골목에서, 우리는 '테이블 탑(table top)' 세일을 개최하곤 하였으며, 기부받은 장난감이나 책 그리고 '쓸 만한' 헌 옷을 팔았다. 모직 의류 가게에서 판매직으로 근무하던 여성이 우리에게 새 블라우스를 주었는데, 어떤 손님은 그 블라우스를 좀 더 싼 가격에 사기 위해 블라우스를 포장할 때까지 끈덕지게 흥정을 하였다.

우리 일은 매우 잘되었지만, 우리가 얼마나 많은 돈을 모금했는지는 기억나지 않는다. 지금 기억하기로는, 그 블라우스는 염가의 물건이었는데 그 여자는 우리가 요구한 값의 절반을 제시하였고, 우리가 거절한 직후 발걸음을 쿵쿵거리며 떠났다. 십 분 후, 우리는 그 블라우스가 없어졌다는 사실을 알게 되었고, 그 여자가 가지고 갔을 것이라는 확신이 들었다. 큰언니 벳(Bet)에게 가판대를 맡겨 두고, 나와 레이첼은 그 여자의 집으로 가서 그녀에게 블라우스를 되돌려 줄 것을 요구할 작정이었다. 그 여자는 최소한 그 블라우스 값 정도는 충분히 지불할 형편이 되었던 것이다. 놀랍게도 우리는 그녀가 그 옷을 빨랫줄에 걸고 있는 것을 보았다. 말할 필요도 없이, 그것은 잘 말려져서 가판대에 다시 올려져 있다가 한 시간 이내에 제 가격에 팔렸다. 역시나 우리가 도둑질을 했다고 야단을 맞게 될 것을 우려해 외할머니에게 이를 말하지는 않았다.

그 당시 외할머니는 공공장소에서 전도를 할 만큼 요란스러운 기독교인은 아니었으나, 상당히 엄격하셨고 매우 신앙심이 깊으신 분이었다. 또한 외할머니는 가족에게 세심한 관심을 기울이며 관대하면서도 위기 상황에서도 굳건하고 강인한 여성이었다. 어머니와 마찬가지로 외할머니도 면화 공장에서 일하셨으며, 그곳에서 외할아버지를 만나셨는데, 당시 외할아버지는 '근무자들의 잠을 깨우는 사람'이었다. 그러니까 할아버지의 업무는, 특정 장치가 부착된 긴 작대기로 침실의 창문을 두드려 이른 교대 근무자를 깨우는 것이었다. 그는 또한 공장의 기계에 기름칠을 하였고, 그 밖의 각종 잡일을 도맡아 하셨다. 할아버지는 마음씨 좋은 분이셔서, 우리가 놀면서 집을 엉망으로 해 놓아도 관대하게 봐주시는 분이셨다. 나는 아직도 할머니가 집에 돌아오셨을 때의 꾸지람을 기억하고 있는데, 특히 우리가 할머니가 아끼는 예배용 모자를 잘라서 뭔가를 만들었을 때와 (도무지 내가 뭘 만들었는지는 생각나지 않지만) 그녀의 찬송가 '갈보리 산 위에 험한 십자가(The Old Rugged Cross)' 앨범을 그 지역의 고물상에 팔아서 중고 만화책으로 바꾸었을 때가 기억에 남는다.

할아버지는 옆집에 사는 사람들이 소유한 땅에서 암탉을 키우셨는데, 그 사람들은 또한 지주이기도 하였다. 우리 자매들은 늘 달걀을 거두어 와서 매일 아침 그것을 먹는 것을 즐겼다. 우연이었는지 의도적이었는지는 모르겠지만, 어느 해인가 그 알들 중에서 몇 개가 부화를 하였고, 우리는 각자 그 병아리들 중 한 마리씩을 입양하였다. 내 병아리에게는 스노우이(Snowy)라는 이름을 붙여 주었다. 나는 이 병아리를 사랑했으며, 언니와 동생이 그들의 병아리를 잘 돌보아 준 것처럼 나도 내 병아리를 정성껏 돌보았다. 내가 기억하기로는 우리가 다른 데 신경을 쓰고 있는 동안 마련된 닭 요리를 자주 먹었던 것 같은데, 어느 운명적인 성탄절에, 말하자면 그 비극이 우리 닭들에게 발생하고 말았다. 무심코 부엌에 들어갔는데, 할머니가 닭의 깃털을 뽑는 광경을 보고 말았다. 아마도 그전에 목을 비틀었으리라. 나는 온몸에 소름이 돋는 듯하였다. 다름 아닌 스노우이였다. 나는 울고불고 난리를 쳤고, 그 닭 요리뿐만 아니라 어떤 닭도 먹지 않겠다고 소리를 질러 댔다. 그 후 우리 자매들은 달걀이나 그 어떤 닭 요리도 먹지 않았고, 암탉과 병아리 또한 더 이상은 키우지 않았다.

나는 그 지역의 초등학교에 다녔는데, 그곳에서 다른 아이들에게는 아버지가 있다는 것을 어느 날 불현듯 인식하게 되었고, 그래서 외할아버지를 '아버지'라고 부르기 시작하였다. 내가 친구들과 비슷해지기를 원했기 때문이기도 하거니와 어머니가 그를 그렇게 불렀기 때문이다. 선생님이 나의 가족 관계에 대해서 설명하려 하셨을 때, 나는 무척 당황하여 제발 하지 말기를 마음으로 빌었다. 아마 우리 선생님은 내가 가족 관계를 혼동하고 있다고 생각하셨을 것이다.

그 당시 우리 집 형편은 가난하였고, 그래서 할아버지는 예순일곱 살의 연세에도 다시 야간 경비원으로 일하시며 살림을 보태야만 했다. 우리의 삶은 먹는 음식은 괜찮았으나, 직접 지어 만든 옷을 입는 등 호화스러운 삶과는 거리가 멀었다. 휴일이라는 것은 다른 사람들에게나 존재하는 것이었다. 그러나 노스 웨일즈(North Wales)로 가족과 함께 버스 여행을 갔던 날과 세례식이 있는 날마다 입으셨던 외할아버지의 유일한 정장인 노스 웨일즈 수트는 잊을 수 없다. 사실 우리는 외할아버지가 작업복을 입은 모습만을 보았던 것이다. 그 당시에는 그렇게 생각하지 못했지만, 지금 생각해 보면 우리의 잠자는 방식은 특이했다. 어머니와 외할머니는 앞쪽 침실의 이인용 침대를 차지하였고, 외할아버지는 나란히 있는 일인용 침대에서 주무셨다. 뒤쪽의 침실에서는 나와 내 자매들이 이인용 침대에서 함께 잤다. 겨울에 우리는 침대 위에 코트를 덮어서 온기를 더했다. 침대의 한쪽 옆에는 사람이 서서 드나들 수 있는 큰 찬장이 있었는데, 이것을 외할아버지는 '빌틴(billtin)'이라고 부르셨고, 우리도 당연하다는 듯이 '빌틴'이라 불렀다. 우리가 어른이 되고 나서야 그 빌틴은 사실 '빌트인(built-in)'이라는 것을 깨달았다. 아무튼 우리는 그 빌틴에서 오래된 가톨릭 성경을 찾아냈고, 외할아버지는 그 당시 가족이 왜 선택의 여지없이 필요에 의해서 청교도로 개종하게 되었는지를 우리에게 말씀해 주셨다. 그 지역 공장주들은 그 당시 규범 때문에 가톨릭교도를 고용하지 않았던 터라, 개종을 하지 않고서는 식구들이 가난을 면할 수 없었다고 한다.

우리 집에는 욕실이 없었다. 우리에게는 실외 화장실과 침대 밑의 실내 변기와 식료품 저장실의 문에 걸린 오래된 깡통 욕조가 있었다. 금요일은 정말 예외 없이 목욕하는 날이었다. 외할머니는 우리가 순서대로 목욕을 할 수 있도록 욕조를 채울 뜨거운 물을 충분히 끓이곤 하셨지만, 한 가지 문제는 외할아버지가 저녁 때 담배를 피우러 부엌 쪽으로 오셨다는 것이다. 외할아버지가 전혀 기척을 하지 않으셨기 때문에, 어릴 때는 몰랐지만 나이가 들어 감에 따라 매우 창피한 기분이 들었다. 그러다가 마침내 어느 날 저녁, 내가 욕조에서 편안하게 목욕을 하고 있을 때, 외할아버지가 부엌 뒤로 불쑥 들어오시는 돌발 상황이 발생하였다. 그 이후 우리 세 자매가 깨끗한 속옷과 수건, 비누를 챙겨 반 마일 떨어진 스카우트 오두막 옆의 공중목욕탕을 이용하게 되자, 금요일 밤은 '공중목욕(slipper bath)'의 밤으로 여겨졌다. 그렇게 하고 나서도 옆 칸에 누가 있는지 모르니 공중목욕 칸에 앉아 있는 것 또한 아주 편치만은 않았다. 그럼에도 불구하고, 1실링의 가치를 충분히 하여 어느 정도의 프라이버시를 우리에게 지켜주었다. 우리 가족은 그 당시에 대체로 욕실이 집 안에 있고, 텔레비전도 있으며, 자가용도 있는 친구들에 비해 가난한 편이었다. 우리는 모든 사람이 우리처럼 침대 위에서 코트를 입고 살 것이라고는 생각하지 않았다. 우리의 유년 시절은 정서적으로 안정되고 목가적이었으며, 내가 열 살이 되던 해에 어머니는 탈영병이었던 한 군인을 만나서 결혼을 하였다.

그들이 결혼했을 당시, 새아버지는 스물세 살이었고, 어머니는 서른세 살이었다. 그는 미들섹스(Middlesex) 지역 출신이었고, 낙하산 부대에서 탈영을 하여 우리가 살고 있던 작은 마을 너머에 있는 언덕에 전선을 설치하는 일을 하고 있었다. 그는 나의 어머니를 거의 숭배하였는데, 일 년에 걸친 열애 끝에, 어머니와 결혼하기 위해서 군에 자수를 하고, 여섯 달 동안 영창을 갔다 왔다. (내 어머니는 대단히 매력적인 여자여서, 많은 남자에게 프러포즈를 받았지만, 청혼자들이 결혼 조건의 일부로 우리 세 딸을 거두는 것을 거부했던 것이다.) 그들이 살림을 차린 지 일주일 만에 새아버지는 페르시아의 걸프전(Persian Gulf)으로 파송되었으며, 거기서 약 2년간 근무를 하게 되었다. 이 시간은 어머니에게 있어 매우 괴로운 시간이었다. 어머니는 새아버지의 안전과 건강에 대해서 항상 염려하였으며, 여섯 달 만에 그녀는 가슴에 종기가 있음을 알게 되었고, 유방암을 진단받았다. 유방 절제수술을 하고 외할머니의 간호를 받고 다시 건강을 회복한 후에, 어머니는 직장으로 복귀하였다. 그 후 우리는 인근 마을의 시영 임대주택(council house)으로 이사하게 되었는데, 그 집은 오래된 농가의 중고 가구들이 거의 갖추어져 있었다. 한때는 웅장한 모습을 자랑하였지만, 지금은 낡아빠진 외관으로 임대주택에 버려져 있는 가구들의 모습이 무척 기묘하게 느껴졌다. 아무튼 그 예전 주인 덕에 우리는 촛대 세트까지 가지게 되었다.

우리 자매들은 어머니의 병의 심각성과 새아버지에 대한 걱정을 모르고 지냈지만, 그 시기는 매우 힘들게 느껴졌다. 어머니는 항상 불안하고 초조해 보였으며, 늘 병색이 완연했다. 그렇기는 했지만 실내 화장실을 가진 즐거움과 오래된 깡통 욕조에서 목욕을 하지 않아도 된다는 호화스러움에 기뻐했던 것만은 지금도 기억한다.

우리 세 자매에게는 학교에서 돌아오자마자 끝내야 하는 일이 각자 있었다. 내가 주로 한 일은 청소하고, 불 피우고, 감자를 벗기고, 잠자리를 준비하고, 앞쪽의 방을 청소하는 일이었다. 일요일은 긴 의자에 몸을 웅크리고 흑백영화를 감상하면서 지내기 일쑤였는데, 나와 어머니는 슬픈 영화를 특히 좋아하였다. 어머니가 돌아가신 후로는 영화를 보면서 우는 일은 없었다. 금요일에는 그 지역의 청소년 여가활동 클럽에 가서 보냈다.

새아버지는 군에 대한 열정을 다시 가진 채, 걸프에서 돌아오자마자 예비군 막사에서 정식 낙하산 교관의 자리를 임명받게 되었다. 시간이 흘러감에 따라, 나는 어머니의 악화된 건강 상태에 대해 점점 더 인식하게 되었다. 암의 경과에 따라 7년에 걸쳐서 어머니는 추가적인 수술, 화학치료 그리고 방사선 치료를 받았다. 어머니는 죽어갔고, 새아버지는 이에 대해서 정서적으로 제대로 대처를 하지 못하는 등 뭔가가 잘못되어 가고 있는 것 같았지만, 아무도 그것에 대해 언급하지 않는 가운데, 삶은 더할 나위 없이 정상적으로 보였다.

나는 열네 살이었을 때 이성과의 관계를 모험적으로 시도하게 되었다. 이 관계는 딜레마 그 자체였지만, 생각해 보면 굉장히 순수했던 것 같다. 나는 새아버지에게 정기적으로 훈계를 받곤 하였는데, 그것은 '절대로 남자아이가 너의 가슴을 만지게 해서는 안 된다.'는 종류의 것으로 기억한다. 예전에는 이런 생각을 해 본 적조차 없는데, 무척 모순된 것이, 두 번에 걸쳐 나에게 그러한 시도를 한 사람은 바로 새아버지였다는 것이다. 그 당시에 갑자기 어느 날, 어머니는 얼음 속에 든 물고기처럼 말 그대로 포장되어서 급히 병원으로 실려 갔다. 나는 몰랐지만, 새아버지는 어머니의 장기적인 병의 예후를 이미 알고 있었고, 십 대의 세 딸에 대한 책임감으로 힘들어하면서도, 계속 일하려 애쓰는 가운데 감정 상태는 롤러코스터처럼 기복이 심했다. 새아버지의 입장에서는, 정말로 미칠 것 같은 상황에서 벗어나기 위한 일환으로 어머니에 대한 애정이 나에게로 전이되는 복잡한 과정에 있었음을 나는 한참 지난 후에야 이해할 수 있었다.

하지만 그 당시 나는 무척 혼란스러웠다. 어머니의 병이 너무 위중하여 어머니에게는 차마 언급할 수 없었지만, 나는 새아버지와 같은 방에 있을 때는 무척 불편함을 느끼게 되었다. 그가 어머니와 같은 침대를 쓴다는 생각에 약간의 불안함과 역겨움 같은 감정을 느꼈던 것을 기억하며, 한동안 그에 대한 존경을 잃어 갔다. 약 한 달 후, 새아버지가 자신과 어머니에게 차 한 잔씩 가져다 달라고 하였으나, 내가 그 부탁을 거절하면서 상황은 최악으로 치달았다. 울고 불며 고성이 오간 후, 내가 왜 거절했는지를 말하자 새아버지는 그 당시에 자기가 술이 취해서 내 침실을 자기 침실로 오해했다고 말하였다. 물론 나는 그의 말을 믿지 않았다. 이 일이 있은 후, 나는 내 침실에 대한 혐오감이 생겨서 잠을 자거나 편안함을 느낄 수 없었고, 결국에는 여동생과 바꾸었어야 했다. 내가 아쉬워한 단 한 가지는 흰색 등교용 양말을 매일 저녁 깨끗이 빨아서 말렸던 건조 선반이 여동생 방에는 없다는 것이었다.

나는 공부를 별로 잘하지 못하는 학생이었다. 사실 나의 생활기록부에 따르면, "수잔은 학구적이지 못하고, 성취를 위한 욕구가 부족하며, 따라서 고상한 직업을 가질 가능성이 없다."라고 씌어 있었다. 아! 이것은 열네 살의 어린 소녀에게 있어 얼마나 잔인한 결론인가. 그러나 이러한 자녀의 교육이나 성적이란 것은 우리 집에서 우선순위에 해당되지 않았는데, 그것은 어머니가 건강 악화로 인해서 일을 그만두어야 했으며, 그로 인해 우리 가족은 월세를 낼 수 없어 집주인을 피하기 위해서 탁자 밑에서 숨어 지내야 하는 형편이었기 때문이다. 학교에서 나는 뭐랄까…… 학급의 광대였다. 지금 생각해 보면 그 노릇이 나에게 가벼운 안도감을 주었던 것 같다.

그리고 나는 수학이 싫었다. 그것은 전혀 나에게 이해가 되지 않는 학문이었으며, 열 명이 벽을 세우는 데 몇 시간이 걸리는지 계산하는 것이 왜 중요한지 도무지 납득할 수 없었다. 도대체 날씨가 그렇게 좋은 날에 젊은 청춘들이 교실에 단체로 처박혀서 인수분해 따위를 왜 배워야 하는 것일까? 그러나 나는 역사, 화학 그리고 불어는 꽤 흥미로웠다. 그런데 두 학년 동안 상위권에 있지 못했기 때문에 불어를 공부할 기회를 가지지 못하였고, 화학을 일반 과학으로 바꾸어야 했는데, 나는 이 과목은 마음에 들지 않았다. 나는 책을 읽는 것을 매우 좋아하였지만, 셰익스피어나 『보트 위의 세 남자(Three Men in a Boat)』(1989년 출판된 Jerome K. Jerome 작품-역주)와 같은 문학 작품의 세계는 나에게 맞지 않았다. 이들 작품은 내가 모르는, 그리고 내게 불편한 용어로 나에게 말을 걸어 왔고, 따라서 나에게는 무의미한 것일 뿐이었다.

나는 요리를 잘하지 못했는데, 요리 시간에 다 태워 먹어 나를 오싹

하게 만든 크리스마스 케이크가 이를 입증하였고, 남은 음식들과 함께 나란히 있는 그 케이크는 나에게 중요한 교훈을 던져 주었다. 그래서 나는 가정학을 목세공으로 바꾸었다. 나는 시험을 치르기 위해서 학교에 계속 다니는 것에는 관심이 없었다. 그것은 나와 같은 사람에게는 어울리지 않는 것이었다. 그 이유는, 나보다 더 똑똑하고 그래서 학교에 계속 다니기를 원했던 여동생의 경우와 마찬가지로 우리는 그럴 형편이 되지 못했기 때문이다. 그래서 나는 열다섯의 나이에 여동생과 함께 가까운 마을에 있는 회사에서 미성년자 월급을 받는 사원으로 일했다. 나의 가족에게 그것은 수직 상승의 조짐이었으며, 우리에게는 공장의 혹독함을 더 이상 견디지 않아도 될 것이라는 기쁜 안도감이었다.

나는 일을 즐겼고, 금요일에는 청소년 클럽에 갈 수 있게 되었으며, 일요일 밤에는 가까운 마을에 춤을 추러 갈 여유까지 생겼다는 사실에 희열을 느꼈다. 1960년대에는 전 세계가 온통 '우주'에 미쳐 있었는데, 초콜릿 바마저도 행성이나 별자리의 이름을 따서 지었으며, 16세 이하의 청소년이 출입할 수 있는 디스코텍 이름으로 '문(Moon)'이 성황을 이룰 정도였다. 어느 날 밤, 버스를 놓치고 집에 늦게 돌아왔는데, 새아버지가 나에게 어디에 있었는지 다그쳐서 '문'에 있었다고 하자, 머리 주변을 벨트로 세차게 때렸다.

한편 나는 수학을 못했음에도 임금을 계산하는 데는 별다른 어려움이 없었으며, 이 임금 계산은 그 당시 수작업 방식으로 이루어졌고, 구두닦이나 오물처리를 위한 추가적인 지불금도 포함되었다. 그러나 나와 사무실을 같이 썼던 중년의 두 여자를 상대하는 일은 그리

녹록하지만은 않았다. 나는 두 사람과 잘 지내려고 노력하였으나, 진(Jean)은 나의 어머니가 일을 하지 않기 때문에 병들고 다리를 절며 게으른 사람이라고 끊임없이 언급하였다. 반면에 리즈(Liz)는 보기에도 매우 똑똑한 자신의 딸을 나와 얼토당토않게 비교하곤 하였다.

나의 어머니가 당한 모든 일을 생각해 보면, 진이 감히 나의 어머니를 게으른 사람으로 폄하했다는 사실에 무척 화가 나는 것은 당연한 일이었다. 그리고 리즈의 딸은 내가 가지지 못한 좋은 기회를 누렸고, 그녀가 그다지 똑똑하지도 않다는 소문도 들은 바가 있었다. (나는 스물한 살 즈음에, 그러니까 어머니가 돌아가신 직후에 버스 정류장에서 우연히 진을 만나서, 내가 그녀를 어떻게 생각하고 있었는지 정확하게 말한 순간 묵은 체증이 확 내려가는 듯한 상쾌함을 느꼈다.)

어느 날인가 폭설 때문에 직장에 두 시간 늦게 도착하는 중대 상황이 발생하였다. 버스 운행이 중단되어 집에서부터 직장까지 10킬로미터를 걸어서 출근하게 된 것이다. 이 일로 인해 나는 12월에 '고용의 위기'를 맞게 되었다. 사장님이 안 계신 상황에서 '서열이 두 번째'였던 진은, 내 손가락과 발가락이 추위로 새파래져 있었고, 많은 직원이 제시간에 출근하지 못하였음에도 불구하고, 조금도 내 사정을 헤아려 주지 않았다. 진은 직장 가까운 곳에 살고 있었다. 나는 재고 관리 직원으로서 새로운 직장을 구했고, 그다음 주에 직장을 그만두게 되었다.

그 당시 내 또래들이 남자 친구를 사귀는 성향은 순진하고 즉흥적이거나 일시적인 면이 있었지만 나는 그렇지 않았다. 나는 개리(Gary)라는 남성과 좋은 관계를 유지하고 있었다. 우리는 둘 다 음악과 춤을 좋아하였으며, 다른 여자애들도 그가 멋지다고 생각했던 터라 내게 과분하게 여겨졌다. 그러나 나는 곧 그를 포기하고 말았다. 그는 맨체스터에 있는 트위스티드 휠 나이트클럽(Twisted Wheel)— 이 장소는 그 당시에 갈 수 있는 가장 즐거운 장소였다—에서 지미 러핀(Jimmy Ruffin, 1939년 출생한 미국 소울 가수–역주)을 나와 함께 보기 위해서 표를 샀는데 안타깝게도 나의 부모님은 (지금 생각해 보면 당연한 것이었지만) 나의 애원에도 불구하고, 내가 그곳에 가는 것을 허락하지 않으셨다. 그 이유는 그 쇼가 밤새도록 진행되는 것이었기 때문이다. 그리하여 개리는 '쉬운' 성향으로 소문이 파다한 다른 여자를 데리고 갔고, 그 사실을 알게 된 나는 그를 절대로 용서하지 않았다.

개리를 잊기 위해서 2주를 힘겹게 보낸 후, 나는 친구의 생일 파티에서 만난 크리스(Chris)라는 남자로부터 춤추러 가자는 초대를 받았는데, 그는 먼 거리에 살고 있었다. 그는 함께 있기에 유쾌하며, 잘생겼고, 이제 막 운전면허 시험도 합격하여 부모님에게서 차를 한 대 선물받았다. 나는 어머니나 새아버지에게 이 사실을 절대 말하지 않았는데, 왜냐하면 그들은 내가 남자 친구와 차를 타고 외출하는 것을 허락하지 않을 것이라는 사실을 잘 알고 있었기 때문이었다. 어쨌든 그 당시 나의 새아버지는 경마에서 돈을 좀 땄고, 주말 동안 어머니와 함께 외출할 채비를 하고 있었다. 때문에 그들은 언니인 벳에게 나를 감시하게 하였다. 그 당시 언니는 열여덟 살이었고, 나는 열여섯 살이었다. 내 생각으로 레이첼은 친구들과 같이 지내러 갔던 것 같은데, 어디로 떠났는지는 기억나지 않는다. 어쨌든 나는 세 번째로 크리스를 만나고 있었고, 벳은 첫 번째 데이트를 즐기고 있었다. 나는 어느 멋진 날 밤에 외출을 했고, (나로서는) 제법 늦은 시각에 돌아왔다. 차 안에서 작별 키스를 할 때, 크리스가 종이 한 조각을 내 손에 쥐어 주었다. 그는 이것이 자신의 전화번호이며, 내가 멋지고 예쁘고 유머 감각 있는 여자애라고 말했지만, 자기는 여자애에게 딱 세 번만 기회를 준다면서 마음이 바뀌면 전화하라고 하였다. 나는 눈물을 흘리면서 비틀거리며 차에서 내렸다.

나는 참담하기 그지없는 기분이었다. 벳이 아래층에서 남자 친구와 있는 소리를 들었기 때문에 나는 바로 위층으로 올라가 침대로 갔다. 그리고 울다 지쳐 잠이 들었다. 벳은 아침 일찍 나를 깨워서는 자신은 더 이상 처녀가 아니라고 말했다. 나는 그 당시에 별로 신경을 쓰지 않았지만, 어쨌든 그녀가 남자 친구에 대해서 신나게 떠들어 대는 것을 들어 주기는 하였다. 그러나 그 사건이 그날 밤에 나를 궁지에 몰아넣을 줄 어찌 알았으랴. 그 당시 외할머니 댁에서 지내던 벳이 주말에 온 이유는 내가 바르게 처신하도록 하기 위함이었다. 그들이 휴가에서 돌아오자마자 어머니 혹은 새아버지 둘 중 한 사람이 불을 피우기 시작할 무렵, 둘은 완전히 충격에 휩싸였다. 통풍 조절판을 끄집어 내리자마자 사용한 흔적이 역력한 콘돔이 그 앞에 붙어 있었던 것이다. 그로 인해 나는 호된 꾸지람을 듣게 되었는데, 그 끔찍한 꾸지람은 몇 주 동안 계속되었다. 내가 무슨 말을 할 수 있었으랴. 내가 아니었다고? 벳이라고? 불가능한 일이었다. 우리가 아무리 심하게 말다툼을 하여도 서로를 궁지에 몰아넣는 일 따위는 하지 않는 것이 '함께 자라는' 자매들 간에 불문율이었다. 나는 다만 혐의를 적극적으로 부인하였지만, 6주 동안 외출을 금지당하였다. 별다른 언급 없이 그 상황은 지나가 버렸기 때문에 벳이 당사자였다는 것을 가족들이 알았는지의 여부는 내가 알 수 없다. 보통의 경우 내가 뭔가를 잘못하여 발각되었을 경우, 나는 결국 자백을 하곤 하였다.

그 사건이 있은 후 얼마 지나지 않아, 약 2년 전에 영국 해군에 입대했었던 열여덟 살의 그 동네 남자아이와 교제하게 되었다. 나는 사랑에 빠졌다. 제임스(James)는 키가 크고, 검은 피부에 잘생기고, 조용하고 순한 성격을 가진 사람이었다. 그러나 나는 행복에 겨워서 그가 이미 많은 문제를 가지고 있다는 것을 모르고 있었는데, 이러한 것들이 나중에 내 평생에 계속해서 영향을 미쳤다. 나와 제임스가 교제하는 것에 대해서 두말할 필요도 없이 새아버지는 반대하였고, 제임스가 휴가를 받아 올 때마다 나는 금족령을 받게 되었다. 또한 새아버지는 제임스가 보내 온 편지도 없앴다. 이러한 상황에서 어머니의 건강이 더 악화되었으며, 제임스를 '몹쓸 놈'이라고 새아버지가 어머니에게 인식시키는 데 성공했을 즈음에 나는 매우 참담한 기분에 휩싸였다. 나는 친구 집 주소로 제임스에게 편지를 썼으며, 매일 퇴근하여 내 방에서 저녁을 보냈으며, 그가 휴가를 나올 때마다 간신히 볼 수 있었는데, 그것은 욕실의 창문을 통해 내가 몰래 탈출함으로써 가능하였다. 나중에 그 대가를 톡톡히 치러야 했지만 말이다.

제임스는 나와 친해지기 위해, 주말에 그 지방의 선술집에서 벳도 함께 있어 주기를 원했지만, 안타깝게도 그녀는 이것을 친구 관계 이상의 어떤 것으로 해석하고 있었다. 내가 여전히 제임스를 만나고 있는 것을 외할머니와 새아버지가 알았을 때는 한바탕 난리가 났다.

외할머니는 내가 언니의 남자 친구를 가로챘다고 비난하였다. 나는 그녀는 괜찮고 왜 나는 안 되는 것인지 전혀 이해할 수가 없었다. 새 아버지는 무척이나 화를 내며 나를 방에 가두었다.

결국 어머니가 이 일에 개입하게 되었고, 몸 상태가 비교적 괜찮을 때 제임스를 만나서 직접 판단해 보자고 제안하였다. 우리 네 명이 영화를 본 후, 부모님이 제임스에게 맥주 한 잔 하자며 초대했던 기억이 난다. 그 저녁 무렵, 어머니가 매우 피곤해하며 침실로 간 이후, 나는 새아버지에게 허락을 받고 문간에서 제임스에게 작별 인사를 하였다. 새아버지는 제임스가 떠날 때 그와 악수를 나누었다. 그러나 문이 닫히고 나서, 그는 나에게 마구 폭력을 휘둘렀다. 얼굴 전체를 때렸고, 나를 바닥에 쓰러뜨렸다. 나는 위층으로 도망가 내 침대로 달려갔는데, 새아버지가 내 뒤를 쫓아왔다. 그는 몇 번이고 내가 제임스를 사랑하는지 물었다. 내가 그렇다고 말할 때마다 그는 내 얼굴을 무지막지한 힘으로 가격하여 내 머리가 침실 벽에 부딪혀서 튕기도록 만들었다. 내가 아니라고 말했더라도 그는 똑같이 나를 때리면서 나에게 거짓말쟁이라고 했을 것이다. 그 소란이 어머니를 깨웠고, 어머니는 자신이 목격한 그 장면에 몸서리를 쳤다. 그 후에 나는 더 이상 이곳에 머무를 수 없다는 결심을 굳혔고, 다음 날 일찍 퇴근하여 집으로 돌아와 짐을 챙긴 후에, 제임스와 그가 승선할 군함이 정박해 있던 플리머스(Plymouth)로 떠났다.

나는 어머니와 연락을 취하고 싶었지만 겁이 났고, 나의 자매들과 외할머니, 외할아버지 그리고 친구들이 보고 싶었다. 나는 그 지역의 신문 가게에서 일자리를 얻었고, 철도역 가까이에 있는 허름한 아파트로 이사를 했다. 페인트칠을 새로 하고, 아파트 구석구석을 청소했다. 대략 일주일 후, 갑자기 경찰이 찾아와서는 우리에게 '피임 상담'을 받도록 하였다. 그것은 그 당시의 관습이었는데, 그 이유는 우리 둘 다 아직 성 경험이 없었기 때문이었다. 우리는 형편이 될 때마다 모퉁이의 가게에서 작은 석탄 자루를 사곤 했으며, 그 지역 바자회의 단골손님이 되었다. 하지만 손가방이나 멋지게 차려입을 옷가지를 구입하기 위한 것은 아니었다.

나는 평소 다른 사람들이 버린 물건들을 눈여겨보았고, 그리하여 그 아파트를 제법 아늑하게 꾸밀 수 있었다. 우리에게는 텔레비전이 없었지만 라디오로 드라마를 들을 수 있었고, 그 지역 도서관에 가입하여 책을 빌려 볼 수 있었다. 우리는 그 당시 그 어느 곳에도 외출할 형편은 못 되었지만, 우리가 함께 보내는 '첫 크리스마스'를 그냥 보낼 수는 없어, 푼돈을 모아서 지역의 선술집에서 파는 핀트의 사이다 한 병을 주문하였다. 우리는 크리스마스 저녁에 오래도록 그곳에 머무르면서 사이다 한 병에 빨대를 두 개 꽂아 나누어 마셨지만, 가게의 주인은 우리를 싫어하지 않는 듯했다.

나는 제임스가 곁에 없으면 깊은 외로움을 느꼈다. 그 무렵 나는 질(Gill)이라는 여성을 알게 되었는데, 그녀는 내가 재고 관리 직원으로 일하는 사무실의 바로 옆자리에서 일하는 직원이었다. 질의 약혼자는 밴드에 소속되어 있어서, 대부분의 시간을 전국을 누비며 재즈 연주회를 하는 데 보냈다. 금요일 밤에 질은 나와 함께 퇴근하여 차를 마시러 우리 집에 오곤 하였는데, 운이 좋으면 토스트에 콩을 얹어 먹을 수도 있었다. 그리고 우리는 종종 함께 저녁 시간을 보내곤 하였다. 하지만 주말에 나는 완전히 갈 길을 잃은, 마치 나그네 같은 기분이었고, 그렇게 홀로 방황하다가 마을로 들어가서는 울워스(Woolworth) 마트에서 차를 한 잔 마시고, 나지막한 보금자리인 아파트로 다시 돌아왔다. 나는 그 시간에 주로 책을 읽으며 보냈으며, 매일 밤 제임스에게 편지를 썼는데 보통은 촛불에 의지해야만 했다. 그이유는 전기료를 낼 1실링의 돈도 없었기 때문이었다. 우리는 나의 열여덟 살 생일날에 결혼하기로 약속했지만, 제임스가 주로 바다에 나가 있는 상황이었기 때문에 근 두 달을 연기해야만 했다. 마침내 그 배에 기계적인 문제가 생겨 프랑스에서 수리를 받고 있을 즈음, 내 생일날에 하루 정도 제임스가 집에 머무를 수 있었다.

나는 이날 나의 첫아이를 임신했고, 두 달 후 제임스와 결혼을 한 뒤 신혼여행으로 부모님이 있는 집으로 돌아왔다.

2
피폐해진 결혼생활

딸과 함께 친정어머니의 임종을 지키다

결혼하고 집으로 돌아왔을 당시, 나는 마치 가출한 딸이 귀가한 것마냥 큰 환대를 받았다. 어머니는 건강 상태가 회복됨에 따라 작은 공장에서 주방보조로서 육체적으로 다소 덜 힘든 일을 하고 있었다. 새아버지는 제대 후 운전기사로 일하고 있었으며, 제임스는 내가 첫 아이를 임신한 지 두 달이 지났을 무렵 해군에 복귀했다. 나는 태어날 아이를 위한 집을 마련하기 위해서 직장에 나가야 했다. 우리는 단독주택을 구입할 형편이 못 되어서 시영 임대주택 입주를 신청했다. 그러나 제임스가 2년간 해외 순항을 할 예정이라서 당장 급하지는 않았다. 제임스는 2년간 두 대의 항공모함에서 근무했는데, 당시는 극동 지역을 순항하고 있었다. 군함이 플리머스에 귀항하게 되었고 내가 임신 7개월의 몸을 이끌고 그곳으로 가서 팡파르가 울리는 화려한 의식이 거행되는 가운데 그를 만났다. 나는 그를 열렬히 사랑했지만, 제임스가 그날 밤 야간 당직이고, 일주일 이내에 군함이 기동훈련으로 다음 기항지를 알 수 없는 항해를 할 예정이라서 많은 시간을 함께 보내지 못하게 되어 몹시 실망스러웠다.

나는 지역의 한 회사에서 경리 일을 하게 되었는데, 8주간 임신을 감추려고 애썼다. 고용주들이 뒤늦게 이 사실을 알게 되면 화를 내게 될 터였지만, 마치 악마가 재촉하는 꾐을 외면하지 못하는 듯 진실을 감추어 버렸다. 나는 저녁 시간을 주로 어머니와 새아버지, 자매들과 함께 보냈다. 제임스가 그리웠지만 나는 미래에 대해 매우 낙관적이었고, 생활은 점차 안정되어 갔다. 나는 나의 첫 출산과 남편의 귀향을 몹시 기다렸는데, 마침내 출산 예정 3주 전, 남편은 엉덩이 종기를 제거하는 작은 수술을 받으러 귀가하게 되어 아기가 태어날 때 우리 가까이에 있었다. 출산하기 며칠 전 나는 요통으로 서 있지를 못하고, 그는 엉덩이 수술 때문에 앉지 못하는 매우 우스꽝스러운 장면이 연출되었다.

나는 일주일 내내 조금씩 진통을 느꼈는데, 어느 토요일 아침에 바로 병원에 입원했다. 출산이 임박하자 곧바로 구급차가 우리 집 앞에 도착했지만, 어머니가 밖에서 한바탕 소란을 피우는 바람에 나는 두려움이 일어 승차를 하지 않았다. 나는 병원 관계자들이 무엇을 하는지를 아는 누군가가 곁에 있기를 원했다. 아기가 나오는 것으로 느껴지는 순간 나는 너무 아파서 깨어났다. 어머니는 첫 출산이라서 분만하는 데는 시간이 걸리니 급할 것 없다고 제임스를 안심시켰다. 제임스는 진통을 겪고 있을 때 예비 아빠가 아내를 도와주는 노하우를 가르쳐 주는 책을 소리 내어 읽고 있었다. 그들은 손에 책을 쥐고, 내 신음을 듣지 않으려 하면서 내게 따뜻한 음료를 주고 앉아서 안정을 취할 수 있도록 하였다. 나는 그곳에서 나오고 싶지 않았다.

　병원의 규율은 상당히 엄격해서 분만 중에는 남자가 산모의 곁을 지키지 못하게 하여, 제임스는 타고 온 구급차로 되돌아갔다. 그러나 그가 집에 도착하기도 전에 아기가 태어났다. 나는 너무나 기뻤고, 제임스, 어머니 그리고 다른 가족 모두 크게 안도하였다. 두 집안을 통틀어 우리 세대에 처음 태어난 아이였기 때문에, 우리는 아기를 몹시 사랑했다. 병원에서 몸조리해야 할 시간은 원래 열흘이었지만, 제임스가 열흘째 되는 날 저녁에 군함에 승선하기 위해 몰타(Malta)로 가게 되어 있어, 아기를 데리고 4시간 먼저 귀가하라는 허락을 받았다.

　나는 너무나도 행복했다. 그동안 수간호사가 아기 옷을 벗겨 손발을 보는 것을 허락하지 않아서(대부분 따랐지만, 일부 엄마들은 몰래 손발을 보곤 했다), 아흐레가 지나서야 아기를 어떻게 목욕시키는가를 보았다. 어머니는 산후조리를 도와주려고 일주일간 휴가를 냈으며, 마치 암탉이 병아리 돌보듯이 극성스러웠는데, 그때처럼 어머니가 야단법석이었던 적은 없었다. 한편 외할머니께서는 종교적인 신념에 따라 아기가 세례를 받기 전까지는 집 안에 들이는 것을 허용치 않으려 하셨다. 내가 기독교인으로 성장하기는 했어도, 당시 나는 '조직화된' 종교의 위선에 질려 불가지론자가 되어 있었다. 하지만 할머니가 이러한 사실을 알게 되어 심하게 분노하였고, 제임스가 아기의 생후 3개월 무렵에 때마침 휴가를 받아 귀가했을 때, 집안이 평온하기 위해 하는 수 없이 아기는 제스(Jess)라는 세례명을 받았다.

　나의 두 자매들은 제스를 무척이나 귀여워하였는데, 야외로 데리고 나가서 함께 많은 시간을 보내며 애정을 쏟았다. 레이첼은 그녀의 친구들이 난처해할 만큼 모든 곳에 제스를 데리고 다녔을 정도였다. 그 무렵 어머니는 건강이 악화되어 일을 그만두어야 했고, 풍선처럼 몸이 붓기 시작하더니, 급격히 체중이 감소하기 시작했다. 나는 이러한 사실을 알아차리지 못했고, 그 누구에게도 아무런 설명조차 듣지 못해 이것이 정상적인 상태라고 생각했는데, 그 당시 어머니는 고통스러운 치료를 감당하고 있었다. 가족 구성원 가운데 이러한 내막을 나만 모르고 있었다.

나는 이러한 청천벽력 같은 소식을 6주 뒤에나 들었는데, 그때 지브롤터(Gibraltar)에 파견되어 2년간 근무하고 있던 제임스가 군인 가족 주택이 배정될 때까지 거주할 이층 집을 임대해 두어 그곳으로 이사하기로 했다. 그날 밤 어머니와 다른 가족의 곁을 떠나게 된 것에 대하여 혼란스러운 감정에 휩싸인 나는, 다음 날 아침 남부 영국에서 공군비행기를 타야 했기 때문에 일찍 잠자리에 들었다. 그러나 새벽 2시, 더 이상 침묵하고 기다릴 수 없었던 새아버지와 벳이 나를 깨웠다. 그들은 어머니의 상태가 더 이상 손을 쓸 수 없다는 것을 이미 몇 주 전에 알고 있었지만, 내게는 알리지 않기로 했었다고 말했다. 그러나 내가 떠날 시간이 가까워 오자, 새아버지는 내가 이러한 진실을 모르고서 떠나게 할 수 없었다고 했다. 나는 극심한 혼란에 빠졌고, 우리는 뜬눈으로 하얗게 밤을 지새웠다. 나는 이성적으로 생각할 수 없었고, 당장 그 어떤 결정도 내릴 수 없었다. 결국 혼란 속에서 나는 제스와 함께 비행기에 올라 제임스와 지브롤터에 도착했다.

그러고 나서 처음 몇 주간 나는 깊은 슬픔에 빠져 지냈다. 서너 달

지나서 어느 정도 안정을 찾았고, 우리는 군인 가족 주택으로 이사를 했다. 나는 어머니의 소식을 기다렸다. 그러던 중 나는 급기야 멀리서 걸어오는 여자를 어머니로 보고, 상태가 호전되어 날 보러 온 것일지도 모른다는 착각을 하기에 이르렀다. 그러나 그 여자가 가까이 오면, 나는 실수를 깨닫고 참담한 기분에 빠지곤 했다. 어머니는 상태가 전혀 호전되지 않았는데 어떻게 여기까지 올 수 있겠는가. 설사 어머니의 상태가 좋아졌다 할지라도, 비행기 요금을 지불할 경제적 여유가 없을 것이다.

현실 속의 삶은 너무나 힘겨웠다. 나는 제임스에게서 위안을 받고 싶었지만, 그는 그곳에 없었다. 벌써 몇 달째, 제임스는 업무 때문에 늦게까지 퇴근하지 못했다. 가끔씩 귀가할 때는 술에 취해 있었다. 만취한 상태가 되어 귀가하면, 이 모든 것을 그만 끝내고 집으로 돌아가고 싶다는 생각이 들 정도로 내게 모욕과 상처를 주곤 하였다. 나는 우리에게 무슨 일이 일어나고 있는지, 내가 미처 모르는 것이 무엇인지를 전혀 이해하지 못했다. 떨어져 지내던 지난 2년간 그가 의지하였던 알코올과 같은 잘못된 '정신적 의지 수단'은 그의 인생의 일부가 되어 버렸고, 그는 알코올에 인생을 송두리째 맡겨 버렸다. 나는 많은 시간이 지나서야 그러한 상황을 완전히 이해하게 되었다. 당시 나는 겨우 스무 살이었으며, 혼란스러웠고, 절망적인 슬픔과 외로움에 빠져 있었다.

아주 불쾌한 사건이 있은 이후, 온전하게 살기 위해서는 이곳을 벗어나야만 한다고 나는 결심했다. 즉, 제임스가 내가 도망칠 곳은 그 어디에도 없으며, 어머니가 죽어 가는 것은 그녀가 자초한 일이고,

피폐해진 결혼생활 **43**

그녀가 예전에 창녀였다는 사실을 모두가 아는 일이라고 말했던 것이다. 술에서 깬 그가 자신의 말들이 전부 사실이 아니라고 부정했지만, 이미 내 마음은 너무나 피폐해진 이후였다. 나는 모든 것을 이해하려고 애썼고, 제스를 데리고 집으로 돌아왔다. 제임스를 너무나 사랑하기는 했지만, 나는 어머니를 돌보기 위해 집으로 돌아가야 했다. 아울러 우리가 떨어져 있는 그 시간이 그가 자신의 언행과 우리의 앞날에 대해서 재고해 볼 수 있는 기회가 될 것이라고 판단하였다.

　어머니는 나와, 특히 손녀 제스를 보자 매우 기뻐하였다. 이때가 1973년 초반의 일이었고, 그해 가을 즈음에 이르러 건강이 악화된 어머니는 이듬해인 1974년 11월, 임종을 맞기 위해 병원으로 후송될 때까지 침실에서 아래층으로 내려오지 못했다. 정신적인 고통과 육체적인 괴로움으로 점철된 너무나도 암울한 시기였다. 어머니의 죽음을 피할 수 없다는 것을 가족 모두가 알고는 있었지만 그녀의 고통을 제대로 완화시키지 못했고, 항상 그렇듯이 환자인 어머니는 자신의 상태를 가장 늦게 알아차렸다. 이것이야말로 매우 낡은 방식이었으며, 나는 거짓말과 가식이 싫었다. 좀 더 다르게 대처할 수 있었겠지만 나는 그때 나이가 어렸고, 전문가들에 대한 의존심이 컸다. 어머니는 남몰래 자신이 죽어 가고 있다는 사실을 알았으며, 우리 모두는 이 말할 수 없는 비밀을 공유하였고, 우리 가족에게 여러 가지로 지지적이고 도와주었던 가족 주치의, 지역보건소 간호사 역시 이러한 비밀을 숨기도록 도와주면서 부추기기도 하였다. 그 당시에는 어머니의 생활에 도움이 되는 장애수당 혹은 가족요양수당제도가 없었고, 새아버지가 경제적으로 윤택할 수 있는 직업도 아니어서, 집에서 가까운 곳으로 일자리를 옮겼다. 그곳에는 맥밀란 너싱 서비스(McMillan Nursing Service, 잉글랜드와 아일랜드 소재 호스피스와 완화 치료 서비스 제공기관-역주) 같은 완화 치료를 전문으로 하는 기관이 없었다. 그러나 이제는 내가 집에서 어머니를 돌볼 수 있었으므로 자매들과 새아버지는 직장에 전념할 수 있었고, 건강이 좋지 못한 할머니 역시 죽어 가는 딸에게 음식을 손수 먹이기 위하여 바구니에 음식을 담아 매일같이 걸어서 오지 않아도 되었다. 그러나 외할머니는 그 후로도 계속 오셨다.

외할머니가 도착하시기 전에 냉장고 속에 다림질거리를 감춰 두었던 기억이 난다. 어머니는 할머니가 그것을 보면 필시 다림질을 하실 것을 잘 알고 있었기 때문에 다림질거리를 미리 보이지 않게 숨겨 두었던 것이다.

바느질 솜씨가 뛰어나셨던 어머니는, 잠 못 드는 밤이면 손녀가 입을 점퍼나 치마를 만들며 긴 밤을 꼬박 새웠는데, 임종을 맞이하기 한 달 전, 시력을 완전히 잃어 드롭스티치 무늬를 손으로 만져야 할 정도가 되어 정말로 바느질을 포기해야 할 때까지 계속했다. 어머니는 또한 맨체스터에 있는 라디오 진행자와 2년간 편지를 주고받았는데, 심야 방송 시간에 그녀와 종종 이야기를 나누었다. 거의 매일 밤 농담을 주고받고, 진행자는 친구인 '마가렛(Margaret)'을 위해 음악을 틀어 주곤 했다. 나와 자매들은 세월이 흐른 뒤, 우연히 그를 만날 기회가 있었는데 그가 어머니를 기억하고 있다는 것을 알고는 매우 반가웠다. 우리는 또한 그 외로운 나날 동안 그가 어머니에게 얼마나 많은 위안이 되는 존재였는지도 전해 줄 수 있었다.

남은 시간이 많지 않았기 때문에, 우리는 순간순간을 의미 있게 보내려 노력하였다. 제스는 어머니의 침대에 앉아 웃고, 이야기를 나누며, 크리스마스 달력 속의 장난감을 줍는 척하는 것을 좋아하였다. 어머니가 이야기할 수 있을 정도로 컨디션이 좋은 날에는, 자신의 인생과 젊은 시절의 이야기를 들려주곤 하였다. 그녀가 고작 열네 살이었던 당시의 전쟁에 관한 기억이라든지, 공습대피소에서 외할머니와 함께 지새운 많은 밤에 대해서 이야기를 나누었다. 외할아버지는 폭격으로 죽을 경우, 죽은 자신을 찾을 수 있도록 자신의 침대에서 머물곤 하였다. 열다섯 살에 제1차 세계대전에 육군으로 참전하려 했다가 실패한 외할아버지는 제2차 세계대전에는 이미 나이가 너무 많아 참전하지 못했다. 당시의 전투함과 군대에 관한 다양한 관심은 일생 동안 지속되었다.

　어머니는 또한 열다섯 살 때, 그 당시 열여덟이었던 사촌 언니와 함께 맨체스터로 외할머니 몰래 놀러 갔던 이야기를 하였다. 이때 미군은 "예쁜데…… 돈 많이 줄게 이리 와!"라고 말하던 때라고 한다. 어머니의 사촌은 어느 날 밤, 한 흑인 미군을 만났고, 어머니를 그의 동료에게 소개해 주기로 하고, 나중에 다시 만났다. 그 당시 쉽게 접할 수 없는 유명한 껌이나 나일론 스타킹 등을 주면서, 그 군인들도 답례로 무언가를 받고 싶어 하는 듯했다고 한다. 어머니와 사촌은 무언가를 돌려줘야 된다는 압박감에 피카딜리(Piccadilly) 역으로 '도망쳤다'. 그럼에도 그들은 그때 당시 스타킹을 신은 것처럼 보이게 하기 위하여 아이펜슬로 다리에 줄을 그리지 않아도 된다는 사실에 기뻤다고 한다.

또한 어머니는 자신이 순진한 나머지, 벳(Bet)을 임신했을 때 아기가 어디서 나오는지를 몰랐다고 했다. 그녀는 아기가 배꼽에서 나오는 줄 알고 겁을 먹었다고 한다. 외할머니를 보면 나는 이것을 충분히 이해할 수 있다. 아마도 어머니가 사촌과 함께 맨체스터로 놀러 갔던 사실을 외할머니가 알았다면 펄쩍 뛰었을 것이다. 이혼하고 나서 몇 년 뒤, 어머니는 댄스파티에서 약간 유명한 인사를 만났는데, 그가 헛소리와 거짓말을 했지만 어머니는 그가 누구이며 또한 유부남이라는 사실을 이미 알고 있었다고 한다. 그와 데이트를 약속한 그 다음 주 토요일에 어머니와 외할머니는 그가 차를 몰고 와, 있지도 않은 주소를 찾아 헤매는 광경을 2층 침대 창문가에서 보고 있었다. 어머니는 그를 그렇게 골탕 먹이는 것이 옳다고 생각했다고 한다. 나는 아직도 가끔씩 텔레비전에서 그의 모습을 본다. 그는 어머니를 만났을 때보다 현재 훨씬 유명 인사가 되었고, 그를 보면 예전의 기억이 떠올라 웃음 짓곤 한다.

어머니는 또한 외할아버지의 유일한 여동생인 애니(Annie)에 대한 일화도 들려주었다. 나는 유일하게 남아 있는 한 장의 사진을 통해서 그녀를 본 것이 전부였지만, 어머니와 생김새가 꽤 닮았다는 것을 알 수 있었다. 애니가 세 자녀를 남기고 사망했을 때 나이는 서른다섯 살이었는데, 몇 년간 자녀들을 보는 것조차 허락되지 않았다. 애니는 셋째를 출산하고 나서, 유명한 노던 정신병원(Northern asylum)에 입원하게 된 것으로 드러났다. 우리는 지금에서야 애니가 '산후 정신병(post-partum psychosis)'으로 고통받았을 것이라 짐작할 수 있지만, 당시에는 단지 '미친 여자' 취급을 받았을 것이고, 다른 여자들처럼 병원에 구금되었다. 애니의 남편은 그녀와 의절하고, 외할아버지가 조카딸과 조카에게 접근하는 것조차 허용하지 않았다. 외할머니와 외할아버지는 매주 애니를 만나러 갔으며, 2년 후 애니에게 외할아버지가 책임을 지는 조건으로 외할아버지 집에서 주말 휴가가 허용되었다.

애니는 정신건강이 완전히 회복되었다고 생각했지만, 정신병원에서 여러 해 동안 생활했다. 문제는 당시에 퇴원 신청 서류에 남편의 서명이 필요했는데, 애니의 남편은 이것을 거부하고서, 자신의 아내를 평생 비참한 고통 속으로 몰아넣었다. 그녀가 주말에 방문했을 때, 바로 언덕 너머에 자녀들이 지내고 있었음에도, 그들을 볼 수 없다는 사실이 얼마나 고통스러웠을지 나는 상상조차 하기 힘들다. 외할머니와 외할아버지가 애니의 남편을 찾아가 앞으로는 애니가 자신들과 살 것이며, 애니에 대한 모든 책임을 진다는 약속을 하고, 퇴원 신청서에 서명해 주기를 여러 차례 간청했었다고 한다. 외할머니는 이후 내게 애니의 '마지막 주말 방문'에 대해서 말씀해 주셨다. 그날 그녀는 자신이 자녀들을 얼마나 사랑하는지, 그녀의 상처, 그녀가 겪은 정신적 아픔과 고통에 대해서 이야기했다고 한다. 그리고 그날 그녀는 정신병원으로 돌아가지 않고, 근처 저수지에 몸을 던져 끝내 생을 마감하고 말았다. 외할아버지는 딸의 신원을 확인하러 경찰서에 갔고, 쇠갈고리에 걸린 시신을 되찾았다. 외할머니의 말에 따르면, 저수지에서 돌아온 외할아버지는 더 이상 이전과 같은 사람이 아니었고, 이후 더 이상 애니에 대하여 언급하는 일은 없었다고 한다.

우리는 사후 세계의 삶과 이와 유사한 주제에 대해 많은 '가정적인' 논의를 했다. 어머니는 지금까지 '실제로' 언급해 본 적이 없는 주제를 다루는 데 이러한 가정적인 논의를 사용했다. 우리 가족은 충실한 사회주의자였다. 지금의 사회주의를 잘 알지 못하기 때문에 노동당 지지자라고 하는 것은 잘못된 것이다. 여하튼 당시 유명한 보수 정치인에 관해서 어머니와 내가 공유했던 잔인하고 경멸스러운 '비밀'을 폭로하기 위하여, 저승에 있는 누군가와 접촉해야 한다면 그녀(애니-역주)였을 것이라고 어머니가 항상 확신했다고 말했다. 그녀는 또한 지나가는 말로 장래에 자신에게 무슨 일이 생길 때마다 가족을 위한 편지를 남길 것이라 말했다.

그 이후 어머니는 우리에게 걱정을 끼치지 않기 위하여 괜찮은 척하고, 우리 또한 어머니에게 더 이상 상처를 주지 않으려고 계속 모르는 척했다. 을씨년스러운 어느 날, 나는 더 이상 지탱하기가 힘들다는 사실을 깨달은 어머니가 울면서 비누를 입 안에 쏟아 넣는 것을 목격했다. 나는 불쌍한 어머니의 목구멍에 손가락을 넣어 삼킨 비누를 토하게 하고서, 홍차를 준비하고 그녀를 침대에 눕혔다. 암세포는 몸 전체로 퍼졌고 뼈와 혈액에까지 파고들어 갔다. 어머니가 죽게 될 것이라는 두려움이 비로소 온몸으로 느껴지면서, 나는 그녀의 방에 들어가기 전에 계단을 오르면서 어머니를 부르곤 했는데, 어머니는 내가 왜 그랬는지 이유를 알았던 것 같다.

이 시기에 제임스와 나는 많은 편지를 주고받았다. 제임스는 깊이 후회했고, 우리가 받았던 스트레스를 인정했다. 제임스의 휴가 첫날 밤 우리 집에서 자던 중, 우리는 암이 두통을 일으키는 뇌간으로 전이된 어머니의 날카로운 비명소리와 극심한 고통을 못 이겨 벽에 머리

피폐해진 결혼생활 **49**

를 찢는 소리를 듣지 않으려고 베개 밑으로 머리를 묻었다. 그리고 같은 시기에 새아버지는 어머니가 잠이 들었을 때 여러 번 머리 위에 베개를 올렸지만, 누를 마음이 내킨 적은 결코 없었다고 회고했다. 여태까지 나의 자랑이었고 아름다웠던 나의 어머니는, 자신을 심하게 괴롭혔던 신체감각을 더 이상 느끼지 못하게 되었다.

어머니가 돌아가시기 전날은 평소와는 다르다는 것을 나도 느낄 수 있었다. 솔직히 나는 불가지론자임에도 불구하고 어머니가 낫게 해 달라고 기도했고, 그 무렵에는 그 고통을 멈추게 해 달라고 기도했다. 나와 제스는 그날 아침 어머니의 침대 가에 앉아 있었는데, 어머니는 별다른 반응이 없는 모습이었다. 어머니는 눈동자를 독특하게 뒤룩뒤룩 굴렸고, 내가 볼 수 없는 그 누군가와 이야기하는 듯했다. 나는 이웃에게 오후 동안 제스를 돌봐 달라고 부탁하고는 자매들이 퇴근하기를 기다렸다. 나는 의사에게 전화를 걸었지만, 그는 휴가 중이어서 당직 의사와 이야기해야만 했다. 그는 내게 오전 수술이 끝나고 어떤 조치가 필요할지 진찰하기 위해 방문하겠다고 말했으며, 내게 걱정하지 말라고도 했다. 그러나 그는 끝내 방문하지 않았다. 내가 간호사에게 이러한 사실에 대해서 항의하고 나서 한참 후에, 그 의사는 내 메시지를 받은 적이 없다고 말했다!

그날 밤 어머니가 농촌의 소규모 병원에 입원할 무렵, 그곳에는 적절한 약을 처방해 줄 의사가 한 명도 없는 상황이었는데, 이런 일이 새아버지에게도 일어나게 될 줄이야 상상조차 하지 못했다.

3
7년마다 찾아오는 삶의 시련

어머니의 죽음, 아담의 발병

나와 새아버지 그리고 어머니는 구급차를 타고서 급히 병원으로 이동하였다. 우리가 그곳에 도착했을 당시는 밤 10시쯤이었고, 호출한 의사는 역시 보이지 않았다. 오로지 간호사들만이 어머니를 응급 처치하기 위해 이리저리 애쓰고 있는 상황이었다. 간호사들에 따르면, 현재 어머니의 폐에는 수액이 가득 차 있는 상태이므로 호흡 곤란으로 인해 다음날 밤을 넘기기가 힘들 것이라고 하였다. 이 시점에서 어머니는 시력을 완전히 상실했고, 말조차 할 수 없는 상태였다. 그러나 어머니의 의식은 있었기 때문에 들을 수 있었고, 고통을 느낄 수 있었으며, 손가락 정도는 움직일 수 있었다. 나는 어머니에게 이제는 괜찮고 여기는 병원이라고 말하였다. 나는 간호사가 말한 것을 듣지 못하였다고 또 한 번 거짓말을 하였다. 내가 어머니의 손을 꼭 잡고 있는데도 어머니의 손이 나의 새끼손가락을 애타게 찾았던 것은 당신의 딸이 바로 곁에 있음을 확인하고자 했던 것이었으리라.

어머니는 다음날 오후 4시경에 돌아가셨다. 어머니의 심장은 어떤 의미에서는 매우 강인하였다고 할 수 있다. 다른 가족이 이 피할 수 없는 소식을 기다리는 동안, 새아버지와 그의 누나는 아침결에 병원으로 돌아왔다. 다행히도 어머니는 고통을 경감시키는 약물을 투여받았다. 새아버지와 그의 누나가 병원으로 왔을 때, 우리는 외할머니 댁으로 돌아왔다. 새아버지의 얼굴은 잿빛이었다. 그의 누나가 내게 건네준 캐리어를 열자, 생각지도 못하게 어머니가 입었던 옷들이 그 안에 있었다. 그것들은 마치 내 가슴을 칼로 도려내는 듯하여 나는 참을 수 없는 울음을 토했다.

외할머니는 결국 딸의 죽음으로 이어진 이 모든 일을 가까스로 견뎌 내셨으나, 그날 밤 잠자리에 들어서는 결국 너무 몸이 많이 편찮으신 관계로 장례식에 참석할 수 없었다. 어머니는 외할머니의 유일한 자녀였다. 그 주는 어머니의 죽음과 장례식으로 우울하게 흘러갔다. 나는 그 무렵의 기억을 애써 회상하지 않지만, 장례식 아침까지 목욕을 하지 않고 옷도 갈아입지 않았던 것은 기억한다. 어머니의 제일 친한 친구 분이 영면에 든 어머니를 보기 위해 나를 데리고 예배당에 갔다. 그녀는 그렇게 하는 것이 나에게 도움이 될 것이라고 생각한 것 같았다. 그녀는 나를 무척 달래고 설득하였는데, 아마 나는 무슨 일이든 따랐을 것이다.

그것은 섬뜩하고 당황스러운 경험이었다. 예배당에 간 것은 큰 실수였다. 어머니는 '평화롭게' 보이기보다는 왁스가 칠해진 채 부풀어 올라 있었기 때문에 도저히 어머니처럼 보이지 않았다. 어머니는 자신의 세례명인 제스(Jess)가 쓰인 팔찌를 포함하여, 우리 가족의 기넘품과 함께 묻혔다. 제임스는 특별휴가를 내었으며, 새아버지, 형부 그리고 새아버지의 형제 세 명이 어머니의 관을 운반하였다. 나는 가슴이 무너져 내렸다.

이틀 후, 제임스는 다시 몰타로 돌아갔고, 나는 제스와 함께 외할머니 댁으로 들어가서 그녀를 간호하며 지냈다. 나의 자매들은 일터로 나갔고, 다시 일상으로 돌아간 듯 보였다. 하지만 외할머니는 극도로 건강이 쇠약해지셨고, 침대에서 일어나는 것조차 도움을 필요로 하였다. 음식도 새 모이만큼 드셨으며, 예전의 모습을 찾아볼 수 없을 정도로 빨리 변해 가셨다. 외할머니는 내가 요리 지침서를 따라 정성껏 만든 쇠고기 수프도 거의 드시지 못하였다. 그러는 동안 외할아버지는 자신의 '매기(Maggie)'가 죽어 가고 있다는 것을 받아들이지 못하였으며, 결국 외할머니의 병환을 한 번 심하게 앓고 나면 낫는 '아시아 독감'쯤으로 여기려 하셨다. 외할아버지는 지난 50여 년의 세월 동안 자기만의 세계를 만들어 온 분인데, 3개월 만에 딸과 처를 잃게 된 것이다. 그는 미성숙한 사람이었다.

이 시기에 나와 외할머니와의 관계는 우호적인 편이었다. 사실상 나는 어머니를 간호하면서부터 정신적으로 많이 단련되어 있었다. 외할머니는 내가 제임스와 제스를 얼마나 사랑하는지 알게 되었고, 어머니를 지극정성으로 간호하던 모습을 본 이후로 나에 대한 생각이 변했다고 말씀하신 적이 있다. 제스는 이제 세 살이 다 되어 갔고 건강하게 잘 자라고 있었다. 제스는 외할머니나 나를 졸졸 따라다녔다. 외할머니는 때때로 기운을 다소 회복하여, 제스가 어린이집에서 배워 온 노래를 부르거나, '머리-어깨-무릎-발-무릎-발'이라는 율동을 함께했으며, 할머니 방에서 숨바꼭질도 하면서 놀았다.

외할머니는 내가 일을 너무 많이 한다면서, 제임스가 나를 정말로 사랑하고 아낀다면 적어도 제스가 다섯 살이 될 때까지는 '내버려두어서'는 안 된다고 말씀하시곤 했다. 나는 외할머니가 피임에 대한 이야기를 듣지 못하신 것이라고 생각하였다. 그 당시 대부분의 여성과 마찬가지로 외할머니는 성에 대해서, '쾌락이 아니라 의무'라는 개념을 가지고 있음을 나는 잘 알지 못하였다. 어쨌든 이것은 문제가 되지 않았다. 우리는 오랫동안 성관계를 가지지 못하였고, 제임스는 나를 피하였지만 그는 여전히 나에게 애정 어린 편지를 썼으며, 언젠가 곧 우리가 하나된 가족으로 함께 지낼 수 있도록 해군에 조기 전역을 신청하였다.

외할머니는 자신의 유년 시절과 부모님 그리고 그들의 인생에 대한 이야기를 들려주었다. 외할머니의 출생 순위는 아래에서 두 번째였고, 할머니의 아버지(외증조부)는 '종교적으로 경건한 사람'이었으며, 어머니(외증조모) 역시 '신앙심이 깊은 분'이라고 하셨다. 외증조모는 사생아 2명을 둔 미혼모였는데, 가족의 수입을 보충하기 위해 '하숙생과 잘 지낸' 결과였다고 한다. 외증조모는 1870년대 후반에, 평신도 설교자로서 활동하고 있는 외증조부를 만나게 되었고, 그 후에 자녀가 네 명으로 늘어났다. 많은 세월이 흐른 후, 외할머니는 자신의 아버지를 마음속 깊이 증오하여 괴로워했다고 외할아버지가 내게 말해 준 적이 있었다. 왜냐하면 외증조부는 성경 구절이나 인용하여 말하면서 아무것도 하지 않는 게으르기 짝이 없는 사람이었으며, 반면 외증조모는 89세를 일기로 생을 마칠 때까지 온갖 궂은일을 도맡아 했기 때문이었다.

한편 현실적으로 당장 먹고 사는 것에 대한 고단함으로 인해서, 나는 내가 어머니의 죽음을 회상하며 비탄에 잠기는 모든 행위가 상당히 사치스럽게 느껴지기도 하였다. 나는 대개 분노, 슬픔, 자기 비하 등의 부정적인 감정에 파묻혀 지내기 일쑤였다. 그리하여 밤에는 잠못 드는 날이 많았는데, 이따금씩 외할머니가 낮잠을 주무실 때면(외할머니는 규칙적으로 오후에 낮잠을 주무시곤 하셨다), 제스를 데리고서 집 안을 이리저리 돌아다녔다. 이것은 내게 있어 일종의 '휴식이자 산책'이었다. 그때마다 나는 어머니를 그리워하며, 어머니를 만날 것만 같은 기대감을 품은 채 어머니의 방을 서성였다. 하지만 당시에 무엇보다도 나를 힘들게 하였던 것은, 다른 사람들이 나에 대해서 편견을 가지고 지나치게 조심스럽게 대하는 것이었다. 그들은 알지 못했다. 그들이 나의 존재, 나의 어려움을 못 본 척 애쓰려고 하는 것보다 친절한 말 한마디를 건네는 것이 더 나았다는 것을. 설령 그들의 말과 행동으로 인하여 내가 눈물을 흘릴지언정 내게는 후자가 더 위로가 된다는 사실을 말이다.

지나서 깨닫고 보니, 나는 해야 하는 일들을 해 나가면서 상당한 시간 동안 우울 상태로 있었던 것 같다. 제스는 내게 한 줄기 빛이었고, 또 내게 보내 온 제임스의 편지는 나를 미소 짓게 만들었으며, 앞으로 나아갈 수 있는 힘을 주었다. 어머니가 우리에게 남긴 물건은 어머니의 친필이 적힌 몇 줄의 편지 한 장이 전부였다. 그 당시 우리는 무언가를 남길 기회가 없었기 때문에, 그 편지도 우리가 어머니의 주머니와 핸드백을 재차 살펴 어렵사리 찾아낸 것이었다. 그것은 내가

7년마다 찾아오는 삶의 시련 **55**

가지고 있는 물건 중 가장 소중한 것인데, 짧지만 가슴 저미는 어머니의 편지 전문은 다음과 같다.

> 벳, 슈, 레이첼, 로버트, 어머니와 아버지께
> 사랑하는 세 딸들에게 내가 남겨 줄 돈은 없으나, 23년 동안 나와 함께 보낸 우리 아이들에게 내 모든 사랑과 그들의 행복을 비는 바람을 바칩니다. 또한 늘 우리 곁에 있어 준 사랑하는 나의 남편 그리고 한결같이 사랑하는 우리 엄마와 아빠에게도 사랑을 보냅니다. 무슨 일이 일어나더라도 그 누구도 후회하지 않기를…… 왜냐하면 여러분 모두는 나에게 최선을 다해 줬기 때문입니다. 우리가 더 좋은 세상에서 다시 만날 때까지 하느님의 축복이 여러분과 함께하기를…….
>
> 마가렛

할머니는 간병과 진정제 약물 투여의 필요성이 커졌고, 내가 감당할 수 없을 정도가 되어, 예전에 어머니가 계시던 소규모 병원에 노인 전문 병동으로 옮길 목적으로 입원하였다. 할머니는 정신에 문제가 없었으며, 다만 두려워할 뿐이었다. 이 무렵 예전 '작업장(workhouse, 「구빈법」의 적용을 받는 빈민에게 일자리를 제공하던 시설—역주) 시절을 회상하곤 하셨는데, 그녀의 어머니가 피할 수 없는 중노동에 시달렸던 곳이다. 3주 후, 노인전문 병동으로 이송하기 직전에 할머니는 존엄한 죽음을 맞이했다. 나는 슬픔 속에서도 그녀 때문에 행복했다.

그해 가을 나는 어머니의 집으로 돌아왔고, 제임스는 해군에서 전역했다. 그는 소방대 지원에 대한 발표를 기다리는 동안 지역에 있는 화학공장에서 야간 근무 형태의 일자리를 얻었다. 하지만 곧 9주 과정의 소방 훈련 과정을 위해 떠나야 했다. 제임스가 주말에 의도적으로 떨어져 있었는지 아닌지는 알 수 없다. 어쨌든 그는 열심히 공부하여 좋은 성적으로 시험을 통과하였으며, 크리스마스 즈음에 지역 소방서의 정식 직원이 될 수 있었다. 또한 새해에 길 가까이의 시영 임대주택을 제공받았으며, 나는 삶의 긍정적인 부분에 초점을 맞출수 있을 듯한 느낌이 들었다. 물려받은 옷과 중고침대로 아쉬운 대로만족하고 카펫과 기타 생필품을 구입할 수 있었다. 모든 것이 불가능했더라도 난 할 수 있었다. 어찌 되었건 나는 그쪽 방면으로 솜씨가 뛰어났다. 또한 사람들이 버린 천을 이용하여 커튼이나 식탁보 그리고 쿠션과 같은 것도 만들어 사용하였다. 그것들은 세상에 단 하나밖에 없는 우리 집만의 물품들이었다. 우리가 이사를 한 이후 나는 둘째 아이를 임신하였고, 언니인 벳도 아이를 가졌다는 사실에 매우기뻤는데, 언니 부부는 지난 2년 동안 아이를 무척이나 기다렸기 때문이다. 우리의 아기들은 1976년 11월 4일로 예정일이 같았다.

　하지만 안타깝게도 나는 태교를 제대로 할 수 없었다. 그해 더위를먹었고, 출산 때까지 줄곧 아팠기 때문이다. 의사는 이것 또한 건강한 임신의 증후라고 하였다. 그의 말에 작은 위안을 받을 수 있었다. 제임스는 점점 더 집에 들어오지 않았으며, 일 때문에 밖에 있는 시간이 많았다. 그는 또 하나의 남성 중심의 직업을 가지면서, 민간인세계로 진입하고자 애썼으며, 나에게 알리지 않은 채 술을 마시기 시작하였다. 나는 경제력이 없었고, 제임스는 왜 우리가 돈이 없는지, 가정이나 직장에서의 그의 행방이나 근황, 또는 그 밖의 중요한 어떤 것에 대해서 의논조차 하지 않으려 하였다.

시간이 흘러 나는 둘째 딸 케이티(Katy)를 출산했고, 제스는 학교에 입학하게 되었다. 케이티가 태어나던 날의 장면은 마치 어제의 일처럼 생생히 내 기억 속에 남아 있다. 그날은 제임스가 휴무였고, 나는 오전 6시 30분에 일어나 집 안을 청소하고, 제스의 등교 준비를 하였다. 그날 나는 오전 10시쯤에 구급차를 타고서 병원으로 이송되었다. 제임스는 오토바이를 타고서 급히 병원으로 왔고, 다행히 제시간에 도착하여 갓 태어난 케이티를 볼 수 있었다. 다음날 밤(11월 5일)에, 케이티를 창문에 비추며 들어 올려 보면서, 나는 감격해서 가슴이 벅차올랐다. 때마침 라디오에서는 스티비 원더(Stevie Wonder)의 〈그녀가 사랑스럽지 않아요?(Isn't she lovely)〉가 흘러나왔는데, 그 노래를 나는 'Katy의 노래'라고 부르며, 이후 30년 동안 즐겨 듣곤 하였다. 그 노래를 들으면 내 기억은 언제나 그날 밤의 감동 속으로 거슬러 올라갔다.

벳은 내가 병원에서 산후조리를 하고 제임스가 일터로 나가 있는 동안에 제스를 돌봐 주었다. 나는 가족이 보고 싶어 빨리 집으로 오고 싶었다. 병원에서 지낸 지 나흘 째 되는 날, 제임스는 나와 케이티를 데리러 병원으로 왔고, 우리는 택시를 타고서 새아버지와 벳이 있는 집으로 돌아갔다. 레이첼은 여군으로 해군에 자원 입대한 후 기초 훈련을 받았다. 제임스는 일주일 정도 아기의 탄생을 축하한다며 소방서 동료들과 어울려 다니기 바빴다. 제임스가 그렇게 하지 않더라도 케이티의 탄생으로 나는 기뻤지만 말할 수 없었다. 제임스가 아예 사흘간 집에 들어오지 않을 때도 있어서 나는 거의 미칠 뻔하기도 하였다.

새로 태어난 아기가 있는 나는 산후우울증을 앓고 있었으며, 제스는 학교를 다녀야 했고, 설상가상 출산 예정일을 넘긴 벳은 제왕절개로 아이를 낳기 위해 병원에 입원하게 되었다. 나의 상황이 앞서 말한 대로 좋지 않아 벳과 그녀의 아기를 보러 갈 수 없었으나, 내가 병원에 가지 않은 것을 벳이 의아해했다는 것은 이해할 수 있다. 나는 언니에게 이런저런 걱정이나 신경을 쓰게 하고 싶지 않았다. 제임스가 집에 돌아오지 않는 날이면, 소방서나 병원 등 생각나는 대로 전화를 걸어 보았다. 제임스가 오토바이 사고가 나서 죽은 채로 길바닥에 누워 있을 것만 같은 불길한 생각이 스치곤 하였다.

나는 불안한 나머지 경찰서에 제임스에 대한 실종 신고를 하였는데, 그런 일이 있은 후 어느 날 제임스가 마치 아무런 일도 없었다는 듯이 불쑥 집에 들어오기라도 하면, 나는 결국 경찰서에 사과 전화를 했다. 제임스는 겉으로 보기에 친구들과 어울려 술만 마시며 가족을 전혀 돌보지 않는 사람 같았다. 제임스에 대해 경찰들은 재미있어 하였다. 이때부터가 파국의 시작이었으며, 내가 강해지고 이 재앙과 같은 결혼생활에서 벗어나야 한다는 자신감을 가지기까지 11년간 그러한 상황이 지속되었다.

케이티가 태어난 지 6주 정도 지났을 무렵, 나는 다시 일자리를 얻어 플라스틱 용접을 하는 시간제 근무를 하게 되었다. 벳은 제임스가 일하지 않는 동안 해야 하는, 케이티를 돌보는 일을 나를 위해 해 주었다. 제임스는 종종 미안하다는 말과 함께 케이티를 벳에게 맡긴 채, 내가 일을 마치고 돌아오는 자정까지 어슬렁거리기 일쑤였다. 그

7년마다 찾아오는 삶의 시련 **59**

무렵 제임스는 말 그대로 남편과 아버지의 역할을 망각했다. 이후 제임스는 택시운전 일자리를 얻었다고 했지만, 실제 그가 무슨 일을 하는지 나는 알지 못했다. 나는 제임스에게 그 누구도 나와 같은 방법으로 그를 사랑할 사람은 없다고 습관처럼 말했는데, 무엇이 잘못되었는지를 알았다면 우리는 함께 문제를 해결했을 것이다. 그는 내가 그에게 닿기라도 할라치면, 빨간 부지깽이에 화상이라도 입은 것처럼 펄쩍 뛰었다. 우리는 함께 살면서도 각자의 삶을 살아갔다. 나의 수입으로 나와 아이들의 생활비를 충당했으며, 제임스의 수입으로 전기, 가스, 수도 요금 등 공공요금을 대는 것, 그뿐이었다. 내가 그에게 돈을 더 달라고 할 때마다, 그는 더 이상 가진 것이 없다는 말만 되풀이하였다. 제임스의 되풀이되는 대답을 들을 때마다 이제는 내가 그를 부담스러워함을 알 수 있었다. 한때 명랑하고 쾌활하며 상당한 자신감을 가진 소녀였던 나는 더 이상 존재하지 않았다.

벳은 내가 왜 이런 상황이 발생하도록 용납하는지 이해되지 않는다고 말하였다. 그 당시 나는 내게 닥친 상황을 상대해야 했기 때문에, 내가 사랑하는 사람들을 잃고 있다는 것을 고려할 여지가 없었다. 나는 돈도, 갈 데도 없었으며, 두 딸은 온전히 나만을 의지하고 있었고, 내가 의지할 만한 사람은 하나도 없었으며, 시간이 갈수록 남편이 내 곁에 있다는 것에 점차 감사함 비슷한 마음을 느끼기 시작하였다. 마침내 나는 제임스가 "거울을 봐. 그럼 내가 일터에서 왜 집으로 오려 하지 않는지 알 수 있을 거야."라고 말하는 것을 믿기 시작하였다. 제임스는 가정의 청결에 대해 종종 언급하였으며, 이는 우리의 형편을 고려할 때 도무지 만족시킬 수 없는 것이었다. 그 당시 대체로 사람들이 알코올중독에 대해 무지하였듯이 나 역시 알코올중독에 대해 알지 못하였다. 제임스는 물리적인 폭력을 행사하지는 않았으며, 그럴 필요도 없었다. 비록 나는 의도적이지는 않더라도, 제임스의 정서적 학대에 따른 일련의 결과에 대해 어색한 질문을 차마 하지 못하였다. 이를테면 그가 나를 멀리하는 듯한 태도에 대해서도 말이다. 그마저도 제임스의 매력으로 여겼다.

공장에서의 일은 힘에 부쳤지만 내 힘으로 비록 적은 돈이나마 생활에 필요한 것들을 구입할 수 있었고, 일터에서 만난 다른 여자 동료들과의 친목을 도모할 수 있다는 점에서 즐거웠다. 제스를 학교에 보내고, 케이티를 벳에게 맡기며, 오전에 공장으로 출근하는 일상에 나는 정착하고 있었다. 또한 오후에는 청소와 요리를 하고 차를 만들고, 저녁에는 케이티, 제스와 함께 시간을 보냈다. 다만 불을 피우기 위해 석탄을 살 돈은 여전히 부족하였으며, 피곤에 지쳐 저녁 9시면 어김없이 잠자리에 들었다. 남편 제임스와는 계단에서 스쳐 가는 사람이 되어 갔다. 제임스는 놀랍게도 직장에서는 책임감 있게 행동하였으나, 그 외에는 여태껏 늘 그런 식으로 해 왔듯 무책임한 관행을 되풀이하고 사는 듯했다.

그 당시 나는 제임스가 집에서 돈을 자꾸만 훔쳐 가는 바람에 얼마간의 비상금을 숨겨 두어야만 했다. 어느 날 나는 주문한 석탄을 배달해 올 석탄 장수가 오는지 볼 겸 세탁물을 베란다에 널고 있는 중이었다. 그때 제임스는 휴무였던 터라 침대에 있었다. 세탁물을 널고 부엌으로 가던 나는 석탄 장수에게 지불할 돈(비상금)을 제임스가 들고서 재빨리 밖으로 나가는 모습을 보았다. 나는 절망감에 눈물을 흘렸고, 집에 석탄이 많이 남아 있는데 잘못 알고 주문했다는 말로 둘러대며 석탄 장수를 돌려보내면서 매우 부끄러웠다. 그런 일이 있은 며칠 뒤 눈이 많이 내려 아이들이 학교에 가지 않은 날, 집 안은 얼어붙은 듯 추워서 취침 시간까지 벳의 집에 아이들을 맡겨야 했다.

요즘 사람들에게는 이상하게 들릴 소리이고 그 같은 환경에서 살아 보지 못한 사람들은 도무지 이해하지 못할 이야기지만, 제임스와 나는 케이티가 태어나기 전부터 11년의 결혼생활 동안 5번 정도의 성관계를 가졌다. 제임스에 대한 탐탁하지 않은 마음에도 불구하고, 이러한 상황에서 나는 더욱더 제임스를 원하게 되었다. 그 무렵 오랫동안 나는 피임약을 복용하지 않았고 전혀 준비되지 않았었는데, 아담(Adam)을 임신하게 되었다. 그 당시 벳은 공장에서 나와 다른 근무조에서 일했다. 벳은 그녀의 아들 폴(Poul)과 내 딸 케이티를 태울 수 있는 큰 유모차를 가지고 있었는데, 점심 시간에 그 유모차를 밀고 나를 만나러 왔었고, 나는 그 유모차를 밀고 집으로 간 다음 오후에 아이들을 돌보았다. 그런 상황에서 내가 제임스에게 임신 사실을 알리자 그는 앓는 소리를 하였는데, 나야말로 그보다 더하면 더했을 것이다.

나는 새로운 아기가 태어나면, 우리가 어떻게 먹고 살아야 할지 몰라서 직장을 옮겨 다녔다. 나는 소득이 줄까 봐 무척 걱정하였는데, 그 당시 수입으로 살기에는 빠듯했기 때문이다. 케이티는 그해 겨울을 무사히 견뎠다. 정말이지 혹독하게 추운 겨울이어서 침실이 얼어붙을 정도였던 터라, 내가 담요로 매일 잘 감싸고 있었는데도 불구하고 케이티의 손가락은 추위로 늘 파랗게 질려 있었다. 다른 사람들에게는 생활필수품이라고 할 수 있는 것이 우리에게는 사치였고 누릴 수 없는 것이었다. 삶은 힘겨운 노동의 연속이었다. 나는 진공청소기나 세탁기와 같은 편리한 기기가 없었기 때문에 집안일을 손수 해야만 했고, 금요일 밤이면 벳의 집으로 세탁물을 가지고 가서 세탁을 하곤 하였다. 만약 나에게 낙태에 대한 선택의 여지가 있었다면, 나는 필시 그렇게 했을 것이다. 하지만 감사하게도 그러한 선택을 고민할 필요도 없었으며, 임신 5개월 무렵 출산일을 손꼽아 기다렸는데, 그 이유는 어서 빨리 출산을 하고 나서 예전보다 공장에서 더 많은 시간 동안 일을 해야 했기 때문이다.

아담은 1978년 10월에 태어났으며, 그의 누이들과 같이 무척 건강하고 사랑스러운 남자아이였다. 출산 후 일을 하지 않는 동안, 나는 주로 세 아이들을 돌보며 집에 머물렀다. 아이들이 식사를 충분히 할 수 있도록 하기 위해, 나는 끼니를 거를 수밖에 없었다. 이로 인해 요즘은 내가 건강한 식사를 하려고 해도 여전히 불규칙적인 식습관이 남아 있어 쉽지 않다. 케이티는 아주 저렴하고 좋은 크레이비 소스로 만들어져 단골메뉴였던 돼지간과 양파가 앙상블을 이룬 음식을 아직도 기억한다. 공교롭게도 케이티는 그 음식을 입에 넣기보다는 손에 쥔 채 숨기기 일쑤였는데, 그것만 자주 줘서 미안한 나를 '용서'하려는 어른 같았다. 그 후 2년 동안 약간의 자신감을 회복하였다. 직장을 가져야만 한다는 생각을 할 수밖에 없었다. 그 당시 직장 내 근무 환경을 살펴보면, 시간제 근로자에게는 휴가비도 지급되지 않음에도 불구하고 노동량은 상근 근로자와 다름없었다. 나는 이러한 문제에 대해 회사 경영진에 항의하였다. 그에 따른 회사 측의 통보는 해고 또는 일시 해고라고 작업반장이 말해 주었다. 나는 '후식선출식' 인사관리〔'last in, first out', 회사의 사정이 어려워져 해고를 해야 하는 경우, 가장 늦게 들어온 사람을 해고하여 조직 내 근로자들의 스트레스를 적게 할 수 있다는 원칙. 참고로, 사람을 해고하는 순서의 사례로서, minor first(동성애자나 여성과 같은 소수자의 경우), light first(부양자가 없는 사람)를 먼저 해고하는 것으로서 이혼 및 독신 등의 경우가 해당된다−역주〕에 기초하여 우리와 같은 시간제 근로자들의 휴가비를 위하여 회사 측과 힘겨운 협상을 하였다. 그러나 회사 측은 그에 따른 방편으로 다른 소녀 직공 중 1명을 일시 해고하였고, 결과적으로 작업반 사람들은 나를 비난하였으며, 나는 회사의 지시에 따라 콘벤트리(Coventry, 영국 잉글랜드 중부 웨스트 미들랜드 주 동부의 도시, 각종 기계·화학 공업이 발달함−역주)로 몇 주 동안 파견되었다.

이 시기에 회사는 여름 동안 한두 명의 학생을 임시 고용하였는데, 그들 중 한 사람인 수지(Susie)라는 사회학 전공 학생이 내 옆자리에서 같이 근무하게 되었다. 수지는 세상 물정을 전혀 모르는 아이 같았던 것으로 기억한다. 그녀는 일하는 중간에 '노동 계급'에 대한 사회학적 이론에 대하여 지겹도록 언급하곤 했는데, 어머니들이 대출금을 갚거나 좀 더 건강한 음식을 사거나 충분히 절약할 수 있음에도, 크림케이크와 같이 단 음식을 아이들을 위해 사는 경향이 있다는 등으로 나를 돌아 버리게 만든 적도 있다. 나는 수지에게 부자 부모는 자기 아이들과 휴가를 함께 보낼 수 있고, 좋은 옷을 입혀 주며, 좋은 경험을 제공하고, 학교 소풍을 보낼 수 있다는 사실도 생각해 보라고 요구하였다. 반면 가난한 부모는 좀 더 저렴한 방법으로 아이들을 '양육'할 수밖에 없으며, 이렇게 하는 과정에서 '돌려 막기를 할 수' 밖에 없다고 하였다. 여하튼 이러한 차이점에도 나는 수지를 좋아하였고, 우리는 12주 동안 함께 일하면서 그녀의 고전 교육, 그 당시 중산층이 점하고 있는 대학 교육이 우리를 위협하고 있다는 내용 등의 논쟁을 벌이기도 하였다.

1980년 6월 어느 월요일, 나는 여느 때와 다름없이 회사에 출근했는데, 관리자와 기계설비가 없어져 덩그러니 빈자리뿐인 것을 발견하였다. 원래 그 기계가 있었던 자리에는 썰렁함만이 감돌고 있었다. 그 후 회사는 이전 보조금을 이용하여 짐을 싸서 웨일즈로 가 버렸다는 것을 알았고, 동시에 나의 2주간의 임금과 휴가비도 함께 가져가 버린 것이다! 나는 빨리 직장을 구해야 했으나, 마음처럼 되지 않았다. 게다가 함께 지냈던 벳의 아들이 학교에 입학함에 따라 벳 역시도 일을 시작하려 하였다. 2주 후에 나는 도시 외곽에 위치하고 있는 플라스틱 용접공의 일자리를 구할 수 있었다. 나는 이웃에게 아담을 돌봐 달라고 부탁하고, 4시간을 일하기 위해 4시간을 이동해야 했지만, 이는 다른 것을 생각할 만한 기회가 되었다. 한편 제임스는 집에서 3개월을 머물면서 전기세 한 번 내지 않았으며, 3개월이나 밀린 집세도 내지 않은 채 돈을 요구해서 나를 완전히 지치게 만들었다. 나는 그에게 자신을 위해서라도 집을 떠나 달라고 하였다. 그는 그렇게 떠나갔다.

그 후 그와 나는 일 년 반 정도 떨어져 지냈고, 그는 아이들을 보기 위해 가끔씩 집에 들르곤 하였다. 내가 가까이에 위치한 직장을 구할 때까지는 그로부터 전기세와 연체된 집세를 받아야 했기 때문에 그 정도는 허용하기로 했다. 제임스는 소방서 근처의 허름한 방으로 옮긴 이후에 부족하기 짝이 없는 약간의 양육비를 정기적으로 보태 주기도 하였는데, 짐작컨대 가족에게서 벗어나 자유롭게 술을 마시기 위함이 아니었을까 생각한다. 그는 한마디로 불행한 사람이었으며, 이는 우리 아이들도 마찬가지였다. 나는 아담의 행동 문제와 씨름해 가며 18개월 더 양육비를 보내 줄 것을 요구하였다.

그 당시는 주의력결핍 과잉행동장애(ADHD)에 대해서 거의 알려진 바가 없었으며, 나 역시 어찌할 바를 몰랐다. 내 생각에 아담은 분명 명랑한 소년이었으나, 가만히 있지 못했고 반항적이며 까다로웠다. 그는 시선을 맞추려 하지 않았으며, 포옹을 싫어하고, 진정되지 않아서 나를 매우 당황하게 만들었다. 나는 아담을 위해 방문간호사에게 유치원 입학을 신청하였다. 나는 아동가족클리닉센터를 통한 원조를 수락하였으며, 왜 우리 아들이 이렇게 행동하는지, 또한 내가 할 수 있는 것이 무엇인지 알고자 하였다. 비록 제임스가 그전에도 자주 아담과 있어 주지 못했지만, 아담의 이러한 증세는 아버지의 부재와 관련되거나, 또 그 당시 나의 심리적 상태와 관련된 것도 같았다. 그 당시 나는 매우 지쳐 있었고, 절망적인 불행감에 휩싸였으며, 매우 우울해져서 극단적으로 아담을 걱정하였다.

가족력을 수집하는 첫 번째 진료를 받을 때, 아동정신과의 여자 의사는 자신의 안경을 코끝으로 당기며 오만하고 약간 비웃는 듯한 어조로 내게 물었다. "혹시 본인이 남성을 혐오하고 있다고 생각하지는 않나요?" 나는 내 귀를 의심했다. 나는 분명히 내 두 딸을 사랑하는 만큼이나 당연히 내 아들 아담을 사랑하기 때문에 매우 흥분하였고, 내가 남성을 혐오하고 있는 상태이기 때문에 아담에 대한 학대와 같은 행동으로 인해 그에게 이상이 생겼다는 설명에 감정이 무척 상했다. 지금에야 나는 그러한 잠재의식적인 사고와 감정의 영향에 대해, 또 그것이 어떻게 나타나는지를 알고 있다. 급기야 그 의사는 하나의 예로 내 새아버지를 등장시켰다. 이것은 내 어머니를 욕보이는 것일 수밖에 없었으며, 말할 필요도 없이 나는 더 이상 정신과를 찾지 않았다.

아담의 유치원 입학으로 인해 나는 온전한 기력을 유지할 수 있었으며, 아담과 함께 있을 때도 그를 돌볼 수 있는 힘을 얻었다. 두 자매가 행복하게 지내는 동안, 아담은 이상하고 나쁜 행동을 하였다. 유치원에서는 집단활동에 가담하지 않고, 홀로 구석에 앉아 있다고 하였다. 나는 아담이 이렇게 성격이 고착되어 성인으로 성장하게 될까 봐 그것이 너무나 염려스럽고 불안하기만 하였다. 그 무렵 제임스가 집으로 돌아왔고, 나는 집 근처의 시간제 직장을 얻었으며 근무자들과의 저녁 식사 자리에는 참여하지 않고 집으로 돌아왔다. 또한 아침에는 같은 회사의 사무실 청소 일도 함께 하였다.

제임스는 약속했지만 거의 바뀌지 않았다. 제임스의 음주 문제로 인해 우리는 늘 가난하였으며, 생활은 내 수입으로만 꾸려졌기 때문에 늘 중고시장에 눈독을 들이며 나와 가족의 삶을 근근이 이어 나갈 수 있었다. 감사하게도, 우리의 지난한 시간에 외할아버지가 돈을 빌려 주셔서 나는 어떻게 해서라도 이를 갚고자 애써야 했다. 그 무렵 외할아버지의 건강이 악화되었다는 소식을 듣게 되었다. 외할아버지가 그 지역의 병원에서 검사를 받고 난 후, 의사는 외할아버지에게

임종이 가까워졌음을 전했다. 병원에 다녀온 이틀 후에 외할아버지
는 눈을 감으셨는데, 나의 어머니와 외할머니가 세상을 떠난 지 7년
만의 일이었다.

　나는 미신은 믿지 않았지만, 돌이켜 생각해 보면 우리 가족에게는
악재가 생기는 7년의 주기가 있는 것 같았다.

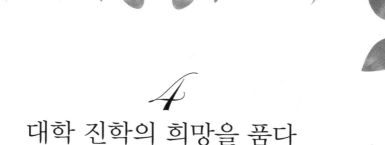

4
대학 진학의 희망을 품다

외할아버지는 평생 아파 본 적이 없었고 결근하지 않았던 것에 대해서 매우 자랑스럽게 여기셨다. 외할머니가 돌아가신 후, 우리 자매는 외할아버지가 잘 지내시는지 확인하고, 쇼핑할 때마다 연락하기 위해 일주일에 한 번 이상 동네를 산책하곤 했다. 유모차 밑 칸 시장 바구니에는 구입한 물품을 실은 채, 아이 한 명은 유모차 안에 태우고, 한 명은 걸터앉히고, 또 한 명은 유모차에 매달리게 하여 언덕까지 달렸던 날들을 기억한다. 우리는 외할아버지가 좋은 곳으로 갔을 것이라는 사실을 믿어 의심치 않았다. 외할아버지는 항상 가족의 방문을 기다렸는데, 특히 외손자들을 보고 싶어 하셨고, 해군에 입대한 레이첼의 편지와 휴가차 오는 그녀의 방문을 고대하곤 하셨다.

우리는 요양보호서비스를 받도록 외할아버지를 설득했다. 새아버지는 집안일에는 전혀 도움이 되지 않았다. 새아버지는 외할머니가 돌아가신 뒤 달걀을 삶는 것조차 제대로 못해 음식물을 사기도 하고,

종업원과 노닥거리려고 매일 아침 빵가게에 갔다. 요양보호사는 외할아버지의 선량한 마음을 다소 이용했지만, 괜찮은 여성이었다. 그녀는 집안일을 하면서 외할아버지가 사용 중이라 생각하지 않는 물건을 알아냈는데, 할아버지였던 외할아버지는 그게 뭐든지 간에 그녀에게 주곤 했다. 외할아버지는 잘 몰랐지만 그녀는 얼마 전에 사별한 꽤 부유한 여성으로 아무 부족함 없이 생활하고 있었다. 외할아버지는 우리를 웃기곤 했는데, 페인트칠을 할 때 더러운 얼룩 위에 매대기를 칠하기도 했으며, 지금껏 시력이 좋지 않기도 했지만 설상가상으로 담홍회색(dove grey)으로 페인트칠을 할 때 흰색을 사용하기도 했다.

외할아버지는 냉장고 플러그를 꽂아 두는 것이 전기를 낭비하는 것이라 생각하여 매일 쇼핑하였으며, 새 통조림을 구입하여 냉장고 안에 쌓아 두었다. 냉장고의 전기 플러그를 꽂지 않은 것은 물론이다. 또한 새벽 5시에 기상하여 저녁 6시면 휴식을 취하는 습관을 평생 유지하였는데, 이 또한 전기요금을 줄이는 방안이었다. 외할머니는 새로운 기술을 선호하지 않았다. 나도 할머니로부터 이러한 영향을 받은 것 같다. 외할머니는 공중전화로 세탁기 구입을 취소하는 전화를 걸어 달라는 심부름을 시킨 적이 있었는데, 할머니는 그러한 기계를 '신뢰'하지 않았기 때문이다. 외할머니가 돌아가시고 난 뒤, 외할아버지가 재빨리 한 일은 자신이 사용해 본 적이 없는 중고품 세탁기를 구입하는 일이었는데, 세탁기는 영국 해군복 색깔과 같이 짙은 감색이고 결코 더러워지지 않았다! 이와 비슷하게 할아버지는 우리에게 식사 준비를 해 달라고 하지 않았는데, 그렇게 하면 가스가 낭비될 것이라고 말했다. 아무튼 어떤 점에서 외할아버지는 자신을 위해 훌륭한 식사를 준비하였는데, 내 생각에 외할아버지는 즉석식품과 조리하지 않는 자유로움을 즐겼던 것 같다. 외할아버지가 왜 그토록 절약하는지를 하느님은 알고 있을 것이다. 외할아버지가 돌아가셨을 때, 우체국 계좌에 600파운드가 예금되어 있었다. 나는 집세를 못 내 퇴거가 임박하여 내 몫의 돈을 집세 연체금으로 지불하는 데 사용하였다.

외할아버지가 돌아가시기 직전에 우리 자매는 교대로 외할아버지 곁에 머물기로 하였다. 외할아버지는 건강이 그다지 나쁘지 않았음에도 갑작스럽게 쇠약해졌고, 외할아버지가 이런 견해에 별다른 이의를 제기하지 않았으므로 건강이 많이 안 좋아졌음을 직감했다. 우리는 외할아버지의 침대를 아래층으로 옮겨 왔고, 제임스가 밤에 그곳을 지켰다. 나는 토요일 밤에 외할아버지 집으로 제스(10세)를 데리고 갔다. 그동안 벳이 그녀의 남편과 함께 아담(4세)과 케이티(6세)를 돌봐 주었다. 외할아버지 댁에는 여전히 화장실이 집 안에 없어, 나는 실내 변기를 아래층으로 가지고 내려왔고, 프라이버시를 고려하여 외할아버지의 식료품 저장실에 넣어 두었다. 음식은 대개 찬장(할아버지에게는 냉장고!)에 두었기 때문에 그때 저장실에는 음식이 없었다.

외할아버지는 평소 식욕이 왕성하여 몸무게가 110kg 정도 나갔는데, 그때는 평소와 달리 식사를 하거나 물을 마시는 것조차 힘들어졌다. 외할아버지가 화장실에 들어가고 시간이 어느 정도 경과하면, 나는 시험 삼아 괜찮은지 확인하려 여러 차례 외할아버지를 불러 보았

다. 외할아버지가 대답을 하지 않자, 제스에게 움직이지 말고 그대로 있으라고 하고는 이동식 변기에서 일어나도록 도우러 갔다. 외할아버지는 부들부들 떨기 시작했는데, 더 이상 볼 수도 들을 수도 말할 수도 없게 된 것을 그때 알았다. 외할아버지는 그때 내 품 안에서 조용히 눈을 감았다.

나는 극심한 혼란 속에서 의사와 장의사에게 연락한 후에 제임스가 근무하는 소방서에 신고했고, 소방관은 제임스를 집으로 보내겠다고 나를 안심시켰다. 제임스는 4시간이 지나서야 집에 도착했는데, 지쳐 있었고, 한잔하는 게 좋을 것 같다는 그의 의견에 내가 동의하지 않자, 집으로 가는 도중에 다른 곳으로 빠졌다. 내가 혼자 집으로 돌아와서 울고 있었음에도, 제임스는 술을 마시러 갔다. 그때까지 아이들은 벳의 집에서 잠들어 있었고, 제스는 이웃집에 머물고 있었다. 나는 제임스가 무슨 생각을 하는지 전혀 헤아릴 수 없었고, 그는 나를 위해 내 곁에 있을 생각을 전혀 하지 않았다.

외할아버지가 돌아가셨을 때 나는 그렇게 슬프지는 않았다. 외할아버지는 거의 여든 살이었고, 외할머니와 나의 어머니를 몹시 그리워했다. 할아버지는 비록 외할머니가 실제로 흔들의자에 앉아 있지 않다는 것을 알고 있다고 말하느라 애를 많이 쓰긴 했지만, 외할머니를 '볼 수 있었다고' 자주 말하곤 하였다('환각'을 말함-역주). 내가 인생의 마지막 순간에 내 '침실'에 서서, 텃밭을 내다보면서 그곳에 묻혀 있는 느낌과 기억에 빠져들 수 있게 해 달라고 집주인에게 용기를 내어 요구할 작정을 하고서, 어릴 때 살던 집을 종종 지난다. 아마 앞으로 나는 그렇게 할 것이다.

장례식을 마치고 외할아버지 유품을 정리했다. 값비싼 물건은 없었다. 결국 짙은 감색의 세탁기를 누가 원하는가 하는 것이었다. 이 때 나는 가까스로 중고 세탁기를 갖게 되었다. 보기에는 대단치 않을 수 있지만, 세탁기는 잘 돌아가고 그 정도면 괜찮았다. 외할아버지는 포크송만큼 재미있는 것은 없다고 하였는데, 외할아버지가 평생 간직한 물건을 처분할 때 이 말이 생각났다. 어느 날 누가 문을 두드리는 소리에 나와 자매들이 나가 보니, 어떤 낯선 여자가 애도의 말을 전해 와 놀랐다. 그 여자는 외할아버지를 잘 알지는 못했지만, 외할아버지가 '카드 테이블'에 앉아서 라디오를 들었던 그 여름에 종종 방문하여 할아버지에게 "흉금을 털어놓았다."고 말했다. 우리는 그녀가 했던 이 말과 다음과 같은 말에 감동받았다. "나는 저 카드 테이블을 늘 좋아했고, 당신이 그것을 처분할 생각인지 알고 싶어요." 우리가 웃어야 했는지 울어야 했는지 난 모른다. 생각해 보니, 우리는 웃기도 하고 울기도 했다. 그리고는 장례 비용을 지불하고 난 후에 외할아버지의 지갑이 비워졌다는 사실과 이틀 전에 할아버지 앞으로 2주간 연금을 수령했지만 이것으로 충분하지 않다는 데 모두 동의했다.

나는 다음 몇 해 동안은 일과 육아에만 전념하며 살았다. 우리 가족은 제임스가 마음에 상처를 준 또 다른 사건이 있고 나서 다시 새아버지 댁으로 이사를 가게 되었다. 고통스러운 사건이 많아 일일이 기억하기조차 힘들지만, 제임스는 거의 그 집의 하숙생이나 다름없었다. 나는 결국 그곳에서도 오래 머물 수가 없었다. 그 당시 제임스는 장거리 화물차를 운전했다. 새아버지 댁은 편안하지만은 않았으며, 말로 표현하기는 어려웠지만 딸들이 걱정되었던 것으로 기억한다. 제스가 당시 열세 살밖에 안 되었으므로, 나는 우리집으로 돌아왔다. 나는 사무실을 청소하고, 저녁 식사를 준비하면서 공장에서 계속 근무했다. 나를 신뢰하고 동등하게 대접해 주는 남성 노동자 중심의 직장을 관리하는 방법을 어렵게 알게 되었고, 지금 나는 당했던 만큼은 갚아 줄 수 있을 정도의 사람이 되었다. 나는 일주일에 3번씩 오후에만 동네에 살고 있는 한 여성의 집을 청소하는 시간제 근무를 했다. 수년간 그곳에서 청소하는 일은 점점 줄어들었고, 노인용 부속주택(granny annexe, 하나의 주택에 노인이 거주할 수 있도록 확장하여 건설한 주택-역주)에서 살고 있는 그녀의 어머니에게 친구/요양보호사로서의 역할을 더 많이 하게 되었다.

소피(Sophie)는 여러 번의 발작에 시달렸고, 나는 말하기를 향상시키기 위해 낱말놀이를 자주 했다. 그녀는 항상 나를 익살스럽게 포옹하기를 좋아했다. 그녀가 '숙녀'라고 부르는 딸에 따르면, 그녀는 도도한 사람이었으며 건강했다면 나와 어울리지 않았을 것이라고 한다. 강한 사람이 어떻게 몰락하는가를 생각하게 해 주었지만, 시간이 지나면서 나는 그녀를 매우 좋아하게 되었고, 그녀의 딸, 그러니까 나의 고용주와의 관계는 지금까지 계속되고 있다.

가족의 생계 유지에 필요한 만큼 수입이 늘어나면서 가정생활이 점차적으로 안정되었고, 아이들이 모두 학교에 다니게 되면서 아담의 행동도 점차적으로 관리할 수 있게 되었다. 물론 제임스는 여전했지만, 나는 제임스가 우리 집에서 '아웃사이더'가 되었다는 사실에 익숙해져 갔다. 아이들은 자신의 아버지가 어디서 무엇을 하는지 궁금해하지 않았으며, 아버지의 부재에 익숙해졌다. 가족 행사, 가령 피크닉이나 '큰돈이 들어가지 않는' 특별한 행사는 항상 자매들이나 친척들과 의논하였다. 주말이면 벳이 아이들을 데리고 나가곤 했고, 나는 점차 그런 언니에 대한 신뢰가 쌓이게 되었다. 그리하여 나는 나를 위해서 교육을 받으려고 결심하고, 'O' 레벨의 영문학과 영국 법제(O level-영국 학제로 한국의 고2에 해당하며, 영어, 수학을 포함하여 주요 7개 과목의 시험을 치르는 시험. 이 시험에 통과할 경우, A레벨을 요구하지 않는 예술, 경영계열의 대학 입학 자격이 주어짐-역주) 학점을 취득하기 위해 지역사회 성인교육센터에 등록하였다. 나는 지금까지 내가 해 온 직업과 부업을 하고 싶지 않은 걸 알았다. 나는 아이들과 썰매 타기를 하다가 사고로 관절염을 앓게 되어 고생하고 있었다.

나는 아담이 재학 중인 초등학교 교장선생님에게 면담을 계속 요청하였는데, 아담에 대한 나의 우려는 근거가 없다는 것을 교장선생님으로부터 일관되게 들었다. 교장선생님은 나에게 아담의 행동을 관리하는 데는 아무런 어려움이 없으며, 매우 영리하지는 않지만 글을 읽고, 철자도 틀리지 않게 잘 쓸 수 있다고 말했다. 이 모든 것은 내 탓이라 생각했다. 아담은 상식적으로는 '장난꾸러기'가 아니지만, 좋아하는 것이 아무것도 없는 아이인 것 같았다. 그는 어떤 활동에서 다른 활동으로 부산하게 옮겨가는 등 주의 지속 시간이 매우 짧았다. 어느 토요일, 나는 아담과 함께 오후 내내 시간을 보내며 놀아주었는데, 예를 들면 '슈퍼맨' 복장을 차려입혀 주면 단지 지금 그것이 마음에 들지 않는다는 것을 알리기 위해 이내 투덜대거나 울며 짜증을 냈고, 그것 대신에 '배트맨' 복장을 입고 싶어 하고, 울며 짜증내는 행동을 되풀이했다.

집 밖에서 아담은 자기 주장을 잘 하지 못하는 '무능력'의 결과로서 친구들에게 비행이나 범죄의 '희생양'이 되었다. 그는 타인의 동기를 애써 이해하려고 하지 않았으며, 스물여덟 살이 되어서야 무언가에 겨우 대처하기 시작했다. 몇 년 동안 우리는 '친구'라는 단어와 친구가 실제로 의미하는 것을 구분하는 데 많은 시간을 보냈다.

아담은 환경과 상호작용하는 데 매우 경직된 방식을 개발했다. 즉, 그에게 모든 일은 일상적으로 잘 정돈되어 예측 가능해야 한다. 그는 어떤 것도 다른 누군가의 관점에서 생각할 수 없었는데(자기 중심적임-역주), 이러한 경향은 십 대 후반까지 지속되었다. 나는 입학하고 여러 해가 지나고 나서야, 멍청한 아이보다는 말썽꾸러기로 취급받는 것이 나을 것이라 판단한 담임선생님이 아담을 일과 중 많은 시간을 운동장 담벼락에 세워 두었다는 사실을 알게 되었다.

아담이 중학교진학 후, 비록 잘 읽고 쓸 수는 있을지라도 수업 내내 어떤 것도 이해하지 못한다는 사실을 알게 되었다. 아담은 영리했고 자신의 장애를 숨기는 매우 정교한 전략을 개발했다. 불행하게도 다른 영역에서 이러한 전략은 매우 역기능적이었고, 아담은 주위의 도움을 거부하는 성향을 보였다. 나는 아담의 자아존중감을 증진하고 방어 성향(defensiveness)을 완화시키기 위하여 그의 강점을 제대로 살리기로 결심했다. 아담은 가족의 친구로부터 기타 레슨을 받았고, 스누커(흰색 큐볼 하나로 빨간색 공 15개나 다른 색깔의 공 6개를 일정한 순서대로 쳐서 포켓에 넣는 당구의 일종-역주)를 치기 시작했는데 그러는 중에 엄청난 재능을 발견했다. 수학은 아담에게 완전한 미스테리 그 자체였는데, 거의 '본능적으로' 궤도를 계산했다.

나는 O레벨 시험에서 A등급을 받은 성취감에 흥분되어, 공부를 계속해 나갔다. 그때 내 나이는 서른두 살이었다. 나는 일주일에 두 번 오후에 모교에서 사회학과 심리학을 연구하기 위해 대학입시 준비과정(sixth form, A레벨이라고도 하는데, 영국 학제에서 16~18세 학생들이 다니는 2년간의 대학입시 준비과정, 1년차에는 4~5개 과목, 2년차에는 3개 과목을 선택하여 시험을 치름. 시험은 논술형이고, 성적은 A등급에서 E등급까지이며, 캠브리나 옥스퍼드 대학의 모든 학과는 모든 과목에서 A를 받은 학생들이 진학한다-역주)에 무료로 등록했다. 한번은 계단에서 고교 시절 과학 선생님과 마주친 적이 있었다. 다행히도 그는 나를 못 알아보았는데, 나는 남몰래 '이제 다 컸는데' 내가 왜 그를 두려워해야 하는가 하고 마음속으로 생각했다. 이 준비과정에 따라서, 나는 다양한 교육기관에서 7개의 'O' 레벨, 두 개의 'A' 레벨 시험을 치렀는데, 7개 과목에서 A등급을 받았다.

나는 지적 능력에 대한 자신감을 얻었으며, 동시에 제임스에게서 정서적으로 독립할 필요가 있고 자녀를 양육하기 위해 괜찮은 직업이 필요하다는 느낌이 커져 갔다. 나는 대학에 진학하고 싶었다. 지금은 이상해 보일 수 있을지도 모르지만, 우리 가족 중에 대학생 사각모와 가운을 가진 사람이 있으면 그들이 그럴 가치가 있든 없든 누구나 높게 존중받았는데, 하느님 다음으로 좋은 차선책이라 여겼다.

이러한 마음가짐이 나를 다소 낯선 기분에 휩싸이게도 하였지만, 가족은 내게 그 누구보다도 따뜻한 지원과 격려를 아끼지 않았다. 진정 이치에 맞는지 아닌지는 오직 신만이 알고 계실 것이다. 나는 여

전히 그것이 진정 '가치 있는' 선택이었는지 확신할 수 없지만, 그 선택은 내가 최선의 노력을 다한 것이라는 것을 알았다.

여름 휴가 기간의 어느 날, 나는 야간 수업을 마친 후 만난 사람과 사귀게 되었다. 오래가지는 않았다. 다시 '사랑'에 빠졌다고 생각했지만, 실제로는 오랫동안 '정서적인 혼수상태'에 빠져서 소위 대강 고르기에 숙달되었다고 생각한다. 나는 그 만남을 후회하지 않는다. 그는 나보다 훨씬 어렸지만, 내게 다시 사랑에 빠지는 법을 가르쳐 주었다. 다니엘(Daniel)은 친절하고 사려심이 깊었고, 영원히 함께 있을 것이라고 고집했다. 물론 제임스는 이 소문을 들었을 테지만, 그의 부모님의 압력 때문인지 뒤로 한 발짝 물러섰다.

이 사건은 내가 이혼소송을 제기할 기회를 제공하였다. 나는 여전히 다니엘을 가끔 만나고 있다. 다니엘 자신이 가정불화를 겪고 있었다. 그는 부모에게 확고한 입장을 밝혔다면, 자신에게 주어진 기회를 놓치지 않았을 것이라고 나에게 털어놓았다. 기회를 놓쳐 버린 것은 분명하다. 그때 제임스가 처음이자 딱 한 번 나를 때렸다. 그는 머리채를 잡고 '팔을 틀어쥐고' 다니엘의 집으로 끌고 갔다. 물론 상황은 그때 완전히 끝났다. 나는 끝내야겠다고 결심했으며, 이제는 정리하는 데 자신감을 갖게 되었다.

나는 사회복지국(Department of Social Services)에 도움을 요청하러 갔다. 내가 제임스에게 이혼 의사를 밝혔기 때문에, 제임스는 집세와 전기세를 납부하지 않았다. 그때가 크리스마스 이브였는데, 우리는 음식이나 돈이 없었고 아이들에게 선물을 주지도 못했다. 제임스가 가족을 부양하지 않았다는 사실을 확인하는 서명을 하도록 사회복지국에서 서류를 나에게 보냈다. 오후 4시까지 회신을 받게 된다면, 긴급지원을 수급할 것이라는 내용이었다.

서류 상단의 '대문자로 기입하시오.' 항목에는 가족을 부양하지 못한 자는 기소당할 수 있다고 기재되어 있었다. 말할 것도 없이 그는 서류에 사인을 하지 않았다. 결국 제임스에게 퇴거해야 한다는 법원 명령이 내려질 때까지, 나는 아이들을 데리고 집에서 나와 6주간 친구의 집, 정확히 말하면 거실에서 생활하였다.

마침내 제임스는 내게 사과와 분노가 반반씩 섞인 편지를 보내왔다. 거기에 진술된 바에 따르면, 그는 그동안 항상 나와 아이들을 사랑했으며, 모든 일이 잘 풀릴 것이라고 생각했다고 한다. 그는 내가 더 이상 잔소리하거나 재촉하지 않았으며, 자신의 도움을 받지 않았다는 사실을 언급했다. 그는 나를 대했던 자신의 방식 때문에 자책했으며, '나의 순결함' 때문에 사랑했고, 그 순결함을 자신이 앗아 가 버려서 자신이 미워졌다고 말했다.

이것은 우리 관계의 표면적인 어려움을 설명한 것에 지나지 않으며, 내가 알기에, 그가 그렇게 생각하게 된 그 복합적인 심리적 이유를 드러낸 것은 아니었다. 어릴 적에 해변가에 놀러 간 그에게 선원들이 세균 감염으로 부패된 음경을 찍은 사진을 보여 주고 콘돔을 나누어 주었다. 나는 그 사건이 그의 정신세계를 황폐하게 만들었다고 단지 추측할 따름이다.

이때 새아버지가 나에게 새롭게 관심을 갖고, 내가 어디서 누구를 만나는지 감시하기 시작했다.

대학 진학의 희망을 품다 **79**

5
대학교를 다니다

아일랜드 사나이가 죽다

　새아버지는 대학에 가고 싶어 하는 나의 열망에 대해 황당해하고 비웃는 듯하면서, 학계에서는 나와 같은 사람을 원하지 않는다고 강조하였다. 사실 이러한 견해는 그 당시 내가 살았던 마을의 전체 주민들의 생각과도 크게 다르지 않은 것이었다. 비록 누구도 내 면전에서 말하지는 않았지만, 나는 이 지역 마을 주민들 사이에서 떠도는 가십거리의 중심에 있었음을 알고 있었다. 구체적으로 아담은 분명한 문제가 있기 때문에, 어머니인 나는 아담에게만 집중해야 한다는 것과 나와 새아버지가 부적절한 관계에 있으며, 창가에서 아버지에게 입맞춤을 하는 것 같다는 등의 소문이었다. 그러던 중 케이티가 구타를 당한다는 이웃의 악의적인 보고를 접한 지역의 한 사회복지사가 우리 집을 방문한 일이 있었다. 사회복지사가 우리 아이들을 찬찬히 훑어보았고, 심지어 잠자고 있는 아담을 깨워 침대 밖으로 나오도록 하는 것을 보면서, 나는 굴욕감을 맛보았다. 나는 그를 데리고 집 안쪽으로 들어가면서 뒤쪽 창문에 나무판자를 덧대어 막아 놓은 모습, 낡아 빠진 카펫, 침대 이불 등 가난한 집의 일반적인 광경을 보여 주었다. 나는 우리가 그토록 가난하다는 것이 부끄러웠다.

사람들은 자신들이 주관적으로 볼 때 '주제넘는 생각'을 가진 타인에게 항상 호의적으로 반응하지 않는다는 사실은 재미있는 일이다. 실제로 나는 그 시기에 많은 친구를 잃었고, 내가 자발적으로 떠난 사람들도 몇몇 된다. 우리는 스스로의 힘으로 자신을 향상시키기 위해 노력하는 사람들로부터 아무런 위협을 느낄 필요가 없다. 돌이켜 보면, 나는 그들 중 가장 가난한 사람이었고, 그것 때문에 가장 만만했다. 그후 내가 대학 재학 중, 사회복지국 직원의 방문을 받았는데, 그것은 내가 새로운 파트너와 동거한다는 신고와 관련된 것이라고 하였다. 아이러니하게도 나는 장학금을 받았지만 공공부조 급여를 신청하지 않아 자산조사를 받을 필요가 없는데도 공공부조 부정수급조사팀은 가정방문 전에 미리 확인하지 않았던 것이다. 나의 동거인으로 추정된 사람이 사실은 우리 집을 정기적으로 방문하였던 짧은 머리의 여성이라는 사실을 내가 알아챌 때까지는 제법 시간이 걸렸다.

이 기간 동안 나는 아버지에 대한 아이들의 상실감과 그 자신의 감정을 유지하지 못하는 제임스의 무능함의 영향에 관하여 그들의 잠재된 감정을 드러내어 지지하려고 노력했다. 제임스는 여전히 과도한 음주를 일삼았고, 아이들을 피하였다. 제임스로서는 아이들이 어머니인 나와 더욱 친밀하기 때문에 아이들을 볼 수 없었다. 아담은 술집을 오가는 제임스를 만나려고 하였는데, 제임스가 토요일 오전으로 정하였다. 요즘은 스누커 큐를 들고 있는 아담을 자주 보는데, 그 무렵 아담은 제임스를 만나기 위해 자리를 떴다가, 이미 술집에서 나간 터라 그를 만나지 못해 잔뜩 화가 난 채 10분 후 돌아오곤 하였다. 물론 나는 아담의 분노를 다루며 함께했는데, 오랜 시간이 걸렸다. 그러는 동안에 아담은 자신의 아버지에 대한 '영웅 숭배'적인 심리가 점차 현실적인 생각으로 변화되어 가는 듯했다. 그런 아담을 지켜보는 것은 매우 큰 고통이었으며, 그를 위해 내가 해 줄 수 있는 것은 거의 없었다. 아담이 자신의 아버지를 만나려고 시도하던 날, 제임스는 아담에게 어머니, 그러니까 내가 성이 문란한 여자라는 것을 인식시키려 한 듯했다. 그 결과, 아담은 나의 새아버지나 제임스와 마찬가지로 내가 외출하거나 돌아오는 것을 감시하기 시작했고, 동네에서 나도는 소문도 그러한 상황을 부채질하기에 충분했다.

이따금씩 나의 자신감을 점검해 볼 때마다, 내가 해야만 했던 수많은 일들로 인해 나는 이미 충분히 소진되어 있었다. 그로 인한 '신경증'으로 많이 괴로웠다. 물론 나는 합리화할 수 있었다. 나는 나 자신에 대해서 잘 알고 있으며 사람들이 말하는 것은 사실이 아니었지만, 아이들에게 특히 아담에게 이 사실을 충분히 이해시키기는 어려웠다. 나는 이러한 부정적인 상황에서, 긍정적인 부분에 초점을 맞추는 힘든 일을 하였다. 이 와중에 나는 'A'레벨 심리학 과정에 등록하여 인근 대학교에서 일주일에 하루, 야간 수업을 2년 동안 받았다. 동시에 모교에서 일주일 중 하루, 오후 시간에 'A'레벨 사회학 강의를 받았다. 아울러 매일 오전에는 공장에서 일하였고, 일주일에 사흘간 오후에는 '복지 관련' 일자리에서 계속 근무했다. 생활필수품을 위해

대학교를 다니다 **83**

서는 충분한 돈이 있었지만 나는 편도 차비만 가져갔기 때문에 야간 수업을 마치고 집까지 6킬로미터가 넘는 길을 걸어오곤 하였다. 어느 날 우연히, 집 근처 길에서 아담이 발걸음을 옮길 때마다 실내화 밑창이 떨어져 펄럭거리는 모습을 보게 되었고, 나는 그 실내화의 밑창을 접착제로 붙이기 위해 애를 썼다. 이 일로 나는 세 아이들 모두 신발이 필요하다는 것을 알았지만 살 돈이 없었다. 가뜩이나 집세는 밀리고, 독촉장은 쌓이고 있었다. 그 주에 체납금이 늘어난 임대료를 남겨 두고, 또 반갑지 않은 연체금을 받으러 오는 사람을 만날 각오를 한 채, 나는 세 아이들에게 신발을 사 주었다.

옆집은 연체금을 받으러 오는 사람과 모종의 '합의'를 했다는 것과 그 대가로 집값을 낼 시간을 벌었다는 사실을 알았다. 나는 약자를 괴롭히는 그의 얼굴을 보기가 아주 싫었지만, 임대주택에 입주할 수 있는 기본적 권리에 대한 대가를 지불하지 않았다는 사실은 인정하기로 했다. 그가 나에게 아이들에게 새 신발을 사 주면서 집세는 내지 않는 것은 문제가 있지 않느냐고 전화로 말할 때, 나는 그를 만날 준비를 하였다. 그동안의 내 처신으로 보건대 내가 그와 모종의 거래를 하지 않는다는 것은 틀림없지만, 그의 주변에는 적극적인 여성들이 많았을지도 모른다. 누가 알겠는가! 어쨌든 나는 앞으로 12개월 동안의 집세를 모두 내겠다고 약속하였고, 그는 얼른 자리를 떠났다. 그는 집이 생각보다 좋고 깨끗해서 놀랐다는 말을 하며 나갔다.

새아버지는 내가 야간학교에 가 있는 날, 술을 마시러 가는 길에 우리 집에 들르려고 하였다. 그는 집 근처를 배회하다가 우리 집에 불이 들어오는 것을 보면 노크를 하고 맥주 한 잔하자며 들어왔다. 그가 나의 존재를 확인하러 왔는지의 여부는 명확하지 않았다. 내가 아이들과 함께 집에 있지 못하는 유일한 시간이었으므로 달갑지 않았다. 나는 예전 일도 있고 소문도 신경 쓰여 새아버지가 내 주위에 있는 것이 싫었으나, 새아버지는 내 아이들에게는 매우 친절하였고 금전적인 도움도 가끔 제공하였다. 새아버지의 모든 나쁜 점보다 좋은 점이 더 크다 하더라도, 그는 여전히 불편한 사람이었다. 제임스가 사라지자 모든 관계의 역동이 변하였다.

나는 금요일 밤마다 아이들이 참석하는 지역 청소년 클럽에서 자원봉사활동을 하였다. 아이들은 나와 함께 참석하는 것을 좋아하는 것 같았고, 우리는 즐거운 시간을 가졌다. 마침 우리가 들어서니 마이클 잭슨의 〈스릴러(Thriller)〉라는 곡이 흘러나왔고, 우리는 축제 의상이나 무대장치를 함께 만들며 시간을 보냈다. 아이들은 그러한 활동을 무척 재미있어 하였다. 여전히 빠듯한 삶이었지만, 시간이 흘러감에 따라 나는 집세도 조금씩 갚아 나갔고, 다른 요금도 해결해 갔다. 나는 야간 수업을 마친 뒤 동기들과 바람을 쐬거나 벗과 시간을 보내기도 하였지만, 여전히 새아버지는 내가 어디로 가는지, 누구와 가는지 알려고 하였다. 그러던 중 새아버지의 건강에 이상이 생기기 시작했고, X-ray 검사 결과 폐에 음영 결절이 있다고 판명되었는데, 아마도 그것은 그가 어린 시절에 앓았던 폐결핵과 연관이 있을 것이라는 진단 결과가 나왔다.

학교 성적은 좋게 나왔지만, 나는 대학 입학 신청을 다음 해로 연기하기로 하였다. 그때쯤이면 아담이 중학교에 들어가고, 두 딸도 각각 열세 살과 열일곱 살이 되므로 좀 더 기다릴 필요가 있었는데, 지금 내가 대학교에 가면 아이들보다 먼저 집에서 출발해야 하고 아이들이 나보다 먼저 집으로 돌아와야 할 것 같았기 때문이었다. 나는 다음 해에 3년 과정의 수업을 듣게 될 것이고, 그에 따른 많은 계획과 일이 있었다. 그 기간 동안 나는 아이들에게 앞으로 해야 할 일을 준비시키고, 토요일 오전에 근무할 가게 일을 구하였으며, 운전교육을 받기 위하여 더욱 절약하였는데, 이 모든 것이 다음 직장을 구할 때를 대비하는 것이었다. 그리고 그해 가을, 근무처에서 나는 한 통의 전화를 받았고, 그것이 내 인생을 바꾸어 놓았다.

새아버지는 항생제로는 증상이 호전되지 않아 '정밀검사'를 위해 병원에 입원할 것 같다고 말했다. 그는 우리에게 말하지 않고 자기 혼자 부담을 안은 채, 암으로 인한 폐 일부 조직을 제거하는 수술을 받았다. 그는 두 번째 수술의 합병증으로 인해 긴급 기관절개술을 받았고, 집중요양을 받았다. 병원은 수 마일 떨어져 있었으며, 아이들은 방과 후 집에 있고, 우리에게는 차가 없었으며, 버스를 타고 다니기에는 불가능한 길이었다. 이 어려움을 의논하면서 병원에 도착한 나와 벳에게 병원은 새아버지에 대해 장담할 수 없다는 말을 하였다. 지옥 같은 48시간을 지나, 새아버지는 외과 진료실로 옮겼으며 방문객을 맞을 수 있게 되었다.

레이첼 또한 해군에서 휴가를 내고 와서 양육과 간병 등을 도왔다. 처음에 나는 단지 이러한 간병 활동을 직장에서의 무급휴가 정도로만 여겼지만, 이 일로 인해서 점차 재정적인 어려움이 증가했다. 따라서 우리는 이동 수단을 구하고자 모든 사람의 도움을 총동원하였으며, 나는 무사히 직장으로 돌아갈 수 있었고 저녁에 병원을 방문하였다. 나는 무엇보다 우리 가족이 가까운 친족의 질병으로 인하여 심각한 충격을 이미 받았는데, 또 이와 유사한 공포감이 재발할지 몰라서 염려스러웠다. 아이들에게 아버지의 부재에 따른 나쁜 영향이 지속되고 있는 것을 감안할 때, 외할아버지의 질병이란 새로운 소식이 미칠 파장에 대해 우려하였다.

새아버지는 퇴원 후 벳과 그녀 남편의 집에서 생활하게 되었는데, 벳의 집에는 여분의 침실이 있었고, 그녀가 시간제 근무를 하고 있었기 때문에 가능하였다. 새아버지는 종종 힘든 상대였기 때문에 벳에게는 그리 쉽지 않은 날이었을 것이다. 새아버지는 자기 주장이 강한 사람이었고, '칼로 흥한 자 칼로 망한다.'라는 식의 인생관을 가졌으며, '벳을 강하게 만들어야 한다.'고 생각하였고, 강하지 않을 경우 벳의 장래를 걱정하였다. 그 당시 우리는 미처 깨닫지 못했지만, 그는 당연히 그러했을 것이다. 일련의 시간이 흐르면서 삶은 정상으로 회복되었다. 새아버지는 2주 동안 병원에서 화학치료를 받았는데, 힘든 화학요법 때문에 처음 방문 이후에 우리에게 방문하지 말라고 하였다. 암묵적으로 새아버지가 자신의 아픈 모습을 우리에게 보여 주지 않고 우리를 보호하고자 한다는 것을 알 수 있었다. 그러나 별일은 없었다. 새아버지는 천천히 회복해 가는 것 같았다. 우리 모두는 새아버지를 호전시키기 위해 그에게 과제를 부여하기로 하였다. 나는 그에게 점심시간에 다리 중간쯤에서 나를 마중 나오게 하는 약간의 소일거리를 주었다. 그는 천천히 고통스럽게 왔다. 새아버지가 도착할 때까지 다리에 앉아서 그가 걸어오는 것을 보고 있노라면, 불안과 염려를 느꼈다. 앞으로 무슨 일이 생길지 알고 있었지만, 내가

약해질 수 있는 부정적인 생각은 하지 않으려 하였다.

　수술의 성공에도 불구하고, 새아버지의 건강은 날로 악화되어 갔으며, 몸무게는 줄고, 혼수상태에 있거나 '견비통'으로 주치의의 치료를 받기도 하였다. 벳은 그를 간호하기 위해 노력하였으나, 새아버지는 벳이 만든 음식을 불신하는 경향이 강했다. 그는 온종일 소파에서 누워 지내다가, 내가 점심시간이라며 그를 부르는 소리에 일어나, 내가 오는 길에 지역의 가게에 들러 사 온, 샐러드 샌드위치를 먹었다. 나는 그때쯤 운전 연습을 시작했다가 결국 포기하고 말았는데, 강사가 나에게 좋아지기는커녕 더 나빠진다고 말하였기 때문이다. 나는 계속 마음을 비우려고 노력하였으나 집중하지 못하고 있다는 것을 알았다. 그리하여 나는 운전 연습 대신, 이완을 위한 '자기최면 기술 요법'에 대해 배우고자 야간 수업에 참석하였다. 비록 그 당시 상황으로 인하여 휴식을 가질 수는 없었으나, 돌이켜 보건대 그 수업이 잠시나마 나에게 고통을 잊고 평상심을 가질 수 있게끔 도움을 준 것 같다.

　그 무렵 새아버지는 벽에 낙서를 하기 시작했고, 뇌검사를 위해 병원에 입원했다. 신체적·정신적 악화가 거듭되고 있었다. 새아버지는 액체 모르핀을 처방받았으나, 별 효과가 없어서 그 처방을 거절하였다. 새아버지는 한 다리를 끌다시피 하고 또 한쪽 팔을 흔들며 저녁마다 술집을 찾았다. 작정하고 큰 길을 가로질러 가는 새아버지를 보기가 마음이 아팠다. 우리는 도로의 그에게 다가가기 위해 황급히 사과하곤 하였다. 새아버지는 자신을 두고 '몬더 파이톤의 우스꽝스런 걸음(ministry for silly walks, 1970년대 영국에서 방송된 희극으로, 주인

공의 엄숙한 얼굴, 독특한 걸음으로 인기를 모았다. 인터넷 등에서 검색해 보면 새아버지가 자신을 두고 한 농담을 이해할 수 있다-역주)'이라며 희화화하곤 하였다. 새아버지에게 움직이고 싶으면 도움을 요청하라고 하고 있을 때, 의사가 그의 상태를 검사하기 위하여 도착하였다. 새아버지는 10분 정도를 집 안에만 있었으며, 의사는 새아버지에게 이 방 끝에서 저 방으로 걸어갈 수 있는지를 묻는 검사를 하였다. 새아버지는 그 방문의 의도가 무엇인지를 모른 채, 자존심 강한 사람으로서 말하고 행동하는 자신의 최선의 모습을 보임으로써 수급 자격을 박탈당했다. 슬프게도 새아버지는 2주 후 모든 팔다리의 협응 능력을 상실하게 되었다.

술집에서 새아버지는 난동을 피웠다. 술에 취해 있지 않을 때는 건강하고 괜찮은 사람 같았으나, 술에 취했을 때는 전혀 그렇지 않았다. 논쟁적인 태도로 돌변할 때가 많았는데, 다만 감사한 점은 다른 손님들 또한 그의 상태를 알고 있었기에 그에게 위스키를 사 주면서 그를 달래거나 무마시키려 하는 데서 그쳤다는 것이다. 벳과 나는 그 술집 주인에게 그것은 우리의 빚이니 어떻게든 갚겠다고 말하였다. 그러고 나서 새아버지가 술에서 깰 무렵 그가 미리 약간의 술값을 지불하였음을 알게 되었다. 새아버지는 남부 아일랜드의 작은 마을에서 태어나 열네 살 때 영국으로 건너왔다. 그는 절대 자기 뿌리를 잊지 않았고, 개인의 역사적 경험과 세대로 전승된 환경 등 아일랜드 민족에 대한 탄압과 심각한 감자 기근 등을 경험하였다고 한다.

전화기에 새아버지가 자주 드나드는 술집 주인의 전화번호를 저장해 두고, 새아버지가 술집을 나설 때 알려 달라고 하였다. 도로는 차

대학교를 다니다 **89**

들로 넘쳐나고, 새아버지는 신체적인 장애로 걸음걸이가 서툴렀으며, 부주의해져 갔으므로 언제라도 사고가 날 가능성이 높았다. 우리 역시 새아버지가 만약 넘어진다면 다시 일어나기 힘들 것이라 생각했다. 또한 새아버지는 자존심이 강한 사람이었으므로, 자신이 '관리감독'을 받고 있다는 사실을 눈치 채면 매우 흥분할 것이라는 것도 알았다. 따라서 술집 주인이 전화를 주면, 나는 공원의 자동차 뒤에서 그가 집으로 돌아오는 것을 지켜보았다. 이따금 그의 기분은 매우 슬퍼지기도 하였고, 나는 그와 내가 한 방울의 피도 섞이지 않았으니 결혼을 해도 무방했을 것이라는 말을 하지 못하도록 방법을 찾기도 하였다.

새아버지는 때때로 내가 수긍할 때까지 공격적인 태도를 보이다가 이해할 수 없거나 썰렁한 웃음을 보이며 낙천적인 듯도 했다. 그는 겉보기에는 정상 상태로 돌아와 있는 듯하다가도 알 수 없는 말들을 늘어놓기 시작했다. 아담은 지금도 생생히 기억하고 있는데, 어느 날 오후 자신의 외할아버지와 앉아서 영화 〈전자두뇌인간(The Man With Two Brains)〉(1983년 상영된 칼 라이너 감독의 코미디 영화-역주)을 보고 있는 중에 외할아버지가 영화의 심각한 장면에서 미친 듯한 웃음을 보여 굉장히 혼란스러웠다고 한다. 그 무렵 약간의 치매 증세를 보이고 있었던 전남편의 어머니 돌리(Dolly)가 집을 방문했었다. 나는 벳의 응접실에서 그 두 명과 함께 보낸 매우 황당했던 오후를 기억한다. 한때 사돈 관계였던 두 사람은 벳의 응접실에 앉아서 각자 다른 사람에게 말하고 웃고 있었으며, 그들 누구도 지금 무슨 말을 하고 있는지 의식하지 못하고 있는 듯했다. 사회적이고 싶고 소통하고 싶은 욕망은 이해할 수 없는 말을 하는 상태에 이르러서도 강하게 남아 있는 것 같았다.

　내가 새아버지와 함께 병원에 의사를 만나려 갔을 때, 의사는 새아버지가 복합적이고 수술로 치료할 수 없는 뇌종양을 앓고 있다고 말했다. 새아버지는 엉뚱하게도 물리치료가 '견비통' 치료에 도움이 되는지를 의사에게 물었다. 나는 재빨리 우리가 새아버지의 여동생 집으로 갈 경우를 상상하였다. 그녀는 새아버지의 입원 관계로 운영하던 술집을 오랫동안 문을 닫은 상태였으며, 새아버지는 여동생 집에서 주말을 보냈다. 우리는 그 상황의 마지막을 받아들이려 한 반면, 새아버지는 얼마나 이해하고 있는지 의문스러웠다. 그의 질병 특성상 그것에 대해 새아버지와 의논할 수 없었으며, 그가 떠나기 전 몇 주를 그가 살고 싶은 대로 하자는 것이 우리의 결론이었다. 따라서 그의 여동생이 새아버지의 음주가 고통과 불행이 된다는 우려를 표현하였을 때, 우리의 결론은 비록 선의일지라도 '참견하지 말라' 는 의미로 전해졌을 것이다.

　새아버지는 정제된 모르핀 투여를 받고 다소 편안해했으며, 우리는 곁에 있어도 그의 세계에 함께할 수 없었으며, 마지막 몇 주는 새아버지에게 맞추며 자유로울 수 있도록 노력하였다. 결과적으로 나와 벳은 더욱 힘들었다. 벳의 남편은 우리에게 보석과 같은 사람이었고, 우리가 교대로 매일 저녁 새아버지와 함께 근처 술집에 가는 동안 나머지 둘은 아이들을 돌보았다. 다행히도 그 '당번'에 새아버지의 친구들도 동참해 주었는데, 우리는 술집을 즐기지도 않거니와 일하러 가야 했기 때문에 고마움을 느꼈다. 그렇게 할 때 새아버지는 단잠을 잤다. 몇 주에 걸쳐 그의 생각과 정서, 행동은 점차 엽기적으로 진행되었으며, 더 밀착된 관리감독이 필요하게 되었다. 그러나 또한 이 기간에 새아버지는 놀라울 정도로 명료하고 명확해져서 유머 감각을 발휘하기도 하였다. 한 가지 일화로, 그는 우리가 사고 싶은 목록을 만들어 보라고 하고는 '외상으로' 주문하라고 하였다.

이 무렵 나는 지역의 싱글맘 집단에 참석하여 어느 정도 멀리 떨어진 곳에 위치한 럭비 동호회의 '싱글들의 밤 행사'에 대한 정보를 듣게 되었다. 하룻밤 정도는 나도 지친 일상에서 벗어나 휴식이 절박하였으며, 벳이 나를 지지해 주어서 다른 여성과 함께 그 행사에 다녀올 수 있었다. 새아버지는 몹시 화를 내며 입에 담을 수 없는 말로 나를 불렀으며 장황한 비난을 퍼부었는데, 내게 어머니의 죽음에 대한 책임이 있으며, 그것은 내가 제임스와 가출하였을 때 어머니가 너무 힘들었기 때문이라고 하였다. 이럴 때마다 나는 새아버지에게 욕설을 퍼붓고 싶은 강한 충동을 느꼈지만, 나의 여동생 레이첼이 내가 이성을 되찾도록 도움을 주었다. 레이첼은 나를 모퉁이로 데려가서 지금은 화를 낼 때도, 장소도 아니라고 위로해 주면서 만약 지금 내가 이성을 잃으면 나중에 후회하게 될 것이라고 하였다. 레이첼이 옳았고, 나는 그녀의 통찰력에 지금껏 고마워하고 있다. 나는 계속 그 행사에 참여하였으며, 그 행사는 나에게 갑갑한 일상생활에서 잠시나마 탈출할 수 있는 기회가 되었다. 말기 암 환자들의 고통을 완화시키는 장비를 마련하기 위한 모금활동에서 나는 큰 곰 인형을 받았다. 이 기계는 멀지 않은 미래에 중요한 의미가 되었다.

새아버지의 오랜 여자 친구 셰릴(Cheryl)도 와서 새아버지가 힘을 낼 수 있도록 많은 도움을 주었다. 막연한 두려움 때문에 우리와 새 아버지를 피하는 사람들도 있었다. 어느 날 밤, 새아버지가 택시를 타고 술집에 있지도 않은 친구들을 만나겠다고 갔다. 술집 주인은 우리에게 전화를 걸어 극심한 고통을 호소하는 새아버지를 택시에 태워 보냈다고 하였다. 새아버지는 집에 도착하였을 때 고통으로 온몸을 비틀어서, 우리가 의사를 불러 새아버지에게 모르핀 주사를 맞혔으나, 머리를 떨며 계속 신음하였다. 셰럴이 브랜디를 가지고 새아버지 옆에 왔는데, 그 브랜디는 셰럴이 멜빵 의상을 입고 캉캉을 추도록 만들 정도로 최고의 것이었다. 새아버지는 브랜디를 마시고 모르핀을 맞은 후 깊은 잠에 빠져들었다. 우리 모두는 완전히 지쳐서 거실에서 잠이 들었다.

새아버지는 벳의 침실로 옮겨져 온갖 망상과 환각을 경험하였다. 다음날 우리는 새아버지의 주치의를 불렀는데, 그는 새아버지가 호흡이 곤란한 것 같다고 하였다. 의사는 새아버지의 폐에 수액이 가득 차 있다고 하였는데, 그것은 어머니가 돌아가실 때와 유사했다. 이는 종말의 서막이었다. 의논을 거듭하여 우리는 마지막 몇 시간 동안 새아버지를 병원으로 옮기기로 결정하였다. 여기에는 두 가지 이유가 있었는데, 하나는 새아버지가 더 이상의 고통을 받지 않도록, 그리고 벳이 더 이상 불안하지 않도록 하기 위해서였다. 벳은 그녀의 집을 강박적으로 청소하기 시작하였으며, 완전히 청소에 몰입된 듯하였다. 시간이 지나서, 벳은 그 당시에 일어난 일을 도무지 믿을 수 없었으며, 새아버지의 악화를 인정할 수 없었다고 하였다. 나는 벳이 자신을 보호하기 위한 목적으로 무의식적으로 현실의 일부를 분리하고

있는 점에 대하여 충격을 받았다.

　새아버지가 입원 수속을 밟는 동안, 우리는 앉아서 그의 손을 잡고 그에게 말을 걸었다. 한때는 강하고 자부심에 가득 찼지만 지금은 마르고 쇠약해진, 곧 흙으로 돌아갈 그의 쇠잔해진 육신을 바라보았다. 새아버지는 정제된 모르핀을 일정한 간격을 두고서 삼켰고, 구급차가 도착했을 때 고통에서 벗어나 깊은 잠 속으로 빠져들었다.

　구급차에서 내린 사람들이 새아버지를 들것에 옮기며 그에 대해 '노인'으로 언급하자 나는 심기가 불편해졌다. 나는 소생을 요청하는 대신 그는 이제 마흔일곱 살에 불과하다고 무뚝뚝하게 말하였다. 나는 새아버지의 고통을 연장시키는 것을 견딜 수 없었다. 구급대 직원들이 새아버지를 옮길 때 그의 앙상한 몸을 보았다. 그는 30kg도 채 나가지 않았다. 나는 깊은 슬픔에 잠겼다. 오늘 새아버지가 모르핀을 복용했냐고 묻는 의사에게 거짓말을 하면서 지독한 고통에 잠겨 있는 그의 연약한 몸에 복용량과 시간을 측량하면서 그 기계가 설치되는 것을 바라보았다.

　외할아버지가 돌아가신 지 7년만에, 가족과 지인들에게 둘러싸인 채 새아버지는 의식을 되찾지 못하고 평화롭게 눈을 감았다.

6
언니의 우울증 발병
그리고 할머니가 되다

새아버지의 죽음은 너무나 슬프고 가슴 뭉클한 사건이었다. 그러나 한편으로는 축복받은 구원이었으며, 어느 정도 종결되었다. 그는 이혼한 나의 어머니와 결혼할 당시에 가톨릭으로부터 파문당했는데, 어머니가 돌아가실 때까지 그러했다. 어머니는 아프면서부터 가톨릭으로 개종하여 신부와 수녀들의 따뜻한 환대를 받고 정기적인 방문을 받아 편안해져 있었다. 이런 일은 나에게 구원의 의미를 무색하게 만드는 상황이었다. 어머니의 장례식 이후, 새아버지는 가톨릭 신자로 복귀하려고 신부님을 만났다. 나는 그와 하느님과의 사적인 관계가 어떠한지를 전혀 알 수 없었지만, 내가 알기로 그의 몸은 성당으로 돌아가지 못했다. 새아버지는 병원에서 종부성사를 받았고 어머니 곁에 묻혔다. 우리는 돈이 없었고 새아버지는 보험을 들지 않았지만 감사하게도 그의 누이가 장례비를 지불했다.

우리가 새아버지의 유품 정리를 마쳤을 때, 조그만 상자에 가득 찬

그의 세속의 재산을 보고 나는 울었다. 그중에는 14년 전 어머니가 돌아가신 후 보지 못했던 것도 있었다. 나는 어머니의 결혼반지와 자신이 운전하던 모든 자동차에 달고 다니던 새아버지의 값싼 플라스틱으로 된 성 크리스토퍼 상을 집었다. 나는 몇 년 후 그 반지에 손가락을 베었고, 애석하게도 그 반지를 잃어버렸다. 성 크리스토퍼 상은 지난 20년 동안 내가 운전하는 모든 자동차 대시보드 위에 붙어 있다. 기념적인 가치가 있는 다른 물품들은 다른 두 자매가 나눠 가졌다. 벳의 아들인 폴(Poul)은 열한 살로서 외할아버지의 '붉은 베레모'를 원했는데, 그것은 7년 후 폴과 같이 묻혔다.

아이들은 외할아버지의 죽음을 매우 슬프게 여겼는데, 특히 아홉 살이던 아담이 그러했다. 아담은 2시간 정도 보이지 않았는데 이웃 집의 창고에서 상심한 모습으로 발견되었다. 아담은 아버지가 부재했을 당시 자신이 의지했던 새아버지와 특별히 친밀한 관계를 가졌다. 사실 우리 가족은 이미 많이 줄어들어 이제 세 자매와 그 자녀들밖에 남지 않았으며, 우리는 모두 큰 충격을 받았다. 우리 세 자매는 각각 나이가 서른일곱, 서른다섯, 서른세 살이었다. 혈연관계를 보면, 내가 스물여덟이 되던 해에 외할아버지가 돌아가셨는데, 가장 나이 많은 친척은 서른 살이던 언니와 촌수가 먼 사촌들이었다. 결과적으로 우리는 무척 긴밀한 관계를 유지했고, 큰 언니는 우리 아이들의 '두 번째 엄마'가 되었고, 나는 폴의 '두 번째 엄마'가 되었다.

내가 대학 응시 원서를 낼 때쯤 벳과 그 남편은 합의 이혼에 동의하고 폴을 공동 양육하기로 했다. 새아버지의 질병이 두 사람에게 상당한 스트레스를 주었다. 나는 대학 입학 면접이 처음에 무척 불편했던 것으로 기억한다. 나는 말끔하게 해서 도착했지만, 잘 생각해 보니 지나치게 차려입었고 나보다 훨씬 어리고 점퍼와 청바지 차림의 무척 편안해 보이는 입학 담당관과 인사를 했다. 그에 따르면, 나는 필요한 자질을 갖추고 있지만 수학 성적이 그렇지 못한 것이 옥의 티라고 하였다. 그런 상황 속에서 나는 수학 시험을 치러야 한다는 것을 잘 알고 있었다. 나로서는 다른 기회가 없을 것 같아, A레벨 심리학 과정에서 통계학 교과 내용을 언급하면서 모든 과정을 이수할 수 있다고 그를 설득했다. 다행히 9월 학기부터 입학이 허락되었다.

나는 만감이 교차했다. 감격에 떨리는 반면 아이들을 돌보며 공부하는 것이 힘들다는 것을 알았고, 내가 졸업할 수 있을 것인지 남몰래 고민했다. 자기 회의의 오랜 감정이 되살아나서 사는 동안 도시에 살아 본 적이 거의 없고, 매일 통근하는 것을 걱정한 적이 없다는 사실까지 나를 괴롭혔다.

다른 사람들이 "자신이 누군지나 알고 있을까?" "자녀 교육에나 신경을 써야지."라며 양육을 지나치게 강조하는 지적을 많이 했기 때문에, 나의 학업과 조화롭게 병행해 나갈 수 있을지 염려스러웠다.

그럼에도 1989년 9월 무척 두려웠지만, 나는 장학금제도 등 많은 문제를 협상하면서 심리학 학사과정[BSc(Hons)]을 선택하였다. 그 과정에는 '정상적인 입학 연령을 넘긴 학생(mature student)'들이 많아 기분이 조금 나아졌다. 대부분의 학생은 의사, 변호사 그리고 다른 전문직을 가진 부모의 열아홉 살 정도 된 자녀들이었다. 공통된 관심사와 그들도 돈이 그다지 많지 않다는 사실로 인해 나는 곧 '편안한' 느낌이 들었다. 공부하기 위해 돈을 지불했다는 생각으로 인해 나는 열심히 공부하였다. 학기 중에는 살인적인 대중교통 시간표 때문에 오전 7시에서 오후 6시까지 집을 나와 있었지만 단 일 분도 헛되이 쓰지 않았다. 점심시간은 친구들과 도서관에서 보냈고, 통학시간은 공부, 노트 정리와 과제 준비를 하는 데 사용했다.

나는 시험을 무난히 통과했을 뿐 아니라 학습하고 이해하는 데 열정을 쏟았고, 학기 중에 학습 과제를 끝내서 방학 기간을 내 아이들과 집에서 보낼 수 있었다. 매주 수요일 수업은 자습을 위해 점심시간에 끝나므로 가계 수입을 보충하기 위해 두 곳에서 청소 일을 했다. 종종 수요일 오전 수업을 빠졌는데 금요일에 같은 이유로 수업에 빠지는 여학생의 노트를 복사했고 나도 보답을 했다. 나는 젊은 남학생으로부터 그 과정의 통계 부분에 대하여 개인교습을 받았고, 그 보답으로 그가 이해하기 힘들어하던 다른 부분에 도움을 주었다.

내가 대학 재학 중이었던 그때와 그 후 사회복지사자격증 취득을 위해 공부할 때, 언니와 내 아이들은 집안일을 전혀 하지 않는다며 놀리곤 했다. 나는 공공부조 수급권자가 아니었기 때문에 방학 중에 노인요양시설에서 시간제로 일을 했는데, 때로는 요양시설을 '대대적으로 청소'했다. 요양시설 청소 상태를 보면 가끔 우울했는데, 특히 내가 청소를 끝마친 내 집보다 청소하기 전 요양시설이 훨씬 깨끗했기 때문이다. 금요일에는 내가 내리던 정거장보다 한 정거장 먼저 내려 쇼핑을 하고 구입한 물건을 낑낑거리면서 들고 버스를 타고 귀가했다.

대학에 입학한 첫해에 마틴(Martin)을 만났는데 결혼은 훨씬 뒤에 했다. 그가 같은 동네에 살았기에 오래전부터 그를 알고 있었다. 벳과 같이 동네 선술집에 한잔하러 갔는데, 크리스마스에 자신과 함께 과제를 하자며 나를 초대했다. 그것은 나에게 걷잡을 수 없는 공포로 다가왔다. 그가 나와 함께 밤을 지세우자는 것은 아니었으므로 가야 한다고 언니가 말했던 것으로 기억한다.

나는 정말 즐거운 시간을 보냈고, 그 일 이후 정기적으로 만나기 시작했지만 과거의 경험을 생각해 보고는 여전히 매우 신중해져서, 그를 천천히 그리고 조심스럽게 아이들에게 소개해 나갔다. 마틴은 내가 공부할 수 있도록 다리미질까지 해 주는 등 매우 지지적이었다. 그러한 그의 태도는 결과적으로 내가 학과 공부를 잘해 나갈 수 있는 원동력으로 작용하였다. 옳든 그르든 간에 우리의 관계가 유지되기 위해서 내게 가장 중요한 것이 아이들과 학업이라는 것을 그가 받아들여야 했다. 그를 두 번째로 중요하다고 생각한다는 것은 아니었지만, 일은 그렇게 진행되었다. 마틴은 이것을 수용했고 예정되었던 인생의 부침은 많았지만 우리는 부부로 살게 되었다.

처음부터 쉽지는 않았다. 마틴은 결혼한 적이 있었고, 나보다 여섯 살 연하로 자녀도 없고 형제도 없었다. 당시에 제스는 열일곱 살, 케이티는 열다섯 살 그리고 아담은 열두 살이었다. 나는 마틴의 이러한 조건 때문에 내 아이들과의 긍정적인 관계를 형성해 가거나 그렇게 되어야 한다고 결심했다. 내 아이들과의 관계 형성에 대해 열띤 공방이 오갔지만, 마틴은 자신의 경험을 바탕으로 최선을 다했다. 마틴은 자신의 아이를 갖지 않겠다고 했으며 나의 도움으로 내 아이들과의 관계가 생물학적인 관계보다 더 중요하다는 것을 알게 되었다. 최근 '아버지의 날', 이제 성인이 된 우리 아이들로부터 '우리 아버지와 같은 분'이라고 쓴 카드를 받았을 때 그의 눈에는 눈물이 가득했다.

대학 입학 2년차, 벳은 걸프만에 긴급하게 배치된 육군 전문응급구호사(paramedic)와 결혼했다. 그녀가 점점 더 불안하고 위축되어 가자 나는 한동안 그녀에 대해 염려했는데, 그녀는 집과 직장에서 30분 간격으로 보도하는 뉴스를 집요하게 시청하였다. 주치의의 진료를 받고자 동의했을 때, 그녀는 꽤 심각한 불안 증상을 드러냈고, 나는 잘 이해하기 힘들었다. 벳은 출근 전에 집으로 전화해서 이상한 생각과 감정을 이야기했는데, 자신의 '내적' 세계를 제외하고 다른 것은 인식하지 못하는 것 같았다. 벳은 사랑하는 사람들, 특히 아들인 폴과의 관계를 체계적으로 차단하기 시작했으며, 미해결된 감정이 표면화되었다. 그녀는 남편과 아들을 잃는 것에 대해 두려워했다는 것은 명백했지만, 정신적인 고통의 원인을 인정하지 않았다.

벳은 매우 우울했고 이해할 수 없는 상실의 감정, 내가 보기에 남편과 아들을 잃어버릴 것만 같은 불안을 느끼는 것이 확실했지만 그 원인을 알리려고 하지 않았다. 벳은 우울증이 심해 몸이 불타는 듯한 작열감(burning sensation)과 신체적 질병을 경험하기 시작했고, 업무에 집중할 수 없어 직장을 그만두어야만 했다. 주치의의 대응은 도움이 되지 않았고, 그녀는 주치의의 의원에서 항우울증제의 처방전과 남편이 없는 동안 '자신을 장난감 곰으로 여기는 것' 같다는 소견서를 받았다. 그 후 몇 주는 지옥이었다. 그녀의 상태는 더 심각해졌고 자살 생각(suicidal thought)을 하기 시작했다. 나는 제대로 대처할 수 없다는 생각이 들었다. 어느 날 저녁 그녀에게 병원에 가야 하는 온갖 이유를 말하면서 병원으로 데리고 갔다. 그녀가 입원하기를 거부할까 봐 두려웠지만 그녀도 입원이 필요하다는 것을 알고 있었다. 대기 중인 정신과 의사가 진찰하는 동안, 나는 그녀가 입원을 거부하지 않도록 그녀를 설득하는 데 모든 전력을 기울였고, 결국 그녀는 예상대로 마지못해 인정했다.

벳은 3개월간 정신병동에 입원했고 그동안 그녀의 상태가 심각해져 우리는 매우 걱정했다. 나는 택시를 타거나 승용차를 얻어 탈 수 있거나 혹은 아이들을 위하여 퇴근 시간에 귀가하거나 학교에서 돌아오는 길에 저녁마다 그녀를 찾아갔다. 그리고 폴에게는 어머니의 질병 특성을 설명해야 했고, 어머니가 병원에 있는 동안 우리 집에서 계속 함께 있을 것을 이해시켰다. 이것이 또 가계 부담을 초래해, 나는 학업을 계속하고 싶었지만 그렇게 할 수 없었다. 그런데 뜻밖에도 나는 단기간에 학업과 가계의 어려움을 만회할 수 있었다.

동시에 내 큰 딸이 임신을 하여 조만간 결혼을 하기로 하였고 주택 융자금을 마련하기 위해 시댁으로 들어가기로 했다. 그들은 그해 12월, '간소한' 결혼식을 올렸다. 벳의 남편이 결혼 참석차 귀국하게 되어 벳은 주말 동안 외출이 허락되었다. 마틴이 결혼식에 참석하기를 원하여 많은 논란이 오갔다. 이날은 제스의 결혼식이므로 제임스가 참석할 것이 틀림없었는데, 내가 마틴의 참석을 허락한 것은 결국 득보다 실이 많았다.

나는 참석할 필요가 없어 가지 않았는데, 리허설은 아주 재미있었다고 나중에 제스에게 들었다. 가족 상황을 알지 못하는 성공회 신부가 매우 친절하게 제임스에게 아내가 잘 있는지를 물었다. 제임스는 놀라서 짐짓 모른다고 말했다고 한다. 그는 아내를 오랫동안 보지 못했던 것이다. 다소 놀라운 것은 제임스가 몇몇 손님들을 시내 술집에 초대해서 뷔페를 대접했다는 것이다. 그 당시 나는 완전히 무일푼이었고, 다음 학기 등록금을 납부할 때까지 잔치에서 남은 음식으로 한 주를 버텨야 했다.

벳이 병원에서 퇴원했을 때, 그녀의 남편은 요크서의 케터릭에 배치되었다. 그녀가 완전히 회복하기까지 2년이 더 걸렸으며, 나는 여전히 그녀가 걱정스러웠다. 그녀의 남편은 무척 인내심이 강해서 그녀를 밖으로 나오게 하고, 일상생활을 꾸려 가게 하기 위해 회유하고 격려했으며, 또한 할 수 있는 모든 것을 하였다. 벳은 건강을 위해 '계획적으로' 걸어가야 했던 근처의 전화부스에서 일주일에 한 번 나에게 전화를 하곤 했다. 그녀는 자주 전화부스에서 돌아가는 길에 근처 나무에 걸려 있는 올가미를 상상했다고 말했는데, 그녀에게는 하나의 선택이라고 생각했으며, 또한 다른 방법으로 전화부스 뒷길에서 버스를 기다리면서 버스 밑으로 자신의 몸을 던질지도 모른다고 말하곤 했다. 30분 뒤 그녀의 남편과 집 전화로 통화할 때까지 나는 제정신이 아니었다. 자신의 마음속에 있는 '악마'에 대해 말한 다음, 벳은 뜨개질을 하거나 텔레비전을 보거나 술을 마시곤 했다.

그러는 가운데 폴은 자신의 아버지와 대부분의 시간을 보내기로 결정하였고, 거기서 같은 학교에 계속 다니면서 친구들과 사귈 수 있었으며, 종종 우리 집을 한 바퀴 돌았다. 폴은 주말과 휴일을 자신의 어머니와 보냈는데, 훗날 벳의 남편이 독일로 배치되었을 때 기꺼이 한 달에 한 번 거기로 날아가는 것을 행복해했다. 벳은 폴이 몹시 보고 싶었지만, 그가 자신과의 약속에 만족한다는 것을 알았고 아들의 관심사에 자신의 감정을 희생했다. 바쁘지만 나 역시 벳이 보고 싶었고 매달 만나기를 원했으며, 휴가 기간에 레이첼을 만나기를 바랐다.

이듬해 7월 제스는 딸 엠마(Emma)를 낳았고, 내가 제스를 임신했을 때 어머니가 그랬던 것처럼 흥분되고 당황스러웠다. 내가 탯줄을 잘랐을 때 나는 무척이나 자랑스러웠지만 또한 떨리기도 했다. 제스의 남편은 약간 메스꺼워하며 '탯줄 자르기'를 피했다. 그때까지 나는 대학 2년을 마쳤고, 시간제 근무 외에 마틴, 자녀들과 엠마와 즐거운 시간을 보냈다. 아담과 케이티는 엠마를 무척 좋아했고, 엠마가 머무는 금요일 밤마다 차례로 엠마에게 우유를 주며 안아 주었다. 그여름 동안 제스의 가족과 다른 자녀들이 2주간 우리 집에 머물렀고 나와 마틴은 휴가를 갈 수 있었다. 우리는 각자 따로 생활했기 때문에 나에게 이 시간은 멋지고 환상적이었으며, 드디어 나는 아무런 걱정이 없다는 것을 알았다. 인생은 나아진 것처럼 보였고, 나는 이런저런 위기에 사로잡히지 않았던 때를 기억할 수 없었다. 아담은 학교에서 특별한 성취를 보이지는 않았으나, 행복하고 안정되어 보였으며, 케이티는 졸업이 임박했고 보육·유아교육학과(child-care course)에 지원하는 것을 신중히 생각했다.

마지막 학기는 빨리 지나갔다. 나는 발달심리론, 범죄학, 상담론, 정신건강론, 여성심리학을 선택했다. 나는 스펀지처럼 계속해서 지식을 흡수하였고, 차별과 억압의 쟁점에 특별히 관심을 보이면서, 이론적 관점과 실천적 적용의 장단점을 가늠해 보는 것을 좋아했다. 나는 이해하기 힘든 부분을 지나치지 않고, 완전하게 이해하기 위해 전력을 다하곤 했으며 책을 처음부터 끝까지 열심히 읽었다. 이것은 비

록 힘든 공부였지만, 제출 기한에 맞추어 과제를 완수하거나 시험에
대비하여 복습하는 데 문제가 없었다는 의미다. 졸업논문 작성을 위
해, 1989년 「아동법(Child Act)」에 대한 반응을 평가하기 위해 사회복
지국 가족센터(family cenre)에서 조사하는 것을 선택했다. 나는 특정
한 상황에서 통계 정보의 가치를 이해했지만, 반구조화된 면접을 통
하여 직원의 경험과 직원이 제공하는 서비스를 받은 여성들을 조사
하기를 원했다. 나는 이 특별한 과제에 많은 노력을 기울였으며, 자
원봉사자가 되었고, 일시보호센터(Drop-in center)를 운영했으며, 서
비스 이용자들의 신뢰를 얻으며, 개인적인 불행이 다시 한 번 닥쳐
오기 전까지 2년 동안 그 프로젝트를 진행했다. 결국 이러한 내 노력
에 대한 좋은 보상을 받았지만 3% 차이로 1등을 놓쳤다. 나는 마틴과
아이들이 발코니에서 나를 응원하던 소리를 들으면서, 졸업식장에서
하늘을 둥둥 떠다니는 듯했다.

　나는 사회복지학을 연구하기 전에 일 년을 쉬기로 했다. 왜냐하면
휴식이 필요했으며, 집과 아이들 곁에 있고 싶었다. 나는 사회복지사
와 더불어 자신의 어머니를 돌보던 이전의 고용주와 계속 연락을 했
다. 소피의 상태는 악화되었고, 또 다른 두 번의 발작으로 고생을 했
다. 그녀의 딸은 그것을 다루는 것이 힘들다는 것을 알았고, 자신도
우울증으로 고생하고 있었다. 그래서 나는 일종의 풀타임 체제로서
오래전 하던 일을 다시 떠맡았다. 또한 우리 집에 관심을 기울이며
더 많은 시간을 마틴과 함께 보냈다.

　그 당시는 몰랐지만, 이 '더 없이 행복한' 상태는 5개월밖에 지속
되지 않았다.

7
굿바이 폴

1992년 늦가을, 우리는 벳의 아들 폴의 건강 상태에 대해서 큰 걱정을 하게 되었다. 당시 폴은 열여섯 살이었다. 폴은 친아버지와 함께 몇 주 전부터 돌아와서 누워 있으면서 등교를 하지 않고, '뚜렷이 알 수 없는' 신체적인 통증을 호소하고 있었다. 그 무렵 벳은 독일에 있었는데, 폴을 매우 걱정하고 있었다. 내가 가서 폴을 만나고 문제가 무엇인지 확인하겠다는 말로 그녀를 안심시켰다. 폴이 집에 온 지 3주가 되어 갔으며, 그것은 매우 드문 일이었다. 폴은 지쳐 있었고, 좀처럼 말을 하려 하지 않았으며, 정말로 나에게 신경 쓸 수가 없었다. 나는 그가 왜 그렇게 침체되어 있는지, 학교에서 무슨 문제가 있는 것인지, 아님 단지 꾀병을 부리는 것인지 의아했다. 그리하여 나는 폴에게 나와 함께 주치의에게 가서 진찰을 받자고 설득하였고 택시를 불렀다. 폴은 위장염을 앓고 있다는 진단이 내려졌고, 그에 따른 처방을 받았다. 나는 폴과 함께 집으로 걸어오는 길에 그에게 어떻게 대처하는 것이 최선의 방도일지 곰곰이 생각하였다.

3주 후, 크리스마스 선물의 날(Boxing Day, 영국 등에서 크리스마스 뒤에 오는 첫 평일을 공휴일로 지정한 것–역주)에 폴은 결국 악화된 심장부전으로 인해서 심장전문병원에 긴급 입원을 하게 되었다. 이 일로 우리 가족은 세상이 무너지는 것 같은 충격을 받았다. 벳은 급히 독일에서 귀국하였고, 내 아이들 또한 크게 동요하였다. 삶은 또 한 번 우리에게 크나큰 시련을 안겨다 주는 듯했다.

나의 고용주는 감사하게도, 내가 사회보장 급여를 청구할 수 있도록 주당 16시간 근무했다고 급여기관(benefit agency, 노동연금부의 집행기관으로 1991년 설치되었으나 2001년 이후 Jobcentre Plus로 통합되었음–역주)에 확인해 주었는데, 사실 나는 8시간 근무하였고 고용주는 정해진 기준보다 더 많은 월급을 주었다. 내 사정을 알고는 특별한 경제적 편의를 봐 주었던 것이다. 벳이 돈을 못 벌게 되자 벳의 남편은 독일에서 혼자 자립하였으며, 여행사의 특별한 배려로 간신히 영국행 비행기로 환승하였고, 이삿짐이 집으로 보내졌다. 이 일에 4개월이 걸렸다. 그동안 벳은 수급 자격이 없었기에 내가 벳을 도와야만 했다. 우리는 또다시 6km 정도 떨어진 병원에 열흘간 서로 교대로 돌아가면서 폴을 간호하였다. 사실상 벳은 그곳에서 지내다시피 하였다. 폴의 검진 결과가 나왔는데, 퇴원을 하여 심장이식을 기다려야 하며, 물론 장담할 수는 없다는 것이었다.

그 무렵 심장이식의 절차와 법적인 사항을 설명해 주는 심장이식 담당 사회복지사가 우리를 방문하였다. 그녀는 우리에게 많은 정보를 주고, 격려해 주었으며, 폴이 심장 기증자를 만나 심장수술이 이루어졌을 경우 폴이 얼마나 더 살 수 있는지를 통계를 가지고 확인해 주었다. 나는 잠시 벳과 그녀의 전남편을 떠나 위로를 얻고자 내 친구의 집으로 갔다. 나는 쉬고 싶었다. 우리가 어떻게 긍정적일 수 있었을까? 우리는 모두 충격을 받았고, 벳과 그녀의 남편도 둘러대고 있는 듯한 희망적인 확률을 귀 기울여 듣지 않는 듯하였다. 지난달까지만 해도 폴은 심장병력을 가지지 않은 여느 아이들과 다름없는 십 대 소년이었지만, 현재는 이대로 불확실한 심장이식 수술을 기다리며 죽어 가든지, 수술을 받고 오래 살아도 10년 뒤인 스물여섯 살에 죽든지 하는 두 가지 선택만 남은 것 같았다.

아버지가 계속 일하도록 하기 위해 폴은 퇴원하여 집에서 요양을 받았다. 벳은 매일 아침을 폴과 함께 보냈으며, 나는 벳과 나의 아이들의 신체적 · 정서적 욕구를 충족시키는 데 전념하였으며, 오후에는 벳과 함께하였다. 폴의 아버지가 집에 돌아오면 벳은 우리 집에 왔고, 케이티와 아담이 폴에게 가곤 하였다. 그때쯤 우리는 수입원이 없었고, 이리저리 움직이느라 택시비 부담으로 인해 경제적 부담이 가중되었다. 마틴은 바로 얼마 전부터 일을 쉬고 있는 상태로 다른 직업을 찾는 데 어려움을 겪고 있었기 때문에, 우리에게 도움을 줄 처지가 못되었다. 하지만 다행히도 폴이 긴급하게 장애 급여를 받았는데, 이 급여의 대부분은 폴이 즐겁게 지내고 먹고 싶은 것을 먹는 데 사용되었다. 폴이 다소 기력을 되찾은 날이면, 우리는 그와 함께 외출하곤 했는데, 그는 '벼룩시장'에 가는 것을 특히 좋아하였고, 마음에 드는 것은 무엇이든 사려고 하였다. 그 시간이 폴에게 있어 덤으로 주어진 시간이라는 것을 알고 있었으나 감히 말할 엄두가 나지 않았으며, 그에게 집중하고 그를 즐겁고, 편안하게 해 주고자 하였다.

폴에게 비상무선호출기가 지급되었었는데, 감사하게도 우리는 오래 기다릴 필요가 없었다. 그날 밤의 많은 부분은 기억이 나지 않는다. 심지어 누가 우리 아이들과 함께 있어서 돌보았는지도 모르겠다. 벳, 폴의 아버지와 나는 친척 대기실에서 9시간을 기다렸는데, 누구도 우리에게 진행 상황을 말해 주지 않았다. 폴이 수술실로 들어가기 전, 벳이 그와 인사를 하고 가까스로 눈물을 참으며 강하게 버티고 있는 것을 나는 지켜보았다. 병원 한구석에서 폴의 심장이 제거되는 동안 우리의 심장 역시 병원의 다른 모퉁이에서 찢어지고 있는 것 같았다. 우리는 서로 말이 없었던 것으로 기억한다. 우리는 흡사 좀비마냥 각자의 지옥을 경험하고 있었다. 폴이 수술을 끝내고 나오기 직전, 독일에서 벳의 남편이 도착했고, 잉글랜드 남부에서 레이첼이 도착했다. 벳은 폴이 퇴원할 때까지 4주 동안을 병원의 입원실에서 지냈으며, 우리 모두가 경제적으로 점점 더 어려운 형편으로 치닫게 되었다. 폴의 심장이식 수술은 밸런타인데이 다음날 이루어져서 그 심장에 특별한 의미를 지니게 되었으며, 한 아름의 꽃다발이 폴의 '심장이식의 날'에 전달되곤 하였다.

나는 이미 사회복지 학사과정(DipSW course)에 지원했었고, 면접은 그 다음날로 예정되어 있었다. 나는 거의 자동적으로 참가하여 필기시험과 개인면접, 집단면접을 마쳤다. 어떻게 잠자코 몰두하면서 면접을 마쳤는지 생각나지 않는다. 그날 늦게 합격했다는 연락을 받았고, 나는 아무 생각 없이 병원으로 돌아왔다. 내 마음은 다른 곳을 헤매고 있었다. 이식수술 후 폴은 잘 적응하였고 건강해 보였다. 우리는 그때그때 필요한 의학적 · 심리학적, 실질적 단계를 충족시키기 위해 지원하는 데 전념했다. 폴은 자신의 생명을 유지시키는 수많은 약의 관리법을 습득해 나갔으며, 우리 또한 그 약들의 복잡하고 광범위한 부작용 및 상호작용 그리고 사용 금지 사유에 대해서 익혀 나갔다.

또한 우리는 폴의 짧은 여생을 위협할 수 있는 거부반응과 감염의 진행을 이해하기 시작했다. 이 기간 동안 나는 벳의 정서적 강점에 감탄했다. 폴의 생명을 위협하는 일부 상황이 정리되면 또 다른 위협이 나타났다. 똑바로 정신을 차리려고 노력하면서 최선을 다해 서로를 도우려고 했다. 우리는 서로 '다르기' 때문에 때로는 충돌하였으므로 어려움도 있었다. 내 아이들 아담과 케이티가 폴을 자주 방문하였는데, 이 둘이 특히 폴과 친하였다. 제스는 엠마를 돌봐야 하고, 최근 이사를 했으며, 풀타임 일을 하고 또 둘째를 임신했다는 것을 이제 막 알았기에 자주 오지는 못했다.

폴은 잦은 병원 방문을 포함하여 이식수술 이후에 흔히 있는 고통스러움을 경험하였다. 이식 후 첫 한 달 동안은 이것이 이틀에 한 번에서 점차 격주가 되었다. 잦은 심장 조직검사는 폴과 우리에게 고통이었으며, 병원 이식전문과로 가는 중간에 매주 혈액검사를 하러 지역 병원을 방문했다. 혈액 분석을 한 후, 한두 약품이 조정될 필요가 있었는데 이에 따라 추가적으로 필요하다는 처방을 받곤 하였다. 이는 주치의와의 잦은 약속을 의미했다. 때로는 주치의가 일차 진료기관의 의료비 지불 기준을 근거로 더 비싼 항거부반응제 복용량의 변경을 거부하기도 했다. 벳과 나머지 가족은 화가 나 흥분해서 주치의에게 이의를 제기하기 위해 폴의 병원 의사의 지원을 확보하려 쫓아

다녀야 했다. 스테로이드제 복용으로 인해 몸무게가 부쩍 늘었고, 항거부반응제로 인해 폴은 우울증을 겪었으며, 위통마저 생겼다. 더 많은 약물이 여드름(좌창)을 포함하는 부작용을 처리하기 위해 처방되었다. 다른 십 대들처럼 폴은 특히 약물 복용으로 인해 기분이 좋지 않을 때는 약물 복용을 하는 처지에 대해서 한탄하였고, 그저 다른 이들처럼 정상적으로 살고 싶다고 토로하였다. 폴은 예전과 같은 방식으로 생각하고 느껴야 하는가 하는 까다로운 질문에 시달렸는데, 왜냐하면 그는 이제 어린 소녀의 심장을 가졌기 때문이다.

그해 여름과 가을 동안, 감염, 거부반응 혹은 혈액검사 결과 등에 의해 폴이 병원에 입원해야 했던 시기가 있었다. 심장 거부반응을 조절하기 위해 복용한 약물로 인해 폴의 면역체계가 약화되고 감염에 무방비 상태가 될 수 있음을 들었기 때문에 매우 노심초사하였다. 반대로 다른 감염을 통제하기 위하여 항거부반응 약물을 줄이면, 거부반응의 잠재 위험성이 높아졌다. 이런 경우는 마치 우리가 시한폭탄을 안고 있는 것처럼 초조함과 동시에 무력감을 맛보아야 했다.

사회복지 학사과정에 다니는 동안 상황이 제법 안정된 것 같았다. 폴은 자동차공학 전문대학에 합격했고, 케이티는 아동보육 과정에 재학하고 있었고, 나의 아름다운 둘째 손자인 리스(Rhys)가 태어났다. 출산 중인 제스와 사위를 내가 도와주었고, 탯줄을 자르는 특혜를 다시 누렸다. 이번에 제스는 최악의 진통을 하였다. 보통 때는 친절하고 차분한 제스가 모든 것에 대해 남편을 비난했고, 내가 통증을 다루는 것을 도와주려고 할 때는 심한 욕설을 내뱉었다.

벳과 그녀의 남편은 근처 수비대 주둔 도시에서 생활하였고, 폴은 대부분의 시간을 그곳에서 지냈다. 나는 다시 학업에 전념하였고 수업도 잘해 나갔다. 그 대학교는 매우 높은 학습 기준을 요구했는데, 매월 성적이 발표되면 많은 학생이 눈물을 흘리곤 하였다. 같은 동급생으로 우리는 상호 협력적이었고 가능한 한 서로를 많이 도우려고 노력했다. 어떤 학생들은 그 이상이었다! 어떤 학생은 '사랑하는 관계'라는 맥락 내에서 이루어진 아동과의 성관계가 위험하다는 것을 증명한 연구 결과가 있으면 자기에게 보여 달라고 하기도 하였다. 무서운 점은, 그가 진지했다는 것이며, 그 당시 아동을 위한 사회적 자원을 다루는 일을 하고 있었다는 것이다. 나는 그에게 "꺼져 버려!"라고 말하며 교직원에게 이 사실을 말했으며, 머지않아 그는 강제로 학교를 떠났던 것으로 기억한다.

　나는 심리학에 기초 지식이 있었기 때문에 다양한 이론적 관점에 대해서는 익숙하였으며, 사회복지의 실용성에 대해서는 논쟁적이었다. 그러므로 당연하게 내가 아주 조금 알거나 거의 모르는 분야에 대해서 관심이 갔다. 이것은 법률, 정책, 절차 그리고 장애와 같은 특정한 분야를 아우르는 것이었다. 나는 심리학과 관련된 지식의 확장에 치중하였으며, 또한 다양한 형태의 차별과 억압에 대한 사회적·경제적 영향에 관해서 알기 위해 열중했다. 오래전 아동과 가족을 전공하고 싶다는 결심을 했지만, 내 지식을 심화하고 다른 클라이언트들과 그들에게 영향을 주는 문제에 대해 이해하고 싶은 마음은 여전하였다. 이때부터 예방 업무가 나의 강점이라는 것을 인지하게 되었다. 나의 경험과 솔직히 '나는 누구인가'라는 관점에서 본다면, 법정의 대립적 속성에 맞지 않는다는 것과 내가 원하지도 않는다는 것을

알게 되었다. 물론 이것이 사회복지의 중요한 분야라는 것과 어떤 사람들은 그 도전을 즐긴다는 것도 잘 알고 있다. 끝없이 보고서를 작성하거나 '서류 정리'에 많은 시간을 할애하는 것은 내가 원했던 분야가 아니다. 아울러 나는 전문직 여성이 되고자 하는 야망도 별로 없다.

현실적으로 서류 작업은 필요악이라는 것을 알고 있으며, 가족을 위한 양질의 성과는 제대로 수행된 사정과 다른 기관이나 전문가들과 함께한 노력 그리고 클라이언트와의 좋은 관계에 의해 결정된다는 것도 알고 있다. 사회복지의 모든 분야가 그러하다고 주장할 수 있지만, 최소한 예방적 분야에서는 더욱 그러하다. 또한 나는 가족을 '감시'하는 것도 사회복지 영역에 속한다는 것을 알았다. 다행스럽게도 나는 그 당시에 사회복지 대상자들과 사회복지사들 모두를 해치는 내부기관의 정치적 책동의 본질을 알지 못했다.

이 모든 걸 말한 이유는 만사가 쉽지 않으리라는 것을 잘 알고 있기 때문이다. 그런 복잡한 업무 분야에서 일이 쉽게 되겠는가? 내가 하고 싶은 말은 '사람을 원조하는 것'에 관한 모든 것이 사회복지라는 '허황된 개념'에 찬동한 적이 없었다는 것이다. 나는 아동의 보호와 통제라는 관점에서 클라이언트를 자극해야 한다는 것을 알았다. 또한 성공적인 개입은 실천 관계를 확립하는 데 있어 사회복지사의 개인적 자질과 특성에 근거한다는 것을 알았다. 결국 나는 '권위' 있는 수많은 사람을 만나면서, 바로 나 자신이 기꺼이 그 문을 활짝 열어 주려 하였다. 그렇게 첫 학년을 마무리하고 현장실습기관 배정을 기다렸다. 다시 운전교습을 받기 시작했지만 애석하게도 세 번 떨어져 수업료를 지불하기 위해 다시금 애쓰고 있는 중이었다. 나의 실습기관은 도심의 가족센터였는데, 오가는 데 몇 시간이 걸렸다. 그곳에서 겨우 2주를 보냈을 때 우리에게는 또다시 불가피한 사건들이 발생했다.

운전면허시험 전날 일찍 잠자리에 들었고, 폴이 상태가 나빠져 아침 일찍 일어났다. 폴을 병원으로 데려갔고 심각한 거부반응을 겪고 있다는 통지를 받았다. 거부반응과 감염의 심각성은 수치로 '측정'되었다. 그 결과는 그 뒤 며칠간의 균형에 달려 있었다. 이미 응시료를 지불했고, 병원에서 별 할 일이 없었기에 나는 운전면허시험을 치르러 갔다. 그리고 합격하였다! 다시 한 번 더 실습지에 일주간 휴가를 냈다. 인생이라는 것은 항상 변화무쌍하다.

대학교에 연락하여 실습 과목을 포기해야 하는 나의 입장을 설명하였다. 썩 마음에 드는 결정은 아니었지만, 더 이상 계속할 수 없다고 생각되었다. 나의 가족이 내 도움을 필요로 하고 있는 와중에 내 공부만 할 수는 없는 노릇이었다. 진심으로 그리고 싶지는 않았다. 감사하게도, 며칠 뒤 학과장이 나에게 전화하여, 이듬해까지 연기하라는 제안을 해 주었다. 아울러 그 당시 공공부조 급여였던 가족크레디트(family credit, 수급 자격은 자녀가 있고 주당 24시간 이상 일을 하는 근로 자격 – 역주)를 신청하기 위해서 다른 노인요양시설에서 시간제 근무를 했다. 이듬해 공부를 계속해 나가려면 돈을 모아야 했다.

폴이 병원에서 집으로 돌아왔고 그 이듬해에 더 많은 우여곡절을 겪었다. 불확실한 그의 건강 상태로 인해서 그는 학교에서 요구하는 과제를 할 수 없었으며, 벳이나 그의 아버지, 우리와 함께 지내고 있음에도 불구하고 외로움을 느끼는 것 같았다. 폴에게는 정기적으로 찾아오는 몇몇 친구도 있었고, 어느 쪽으로든 평범한 삶을 갈망했지만, 그것을 이루기란 힘들어 보였다.

'오크데일(Oakdale)' 노인요양시설에서의 근무시간은 오후 3시부터 7시까지였고, 수급 자격을 유지하기 위해 가끔은 야간 근무를 하기도 하였다. 그 당시 케이티는 대학생이었고, 아담은 열다섯 살이었다. 근무시간이 그때 내 처지에서는 정말 적합하지 않았지만 선택의 여지가 없었다. 학기 중에는 요리를 할 수 있고, 폴이 벳과 같이 있지 않는 낮 시간 동안에는 폴을 돌볼 수 있었다. 아담과 케이티는 초저녁 즈음에는 자기들 스스로 일을 해결할 수 있었고, 필요하다면 폴의 아버지가 일을 마친 뒤 그들 주위에 있었다. 내가 4주를 일했을 때 나는 지방정부로부터 임대료 할인 담당관(rent rebate officer)과의 면담을 요청하는 업무 편지를 받았다. 왜 그런지 이유를 몰랐던 나는 도살장에 끌려가는 소처럼 약속 시간에 맞춰 나갔다. 담당관은 내가 부정 수급 조사 대상자라고 알려 주고 면담을 녹음하였다. 아주 불쾌한 경험이었고, 그녀는 내 말을 한마디도 믿지 않았다고 말할 수 있다. 더욱이 나를 함부로 대했다. 나는 굴욕감을 느꼈고, 화가 났으며, 그 일을 정리하는 데 꼬박 6주가 더 소요되었다. 지방정부는 내가 공공부조와 장학금을 신청하면서 재직하고 있다는 인상을 받은 것 같았다. 결과가 판명되자, 그들은 나에게 50파운드를 지불하였지만, 나는 사과의 말을 듣지 못했고 무엇보다도 이로 인한 정신적인 스트레스 때문에 매우 힘들었다.

근무 현장에서는 모든 일이 정해진 대로 되지 않는다는 것이 곧 명백해졌다. 노인요양시설의 소유자는 그 지역의 주치의였고, 자신의 업무에서 노인 거주자를 돌보는 것에 대한 모든 것을 알아야 하는 노인학자가 동업자였다. 대부분의 필수 장비들은 낡아서 정말 쓸모가 없었으며, 직원들의 수준 또한 낮았다. '원장'은 열심히 일했고, 거주자들의 요구를 충족시키는 데 창의적이었다. 그러나 불행히도, 낮은 급료를 받고도 착취당하는 직원들의 헌신이 있었다. 직원들은 거주자들에게 사회적 활동과 추가 사업을 제공하기 위해 만들어진 '편의시설 기금(amenities fund)'을 정기적으로 기부하였다. 이후, 이 기금은 원장의 방조하에 요양시설 소유주가 이 기금을 안락의자와 소프트 퍼니싱을 구입하고, 내부를 장식하는 데 유용한 것으로 드러났다.

음식 찬장과 냉장고는 열쇠로 잠겨 있었고, 음식 재료는 꼼꼼히 계산되어 있었다. 그런 일이 없기를! 계란을 하나 빼 버리면 누군가는 그 계란 없이 지내야 한다! 근무 조에는 한 번에 직원 두 명만 있었고, 따라서 그 건물을 비울 수 없기 때문에 사회복지사들은 거주자의 개인 쇼핑을 자신의 근무 시간 외에 하도록 해야 했다. 거동할 수 있는 많은 거주자가 있었고, 직원들은 근무 전후에 그들을 데리고 산책을 가곤 했고, 그 경우가 아니면 그 어디도 외출하지 못했다.

거주자들이 원하든 원하지 않든 간에 오후 9시 30분까지 잠자리에 들어야 했는데, 그렇지 않으면 '일상 업무'가 단 한 명의 당직 직원으로는 불가능했기 때문이다. 여든다섯 살의 리디아(Lydia)는 신체를 움직일 수 있는 거주자로 모든 신체적인 기능이 정상이었다. 리디아는 잠자리에 일찍 들게 하면 울곤 하였다. 내가 근무하는 밤마다, 나

는 리디아를 잠자리에 들게 하지 않고, 늦은 밤에 그녀와 함께 '캐리온(Carry On, 1958~1966년간 상영된 저예산 코미디 시리즈-역주)'이라는 코미디 영화를 보면서 다림질을 했다. 리디아는 다른 거주자들과의 대화를 할 수 없었기 때문에, 나는 저녁식사 시간에 그녀를 다른 곳으로 데려가곤 했고, 그녀는 이것을 매우 좋아하였다. 리디아는 아침에는 침대에서 지내는 것을 좋아했는데 여든다섯의 나이를 감안한다면, 이는 당연한 것이 아닌가? 물론 내 근무가 아침 7시 30분에 끝날 때 모든 거주자가 일어나서 옷을 갈아입어야 했기에, 이것(리디아가 아침 시간에는 침대에 있도록 하는 것)을 허락하는 데 상당한 어려움이 있었다. 즉, 깨우고 세수시키고 옷 입히는 활동이 아침 5시 30분부터 시작되어야 한다는 의미였고, 나는 원장으로부터 시각장애인인 '아이다(Ida)'부터 시작하라는 충고를 들었으며, 왜 그래야 했는지 아무도 모른다(시각장애인이므로 일찍 깨워도 밤중인지를 모름-역주).

직원들의 업무 의욕은 무척 낮았고, 어느 누구도 진정으로 신경을 쓰거나 관심을 기울이지 않는 것 같았다. 크리스마스 일주일 전에 나는 원장이 '의사'들을 위한 문진(paperweights)을 선물하기 위해 모든 비정규직 직원들의 급료에서 1시간의 급료를 줄인다는 사실을 알게 되었다. 다른 비정규직 직원들은 나에게 항상 그래 왔던 것이라 말했지만, 의사들은 별 반응이 없었다고 하였다. 나는 원장에게 이 일을 포함하여 기타 많은 문제점에 대해서 이의를 제기하였고, 즉시 해고되었다. 그러나 나는 직원들과 같이 소유주들에게 이러한 고충을 알리고 응답을 요구하는 편지를 보냈다. 내 마지막 근무일에 소유주들이 모임을 열었고, 나는 이 일에서 빠지라고 하여 회의 참여가 허락되지 않았다. 직원들은 내가 집단의 의견을 대리적으로 표현한 것임을 분명히 알리고, 나를 복직시키지 않으면 자신들 업무를 거부할 것이라고 피력했다. 나는 직원들이 그렇게 하지 않기를 바랐는데, 왜냐하면 그다음 주 월요일, 직원들은 자신들의 국민보험 카드(영국에서는 퇴직이나 해고 시 돌려 받음-역주)를 돌려받을 것이며, 소유주들이 매각을 결정하기 전 6개월 동안 그 노인요양시설은 파견 근로자들이 운영할 것이기 때문이었다. 여성 직원 대부분은 일자리를 무척 빠른 시일 내에 구할 수 있었지만, 대부분이 한부모이거나 다른 가족 성원이 저소득이었다. 나는 복학할 예정이기 때문에 여전히 침울했다.

수급 자격을 유지하기 위하여 나는 근처 공장에서 청소부로 몇 주간 일을 하였다. 수시로 학교와 연락을 하여 지역보호관찰소를 실습 기관으로 제의받았다. 내가 실습을 시작하기 일주일 전, 폴이 마지막으로 입원을 했다. 그는 소변을 보는 데 많은 어려움이 있었고, 다발성 장기부전으로 고생하고 있음을 알게 되었다. 내 심정을 표현할 어떤 말도 나는 찾지 못했고, 다른 사람, 특히 벳과 폴의 아버지의 기분이 어떨지도 헤아릴 수 없었다. 우리는 다시 병원에 모여 하루를 보내면서 나중에 폴의 상태가 안정적이라는 말을 들었다. 휴식을 취하기 위해 집으로 돌아왔지만, 밤중에 병원의 호출을 받았다. 벳은 몸이 아팠다. 폴은 수술실로 옮겨져 수술을 받았다. 그날 밤과 다음 날의 일들은 지금까지도 어렴풋하다.

그 후 24시간 동안 우리는 폴이 회복할 수 없을 것이라는 말을 여러 차례 듣게 되었다. 그 후 몇 번의 위기를 모면했다는 말도 들었다.

또한 진정제를 투여받는 동안 뇌 손상의 정도도 가늠할 수 없다는 말도 들었다. 이 과정 동안 우리는 롤러코스터를 타는 것 같았고, 평상심은 흔들려서 우리 모두는 감히 희망을 꿈꾸지 못했다. 내가 기억하는 '정상적인 삶'을 갈구하던 폴의 바람은 다시 한 번 아슬아슬해지는 듯하였다. 결국 폴은 집중치료실로 옮겨졌고, 그의 생존에 대한 투쟁이 끝나 간다는 말을 듣게 되었다. 나는 벳이 자신의 아름다운 아들을 팔에 안고 있는 광경을 바라보았다. 폴은 열여덟 살에 그렇게 죽었다.

모든 가족에게 삶의 시계가 멈춘 듯하였다. 2주간, 어느 누구도 회사나 학교에 가지 않았다. 밤늦게까지 있으면서 단지 탈진이 올 때 잠시 잠이 들었을 뿐, 자고 일어나서 대부분의 시간을 같이 하며 슬퍼하고 서로를 위로했다. 폴이 밸런타인데이 전날 사망하였는데, 이날은 이식받은 지 만 2년에서 이틀 모자란 날이었기에, 가족은 검시가 필요하다는 말을 들었다. 이것은 아직 아물지 않은 마음의 상처를 다시 여는 것이었으며, 더불어 폴의 죽음에 대한 상황을 다시 들추었기 때문에 아주 끔찍한 시간이었다. 케이티와 아담 그리고 폴의 친구들이 그가 생전에 좋아했던 노래 두 곡을 선택해서 장례식에서 틀었고, 나는 학교에 연락을 해서 아담의 결석 사유를 설명했다. 장례식에서 영구차가 도착하기를 기다리는 동안, 학교 측에서 아담이 계속해서 결석을 하는 사유를 전화로 물었다. 비종교적으로 장례식이 진행되는 동안 화장장에서는 〈여인이여, 울지 말아요(No Woman, No Cry)〉(레게 가수 밥 말리가 1979년 부른 명곡-역주) 〈걱정 말고 행복하세요(Don't Worry, Be Happy)〉(1988년 미국 팝차트 1위를 기록한 바비 맥

퍼런의 아카펠라 송—역주)가 울려 퍼졌고, 우리는 폴과 공식적인 인사를 했다. 개별적인 작별인사는 그다음 주에 하기로 하고, 폴의 유골을 지역 교회에 묻어 그가 우리 근처에 있을 수 있게 하였다.

레이첼은 마침내 해군 복무를 마치고 콘월에 집을 구입하였다. 벳의 남편은 군대로부터 정상을 참작받아 일찍 전역을 하고자 하였으며, 이 부부가 레이첼과 함께 살게 되었다. 벳은 평상심을 되찾기 위해서 멀리 떠날 필요가 있었고, 우리 모두는 외관상으로라도 정상 비슷한 모습을 되찾을 필요가 있었다. 벳은 지금까지 고통스러웠던 폴의 마지막 모습을 꿈에서 다시 보며 '끔찍한 고통'을 겪고 있었다. 괴로운 감정이 사람들의 질문으로 자극받지 않기 위하여, 벳은 사람들에게 자녀가 없다고 말했다. 이런 방식으로 자신의 아들의 존재를 부인하지 않게 벳을 설득하는 데는 오랜 시간이 걸렸는데, 그렇게 아들을 부인하는 것이 벳을 더 힘들게 만들 것이기 때문이었다. 동시에 벳이 흥분하지 않도록 하기 위해, 레이첼이 폴의 사진을 치우려고 하는 것도 막았다. 우리 모두는 하나 또는 다른 이유로 힘들어했다. 특히 아담이 힘들어했다.

아담은 열여섯 살이 되자 언젠가 맞이할 자신의 죽음에 대한 의문을 풀기 위해 '황야'를 헤매는 듯했다. 자신의 신체적 건강과 관련된 온갖 우려와 걱정거리를 드러내기 시작했고, 무척 불안해하고 우울해하였다. 자신에게 뭔가 잘못된 것이 있음을 확신한 아담은 지난 3년 동안(스물다섯 살) 폴과 할아버지에 대한 언급을 회피했다. 아담은 학교로 돌아가는 대신, 지역 공장에서 일자리를 구했다. 아담은 직무에 집중하지 않았던 터라 많은 실수를 해서 '공장 깡패들'의 주목을 끌었다. 어떤 경우에는 여러 젊은이에게 먹살이 잡혀 자동차 창문으로 끌려 나와 몇 미터를 끌려다니기도 하였다. 아담의 아버지가 공장으로 갔지만, 너무 늦었고 아담은 복직하려 하지 않았다. 그로부터 몇 개월 후, 아담은 여러 임시직 문을 두드려 보았지만 아무런 일도 계속할 수가 없었다. 주치의의 진찰을 받으며 아담을 '심문'했지만 조금도 도움이 되지 않았으며, 그 의사의 공격적인 접근 방법은 아담을 더욱 낙담시켰다. 우리는 그를 상담 전문가에게 데려가려고 시도하였으나, 그는 감정의 깊은 부분을 다룰 준비가 되어 있지 않았다. 대신 그는 항우울증제를 처방받았다.

아담의 회복은 기나긴 시간을 필요로 했고, 가장 심각한 상황은 아직 도래하지도 않았다.

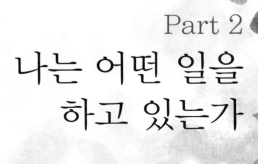

Part 2

나는 어떤 일을
하고 있는가

8
재가요양서비스 기관에서 일하다

    자매들을 만나고 싶었지만 나에게는 그들을 그리워할 시간조차도 허락되지 않았다. 그때까지 나는 보호관찰소에서 실습을 했으며, 자매들은 콘월에서 직장을 구했다. 레이첼은 벳에게 긍정적인 관점에 초점(positive focus)을 맞춘 심리치료를 제공하기 위해 그녀를 미국으로 데려갔다. 나는 아담을 걱정하고 지지하면서 업무에 집중하며 지냈고, 자매들은 일상생활을 꾸려 나갔다. 마틴은 주택담보대출을 받아 어머니 집에서 자신의 집으로 이사했다. 마틴은 많은 도움을 주고 싶어 했지만, 담보대출로 인해 가계를 도와줄 능력이 줄어들었다. 그는 여러 번 나에게 청혼했지만, 현재 재정적 부담이 너무 크고 또한 이로 인해 우리 관계를 해칠 것 같아 보류하였다. 케이티와 아담은 여전히 독립하지 않고 집에 있었으며, 도움을 필요로 했고, 아울러 나는 18개월간 대학생 신분이었다.

    나는 새로운 것을 즐겁게 학습하면서 실습을 열심히 했으며, 또한 학생으로서 클라이언트들과 시간을 보냈다. 나는 선고 전 보고서(pre-sentence report, 판사가 선고를 하는 데 도움이 되도록 작성된 보고서-역주)를 작성하는 일이 매우 즐거웠지만 이러한 보고서의 내용을 '말하기 위해' 법정에 출석하는 것은 다소 꺼려졌다. 특히 나는 법정 예절, 의식과 법정의 대립적인 특성이 싫었다. 한번은 나를 홀로 남겨 두고 보호관찰관이 법정을 떠났을 때 무척 긴장했던 기억이 난다. 그때 감사하게도 변호사가 나를 구해 주었지만, 내가 법정을 떠나는 순간 치안판사에게 절을 하면서 허둥거리다가 치맛자락에 걸려 넘어져 이중문을 통해 복도로 나가떨어졌을 때는 그도 어떻게 할 수 없었다. 정말 당황스러웠다. 대부분 업무는 성인과 관련된 것이었지만, 많은 청소년 범죄자들과도 접촉할 기회가 있었다. 그중에서도 흥미가 있던 업무는 보호관찰과 감독명령(probation and supervision order)을 받은 개인들과 서비스 계획을 수립하고 관여할 수 있었던 예방적인 업무였다.

많은 클라이언트는 가난하였고 처리하기 힘든 문제가 많았다. 열다섯 살 때 어머니에게 버림받고 어릴 때부터 경찰과 문제를 일으키는 친구들과 '노숙' 했던 어떤 청소년이 생각난다. 배리(Barry)의 어머니는 장기간의 알코올 문제를 가지고 있었고, 그의 말을 빌리자면 그 가족은 극도로 혼란스러운 생활양식을 가졌다. 내가 처음 배리를 만났을 때, 그는 무척 비협조적이었다. 그가 저지른 일련의 '범죄'는 여러 바보짓의 총합이었다. 그는 약 1,000파운드에 해당되는 다양한 절도 전과가 있었고, 소년 교도소에 서너 달 수감되었다. 배리는 개인적 수준에서, 그리고 '관계 당국자들' 과의 관계에서 왜곡된 생각을 가지고 있었다. 나는 배리와 관계를 맺어, 그가 인생을 이렇게 살아서는 안 된다는 것을 납득시킨 것을 다행으로 생각했다.

실습을 마칠 때쯤, 배리는 직접 일자리와 잠자리를 구했고, 매일 값싼 사이다를 마시는 습관을 중단하고 그 대신에 매일 수영을 하러 갔다. 배리는 비록 공정하지는 않을 수 있지만, 친구 선택에 있어 '연좌제'의 개념을 이해했고, 자신의 행동이 타인에게 미치는 결과를 생각하기 시작했는데, 가장 중요한 것은 그가 자각했다는 것이다. 이렇게 된 것은 내가 힘쓴 결과라고 주장할 수 있으면 좋겠지만 그야말로 배리가 스스로 해 낸 것이다! 여기서 내가 말할 수 있는 것은 우리가 확립한 '업무상 관계'가 '계기'로 작용했으며, 나는 직위의 제약 내에서, 항상 '동등한 위치'에서 그를 만났다는 것이다. 한번은 내가 실습생이기는 하지만 너무나 '평범했기' 때문에 '보호관찰관'이라는 것을 믿을 수 없었다고 그가 말했는데, 나는 그 말을 '칭찬'이라 여겼다.

보호관찰소에서 일주일 간격으로 법정보고서 작성자가 장애, 문화, 젠더나 섹슈얼리티와 같은 쟁점을 다룰 때는 선정된 법정보고서를 동료들과 읽는 '의제 설정' 모임을 열었다. 이 모임은 토론을 위한 포럼으로 의도된 것이고, 무익한 고정관념을 없애는 데 도움을 주었다. 내 보고서는 잠재적인 고정관념에 기초한 실습 담당 교사가 보냈다. 관련 클라이언트는 세 자녀의 어머니였고, 사회복지국에 사기죄를 인정하였다. 자세한 상황을 법정에 보내면서, 나는 자녀들과 병든 어머니에 대한 부양책임, 그녀에 대한 사회적 기대 외에도 그녀 스스로가 인지하는 사회적 기대를 서술할 필요가 있다고 생각했다.

그녀와의 면담을 바탕으로 하여, 이러한 쟁점은 판사가 선고를 내릴 때 형량에 영향을 미칠 수 있는 중대한 기여 요인과 정상 참작 요인이었다는 것은 분명했다. 나중에서야 나는 실습 담당 교사가 이것으로 역량을 입증할 기회를 포착하려 했다는 것을 알았다. 하지만 나는 우리 둘 중 누구도 도무지 파악이 안 되는 타인들의 비난을 받을 준비가 되었다고는 생각하지 않았다. 그들의 견해로는 설령 고정관념이 그들 생활의 현실을 반영했을지라도, 그것이 차별적이므로 무슨 수를 써서라도 회피해야 했다.

나는 열심히 업무를 수행했으며, 한두 차례 약간의 실수는 있었지만, 어려움 없이 실습을 마쳤다. 실습 기간에 기억나는 또 다른 일화는 반복적으로 장물 처리에 연루된 노인 가정을 방문한 것이었다. 최종 선고에 이어, 시드니(Sidney)는 몇 주 동안 나에게 보고되었는데, 그가 알코올 문제가 있는 것으로 알고 있었지만 서류에는 약물에 대한 언급이 없었다. 나는 그를 도와 일정을 조정하였고, 그로 인해 중요한 약속을 놓치지 않을 수 있었다. 시드니의 건강은 좋지 않았고, 기억력이 감퇴했다. 이 과정에서 시드니는 앉아서 팔뚝에 지혈대를 대고 주사를 놓았다. 나는 그에게 당뇨 증세가 있다는 것을 몰랐다고 말했다. 그는 웃었다. 다시 한 번 시도 한 뒤에 그는 "젠장, 먹어 버려야겠네."라고 말하며 내용물을 마셔 버렸다. 나는 나 자신의 무지한 행동에 부끄러움을 느껴 급히 밖으로 나왔다. 나는 시드니의 집을 방문하지 않았지만, 그는 사무실에 계속해서 찾아왔다. 비록 해져 가는 세로 줄무늬 양복을 입고 있었지만 그는 산뜻해 보였고, 항상 앨버트 스텝토〔Albert Steptoe, 1972년 상영된 〈스텝토 부자(Steptoe And Son)〉라는 영국 코미디 영화에 나오는 주인공으로 배우는 윌프리드 브램벨임—역주)〗를 연상시켰다. 일흔여섯의 생일날을 맞아 그는 나에게 청혼하였다. 나는 그의 찬사에 대해서는 감사를 표하면서도, 청혼은 정중히 거절하는 통제력을 힘껏 발휘했다.

실습 기간 중간 즈음, 다음 학기 장학금이 입금되지 않았다. 그때까지 마틴에게서 약간의 도움을 받았지만, 학비는 잘 해결해 왔다. 마틴은 책을 사 주고, 컴퓨터를 장만해 주었는데, 그때까지 나는 과제를 집에서 필기하고 학교에 가서 타이핑을 쳐야 했다. 아이러니하게도 나는 나를 '만만한 사람'으로 여기는 클라이언트들로부터 '가련한 신세타령'을 들었다. 지금 그들보다 내가 경제적으로 더욱 힘든 상황이라는 것을 그들이 알기만 한다면 좋으련만! 몇 주가 지나면서 연체가 심해지자, 임대 사무소로부터 독촉 전화가 자주 왔다. 내가 장학금 지급 기관과 자주 연락을 했지만 동일한 이름으로 두 번 말하지 못했으며, 내가 처한 상황에 대해서 그들에게 이해를 구하지 못했다. 그리하여 나는 퇴거 통지서를 받게 되었고, 주택부서는 집을 비우기를 요청했다.

장학금 지급 기관에서는 8주 전에 수표를 보냈다고 하였고, 주택부서에서는 내가 언제 지불한다는 서면 증거를 제시하지 않는 한 아무것도 할 수 없다는 말을 하였다. 물론 장학금 지급 기관도 이것을 할 수가 없었다. 나는 엉망이 된 상황을 해결해 보려 매일 점심시간에 회사 전화를 이용하였다. 심지어 대학교에까지 연락을 취해 보았지만 별다른 성과를 거두지 못하였다.

마틴이 우리 가족을 위해 밥을 샀지만, 자신의 주택담보대출금을 상환해야 했기에 더 이상 도와줄 수 없었다. 아이들의 저녁 밥값과 실습기관까지 갈 버스비를 구하기 위해 고군분투했다. 결국 어느 선임 보호관찰관이 300파운드를 빌려 주겠다고 했다. 때마침 원래 수표가 취소되고 재발급되어 더 이상 빌릴 필요가 없게 되었다. 실습기간이 끝날 무렵 나는 미지불 수표를 캐비닛 뒤쪽에서 발견했다는 전화를 받았다.

실습 담당 슈퍼바이저(practice teacher, 실습생을 슈퍼비전하는 역할에서 실습생에게 사회복지실천을 교수하는 역할까지 확장하여 실습교사라는 명칭을 영국에서는 사용하는데, 여기서는 우리에게 익숙한 실습담당 슈퍼바이저로 번역함-역주)는 나를 극찬하는 보고를 했는데, 내가 그 이상도 할 수 있었다고 진술했다. 나는 최선을 다했다고 생각했지만, 그녀가 말하는 바를 전혀 알지 못하여 이 코멘트에 대해 다소 어리벙벙한 느낌이 들었다. 마지막 날, 그녀는 나를 한쪽으로 데려가 내가 클라이언트들을 대할 때 항상 클라이언트와 같은 방향의 책상에 앉는 것을 알아냈다고 말하였다. 이렇게 하는 것이 내가 편하게 느꼈는지 물었고, 자신이 책상을 사이에 두고 클라이언트를 대하는 것을 선호하기에 자신의 클라이언트가 자신을 다소 쌀쌀맞다고 생각할 수 있지 않을까 하고 나에게 물었다. 나는 그 질문에 어떤 식으로 답변을 해야 할지 몰랐다. 클라이언트에 대한 나의 방식은 내게는 자연스러운 일이었고, 훈련을 통해서라기보다는 '상식'이었다. 물론 모르는 사람의 경우나 안전상의 문제나 분노/공격적인 클라이언트의 경우, 그 방식은 달랐다. 솔직히 나는 왜 경력자와 실습 담당 슈퍼바이저가 이런 기본적인 질문을 해야 하는지를 이해할 수 없었다.

나를 미소 짓게 한 또 다른 사건은 실습을 시작하고 곧장 그녀가 나의 가족에 대해서 질문한 것이었다. 내게 장성한 자녀와 손주가 있다는 것을 알고 난 뒤, 그녀는 내게 지지망(support network)이 있다는 것에 안심하는 눈치였다. 왜냐하면 자신은 자녀 없는 독신이기 때문에 내가 그들의 지지망이고, 그들은 나의 지지망이 아니라는 사실을 다행스럽게 자각하지 못했다. 분명히 이것은 이해를 제대로 하지 못하는 문제를 떠나, 실습 담당 슈퍼바이저로서 그녀가 확실히 해야 할 부분이었다. 나는 그녀를 종종 만나고 있다. 이제 그녀는 두 명의 십 대 자녀가 있고, 그 경험으로 혜택을 보았고, 훨씬 현실적인 인생관을 갖게 되었다.

이 시기에 마틴은 다시 한 번 정리 해고되었고, 독일에서 직장을 구했다. 기계공학사업의 극심한 경기 변동에 따라 그는 계속적으로 직업을 바꿨다. 아담은 매우 우울했고, 여전히 몇몇 친구들을 만나고 있지만 의욕이 없었다. 이와 반대로 케이티는 직업적 관심을 보육에서 영업직으로 전환하였고 자신의 아파트로 이사했다. 나는 이번 여름 동안 비록 자체의 문제는 있었지만 다른 노인요양시설에서 일자리를 얻을 수 있었다. 그리고 나머지 시간에는 집 근처에서 아담과 함께 보내면서 쉽지는 않았지만 그를 지지하고 의욕을 불러일으키려 했다. 나는 마틴이 집으로 돌아올 때 6~8주에 한 번쯤 그를 만날 수 있었고, 그가 독일에 체류하는 다음 18개월 동안 한두 차례 독일에 가서 지냈다.

9월에 대학으로 돌아왔을 때, 나는 다른 학번의 학급에 들어갔다. 입학 동기들은 6월에 졸업했고, 나는 물을 떠난 물고기와 같이 둥둥 떠도는 느낌이었다. 나는 곧 적응했지만 예전 같지 않았고, 마지막 사회복지 현장 실습을 시작할 때는 매우 기쁜 마음이 들었다. 돈은 그리 큰 문제가 되지 않았다. 돈을 구할 수 없다면 돈을 쓰지 않으면 된다! 마틴의 괜찮은 수입과 저축이 있고, 여기서 부족하다면 여분의 현금카드를 사용할 수 있었다. 나의 실습은 높은 실업률, 박탈과 사회문제가 많은 지역에서 일하는 '최일선 내근 당직팀(front-line duty team)'에서 아동 및 가족에 대하여 개입하는 것이었다. 나는 새로운 학습 경험과 기회를 마음껏 누리면서 자연스럽게 익숙해졌다.

첫째 날, 나는 사무실 내방 예약(office appointment)을 담당하는 당직 사회복지사(duty social worker, 사무실에서 잠재적인 클라이언트로부터 전화를 받거나 내방 예약된 클라이언트를 만난다. 따라서 당일은 클라이언트를 직접 방문하지 않는다-역주)를 '줄곧 따라다녔는데', 내 기억에 당직 팀에는 A팀과 B팀이 있었다. A팀의 업무는 오전에 내방 예약을 하고 오후에는 당직실에서 전화 통화를 하며, B팀은 그 반대였다. 아무튼 내방 예약자의 일부는 도움을 요청하는 잠재적인 클라이언트이거나 우려를 공식적으로 제기하는 시민들이었다. 그 밖에는 사회복지국의 관심을 불러일으킨 이슈들을 토론하기 위해서 초대된 부모/가족보호자들이었다.

둘째 날, 당직 A팀이 잘 접수받은 내근 당직 업무를 나에게 맡겨 달라고 제안했는데, 이렇게 하면 나에게 유익할 뿐만 아니라 내근 당직 사회복지사가 자신의 업무를 계속할 수 있었다.

나는 실습 기간 동안 일주일에 이틀은 당직 업무를 계속하였고, 다양한 당직 업무가 매우 즐거웠다. 나는 또한 소수의 담당 건수를 처리했지만, 이 시기는 학생 신분이었으므로 아동학대 사건의 조사에 관여하거나 아동학대 신고 접수된 아동 사례를 맡을 수는 없었다.

그 실습에서 클라이언트 가정에 대한 첫 번째 방문은 여러 측면에서 기억할 만하였다. 그 사례에서 내가 그 집으로 가는 도중에 다른 사회복지사와 동행했는데, 그 사회복지사가 소속된 '팀'에서 담당했다는 말을 전해 들었다. 그 아동은 다섯 살의 여아였고, 외할머니가 양육을 하고 어머니는 형무소에서 2년간 복역했다. 할머니, 할아버지, 삼촌이 가끔 폭음을 하는 음주 습관이 있어 곤경에 빠졌는데, 한 가족으로서 이러한 폭음 사태가 벌어지고 나면 그들은 숙모가 제기하는 아동(조카)의 양육자를 조정하기 위해 으레 사무실과 접촉하곤 했다. 팀은 가족이 올바른 양육 방식을 준수하도록 하는 데 많은 시간과 노력을 들였음이 분명하지만, 아이가 가족과 함께 지낼 수 있다는 점에서 사회복지국이 비용을 지불할 만한 가치가 있었다. 우리는 그 집에 도착하여, 일전에 음주로 난동을 피웠을 때 할아버지가 휘두른 다리미에 머리를 맞아 심각한 뇌 손상을 입은 할머니와 인사를 했다. 할머니는 이마에 갓 생긴 멍 자국이 있었고, 깨진 안경 아래로 핏자국이 보였다. 망사 조끼에 냄새나는 양말을 신고 안락의자에 누워 있는 할아버지는 실재 랍 네스빗(Rab. C. Nesbitt, 1988년 네스빗이라는 가족 중심의 BBC 시트콤-역주)보다 더 랍 네스빗 같았다. 삼촌은 뺨에 상처가 있었는데, 그 상처에는 화장지 조각이 들러붙어 있었다. 긴 커피 테이블 위에 잔뜩 쌓인 빈 캔과 병 사이에는 작은 바늘 하나도 들어갈 틈이 없었고, 그 세 명은 한마디로 엉망진창이었다. 그때 시각이 월요일 오전 10시 30분경이었다. 할아버지가 발을 옮기고 자기가 있던 냄새 나는 자리를 털면서 앉으라고 했다. 나는 의자 팔걸이에 걸터앉았다. 필요한 정보를 얻고 집을 나서는 데 걸린 2시간 동안 우리는 억양 없는 단조로운 말투에 질렸고, 가족 앨범을 지루하게 보았다. 특히 삼촌은 내게 자녀가 있는지 물었고, 이어서 "이리 와서, 한잔하소."라고 말했다. 그 아동을 위해 필요한 협의를 가까스로 마친 후에 집을 나섰다. 내 동료는 할머니에게 언제쯤 이번 상황이 끝날지 물었고 '일주일 뒤 수요일'이라 들었다.

내게 할당된 초기 업무 중 하나는 십 대 미혼모를 지원하는 것이었다. 나중에 나의 실습 담당 슈퍼바이저는 내게 이러한 업무가 실습생들에게 있어 유익할 것으로 생각했다고 말했다. 종종 있는 일이지만 겉보기에 단순한 사례라도 이면을 들추면 가끔 마치 벌집을 쑤시는 꼴이 된다. 우리가 십 대 미혼모 가정을 직접 방문한 결과, 그녀가 사는 집과 함께 사는 그녀의 자녀가 나쁜 짓을 하려는 누군가에게 공공연하게 노출되어 있는 매우 혼란스러운 생활 환경을 알게 되었다. 어느 날 해가 저무는 시간에 그 집을 나선 나는 버스 정류장으로 향하는 중이었다. 세 집 떨어진 집에서 나온 낯선 남자는 나에게 위협적인 관심을 보여 나를 불안하게 만들었다. 다음 번 방문에서 나는 창문을 통해 나를 주시하고 있는 그를 볼 수 있었다. 내가 그 집을 나오자 그 남자는 나를 버스 정류장까지 뒤따라왔다. 목덜미의 머리카락이 곤두섰고, 그가 나를 위협해서 그 집 방문을 그만두게 하려 한다는 의도를 나는 바로 알았다.

그 가족을 통해 그 남자의 이름을 알아냈고 우리 부서도 그에 대해서 알게 되었다. 그 남자는 성폭행 전과가 있는 사람이었고, 정신과 입원 사정을 받기로 합의하는 조건으로 실형 선고를 받지 않았다. 나중에 보고서에서는 그가 병동에서 정신과 의사를 불태우려는 시도가 있은 뒤 풀려났다고 한다. 결국 열한 살의 어린 여동생은 그 남자가 두 번이나 자신을 강간했다고 나에게 털어놓았다. 그 아동은 그러한 끔찍한 일에 관해서 경찰과 면담하였고, 남자는 체포되어 기소되고 보석으로 풀려 났다. 나는 그 남자가 현재 세 명의 어린 딸들을 가진 여자와 살고 있다는 사실에 걱정이 되어 이것을 실습 담당 슈퍼바이저에게 이야기하였다. 내부자가 다른 부서에 업무 요청을 신청하는 '내부 의뢰 시스템'이 존재하지 않는다는 말을 전해 들은 나는 실습 슈퍼바이저의 조언에 따라 경찰에 신고했다. 그 당시 당직 A팀에서 일하고 있던 나는 그 범죄를 최초로 신고했던 경찰관과 이야기를 했다. 그 경찰관은 내 요청에 따라 내 맞은편에 앉은 당직 B팀에 의뢰하기 위하여 기꺼이 다시 전화를 걸어 주었다.

나는 실습이 매우 좋았기 때문에 실습이 종료되자 무척이나 복잡한 심정이었다. 나는 공식적으로 그리고 '비공식적으로' 실습 슈퍼바이저가 내게 해 준 말에 특히 기뻤다. 사무실에서 많은 토론이 있었는데, 내가 학생치고는 '너무 잘한' 학생이었고, 내게서 '탐정'의 기질을 엿보았다고 덧붙였다. 내가 '너무 잘했다'고 생각해 보지 않았지만, 무척이나 흐뭇했다. 실습의 마지막 단계에서, 나는 심장이식의 사회적·심리학적 영향에 대해서 개인과 가족(나 자신을 포함한)을 조사하고 면담하기 시작했다. 그때는 거의 연구가 이루어지지 않았고 다양한 통계 자료만 있었다. 그러한 실정이었기 때문에 나는, 가령 한 환자가 얼마나 자주 영화나 외식을 하러 외출하는가와 같은 수

치에 근거한 이식 후 '삶의 질'에 대한, 외관상 의미 없는 결론을 제시한 학술저널을 꾸준히 읽었다. 나는 과장된 이야기와 통계 자료 속에서 연구자들이 실제적으로 측정한 것이 직접적인 삶의 질에 대한 것이라고 확신할 수 없었다.

여기서 가장 현저하게 부족한 점은 이식 수혜자와 그 가족에 대한 주관적인 설명이었다. 그 당시에는 연구를 마무리하는 데 필요한 추가적인 시간(또한 자금)이 부족했기에, 내가 연구를 계속하는 동안 그 일을 계속할 수 있게 해 줄 일자리를 찾아야만 했다. 동시에 나는 어느 병원 심장이식과(Heart Transplant Unit)에게 그들의 연구에 필요한 통계 자료를 수집하는 데 도움을 주었고, 그 대가로 내 연구의 일부분인 이식가족에 대한 면담을 하게 되었다. 나는 노인들과 장애인들에게 재가요양서비스센터에서 시간제로 일하기 시작했다. 보수는 적었지만 이식가족에 대한 면담과 석사학위를 마치는 데 집중할 수 있는 시간과 에너지를 제공해 줄 것이라 생각했다. 또한 수입을 보충하기 위해서 장학금에서 약간을 저축했다. 결국에는 병원, 일 그리고 아담 등 각각으로부터의 요구 때문에 학업 진행은 늦어지고 매우 힘들었다.

이때 아담은 열일곱 살이었고 실업자로 등록되었다. 그는 점차 동료들이나 사회적으로 고립되어 갔고, 당황해하고 불안해하며, 가장 일상적인 생활의 요구에도 혼란을 일으켰다. 나는 2주에 한 번 수요일에 그를 공공직업안내소로 데리고 갔다. 그렇게 하지 않으면 그는 그곳에 결코 가지 않으려 했다. 그는 여전히 우울해했고, 항우울제는 그다지 효과가 없는 것 같았다. 침대에서 많은 시간을 보냈고, 자신을 도와주려는 어떠한 시도도 거부했다. 하지만 저녁에 아담은 과감하게 집을 나서서 누이 집을 방문하곤 하였다. 그는 어둠 속에서는 '안심' 하는 듯 보였다. 아담은 대인기피증으로 악화되어 갔으며, 나는 그를 도와주는 데 있어 무력감을 느꼈다. 그는 자신의 뇌가 뭔가 '잘못' 되었다고 확신했으며, 내가 아무리 노력하여도 아담을 돕기란 무척이나 힘든 일이었다.

내게 할당된 재가요양서비스 시간은 충분치 않았지만 나는 그들의 집에서 요양서비스를 제공하는 것을 즐겼다. 업무 일정은 주로 주말에 이루어졌는데, 일어나기, 옷 갈아입기, 아침 식사하기를 보조하고, 티타임과 취침 시간에 다시 방문하여 보조하는 업무였다. 나는 요양보호사가 고작 20분 내지 30분 정도밖에는 함께 있어 주지 않음에 대한 불만과 누구보다도 사람들과의 접촉과 상호작용을 클라이언트가 가장 갈망하고 있다는 것을 알고 있는 데서 오는 좌절을 기억한다. 물론 이것은 욕구를 사정할 때 '고려' 되지 않았다. 내가 서비스를 제공했는데, 가족과 전혀 연락하지 않는 노인 여성이 떠올랐다. 아다 (Ada)는 매우 우울하며 많은 의료적 문제가 있었고 거동이 불편하였다. 그녀는 내가 그녀를 위해 홍차를 타 주고 나서 '이야기를 끊고 떠나는 것' 보다는 당연히 홍차를 우려내면서 수다 떨기를 좋아하였고, 그럴 때면 그녀는 자신의 젊은 시절과 인생 경험을 풀어 놓곤 하였다. 처방전을 정리하고, 심부름을 하고, 수다를 떨면서 나는 일정을 마무리하는 데 종종 '계약' 시간을 훨씬 초과하곤 하였다.

어느 날 나는 아다가 손을 땅바닥에 대고 무릎을 꿇고 하느님께 '자신을 데려가 달라는' 기도를 하는 모습을 본 적이 있다. 그녀는 딸에게 전화를 해서 자신을 방문해 달라고 했고, 항상 그랬듯이 매주

일요일에 방문할 것이라는 대답을 들었다고 한다. 그날 아침 나는 할당된 시간보다 더 많은 시간 동안 그녀와 나란히 앉아 이야기를 나누었다. 그녀가 옷을 입고 아침 식사를 위해 식탁에 앉는 이유는 무엇이었는가? 그때 아다는 온전한 정신 상태가 아니었으며, 흐느끼며 울고 있었다. 나는 그녀에게 티타임에 돌아올 것이라 말하고 홍차 한 잔과 약간의 비스킷과 더불어 따스하고 편안한 실내복으로 입히고 집을 나왔다. 이 일로 나는 기관으로부터 공식적인 경고를 받았다.

종종 나는 인력공급업체에서 온 다른 복지사와 만났는데, 이는 몇몇 고객의 개인적인 요구사항을 처리하는 데 우리 두 사람이 필요했기 때문이었다. 어느 추운 겨울날 저녁에 나는 봅(Bob)을 정기 방문하려 근처 마을로 차를 몰았다. 다른 여성 비정규직 직원은 아주 신참으로 지각을 하였고, 또한 그 지역에 익숙하지는 않았지만 봅은 전혀 개의치 않았다. 그는 처음에 자신을 '서커스단의 난쟁이'라고 소개했다. 그는 이야깃거리가 많았고, 세계 곳곳에서 유명 인사들과 활동했던 매력적이고 재미있는 사람이었다. 그러나 불행히도, 봅은 하지를 잃는 사고를 당하여 요양서비스를 필요로 했다. 다른 직원을 기다리는 동안 나는 봅의 저녁을 준비했고, 앉아서 많은 사진 앨범을 보았다. 시간이 흘러 우리는 다른 비정규직 직원 없이 잠자리 준비를 하기로 결정했다. 나는 봅이 씻고 옷을 갈아입도록 도와주었다. 그는 잠옷이 활동을 제한하고 피부를 자극하므로 '맨살'로 자는 것을 좋아했다. 봅은 자신을 휠체어에서 일으켜 침대로 옮기는 것을 두 사람이 할 수 있다고 생각하는 것 같았고, 우리는 결국 멋지게 해냈다.

그리하여 나는 완전 나체의 '서커스단 난쟁이'에 의해서 침대에

똑바로 꽂혔다. 봅의 모든 체중은 상체와 머리에 몰려 있어 그와 나는 움직일 수 없었다. 우리는 10분간 웃었고 곧 웃는 소리가 가라앉자 봅이 "여기 자주 오세요?"라고 물었다. 나는 '요즘 국민보건서비스에서 얻을 수 있는 정말 기막히게 좋은 서비스!'라고 바로 대답했다. 이때쯤 다른 비정규직 직원이 도착하고 감당하기 어렵게 웃기 시작했다. 그녀는 다리를 꼰 채로 출입구에 서서, 문자 그대로 바지에 오줌을 지릴 정도로 웃는 바람에 5분간은 도와줄 수 없었다.

다음 전화가 매우 늦고, 시간이 오래 걸릴 것 같았다. 밤중에 귀가하는 데 방향 전환을 잘못하여 나는 도심의 일방통행으로 잘못 진입하여 끝까지 갔다. 경찰이 차를 세웠고 후방라이트가 작동하지 않는다고 알려 주었다. 지렁이도 밟으면 꿈틀한다고, 나는 완전 나체 서커스 난쟁이에 대해 일관성 없이 눈물짓는 것을 끝내고 귀가해야 했고, 저녁 내내 겨우 5.5파운드를 벌었다. 가난한 경찰관이 이 불쌍한 사람을 동정했는지 집으로 가는 길 내내 뒤따라와 주었다.

그즈음 마틴이 독일에서 돌아왔다. 물론 나는 그를 만나 시간을 보내는 것이 즐거웠지만, 이것은 다른 일을 방해했다. 나는 연구를 마무리하는 데 필요한 추가 시간을 대학에 간청하여 18개월을 얻었다. 이제 '적합한 직장'을 구할 시기라고 생각했지만 그것이 쉽지 않을 것임을 알았다. 명백히 나는 사회복지사의 자격이 요구되는 지위를 원했지만, 가족에게 '직접' 개입하는 예방 활동에 대한 일자리를 잡고 싶었다. 나는 요양서비스가 더 이상 필요하지 않을 때까지 센터에서 업무를 수행하였고, 실업자로 등록했다. 예방 계획이 부족한 실정이라 실망스러웠지만, 나는 지방자치단체가 직영하는 아동양육시설에

 재가요양서비스 기관에서 일하다 **137**

응시하여 면담하고 만족스럽게 범죄 경력 조회(police check)를 받았다. 내가 아동을 클라이언트 집단으로 하여 근무한 경력이 없었고, 또한 이것이 잃어버린 퍼즐 조각 같았지만, 그 당시에는 그것이 최선이라 생각했다. 면담이 끝나고 일을 시작하기까지는 5개월이라는 시간이 걸렸는데, 이것은 내가 예상치 못한 것이었다. 하지만 이 기간 동안 나와 아담은 마틴의 집으로 이사했고, 결혼 날짜를 잡게 되었다.

여러 해 동안 전일제 근무를 하지 않고 지난 6년간 대학생이었기 때문에, 나는 사회보험 기여금을 납부하지 않아 수급자격이 상실되었다. 직장을 찾는 데 도움을 주려고 하니 구직 면접을 받으러 직업상담소를 들러 달라는 전화를 받았다. 나는 이미 취업은 되었는데 범죄 경력 조회를 기다리고 있다고 직원에게 설명했다. 내가 선택한 일자리는 그다지 운이 따르지 않아서 취업된 직장의 출근일이 확정되지 않으면 또다시 다른 일자리를 선택하는 데 동의해야 한다는 것을 알려 주었던 직업상담소 직원에게 내 사정을 말하게 되었다. 나는 그에게 이유를 설명했고 임명장을 보여 주었다. 그것은 성공을 거두지 못했고, 나는 그에게 벽돌 쌓기와 발리댄스 구직자 명단에 내 이름을 올려 달라고 말하고는 급히 자리에서 일어났다. 결국 나는 내가 수급했던 사회보험증서를 제외하고 많은 것을 상실했다.

마틴과 나는 그해 5월에 드디어 결혼식을 올렸다. 우리는 우리가 켄 도드(Ken Dodd, 영국의 코미디언 및 배우인데, 애니타 부틴과 약혼 기간이 24년이었고, 약혼녀는 1977년 암으로 사망함 – 역주)보다도 더 기나긴 약혼 기간을 보냈다는 농담을 하곤 했다. 결혼식은 레이크 디스트릭트(Lake District)에서 4일간의 신혼여행으로 마무리하였는데, 소규모로 조촐하게 치렀다. 직계가족과 친구들이 선술집 밖에 모여 신랑 신부가 혼다 골드윙(Honda Gold-wing) 뒷좌석에 타고 출발하는 것을 환송했다. 하지만 내 누이들은 일에 몰두하고 있어 여행할 여유가 없었다. 레이첼은 이제 청소년범죄예방연구소에서 근무하고 있고, 벳은 콘월에서 육해공군 군인회(NAAFI)에서 근무하고 있다. 벳은 폴과 같이 또래의 집을 떠난 젊은 군인들 사이에서 마음의 안정을 약간 찾은 듯 보였다. 자연스럽게 그들 또한 어려움을 겪게 되는 상황이 발생하면 벳을 찾아와 도움과 조언 그리고 협조를 구했다.

신혼여행에서 돌아오는 길에, 나는 2주 안에 새로운 업무를 맡게 될 것이라는 편지를 받았다.

9

사회복지체계가 오히려
아동을 학대하다

나는 그다음 2년 동안 아동양육시설에서 근무하였다. 나는 사회복
지사 자격이 인정되지 않아서 월급이 많지 않았으며, 공무원이 아니
라 비정규직 직원으로 임명받았는데, 담당 업무는 양자 간에 차이가
없었다. 얼마 후, 공무원 지위를 위한 면담을 하였지만, 나는 그 역할
에 필요한 경력인 2년간의 요보호 아동·청소년에게 개입한 경력이
없다는 말을 듣고는 그 자리는 단호히 거절하였다.

출근 첫날, 나는 열네 살의 나오미(Naomi)와 마주쳤는데, 그때 그
녀는 술에 취한 채 돌아와 깨진 병목을 잡고 나를 협박하였다. 나오
미가 겉으로는 매력적이고 협조적인 태도를 보이기도 하지만, 내면
적으로는 심각한 상처를 입고 불안해한다는 것을 알게 되었다. 나오
미는 다섯 살 때 언니와 아기인 여동생과 더불어 신체적 학대 및 방
임으로 인하여 원가족에게서 격리되었다고 한다. 내가 아는 바로 나
오미의 자매들은, 한 아기만을 입양하기를 원했지만 그렇게 하기 위

141

해 나오미와 그 언니까지 입양하는 데 동의한 어떤 부부에게 갑작스럽게 입양되었다. 나오미는 아홉 살 때 언니와 함께 파양되어 다시 '요보호아동'이 되었다. 분명한 것은, 그 막내는 '완벽'하여 입양가정에서도 아무 문제를 일으키지 않았다는 것이다. 나는 아주 최근에 우리 부서가 지금 '막내'에게 개입하고 있는데, 그녀는 이제 십 대가 되었고 그녀의 행동은 '완벽'하지 않다고 들었다. 위탁양육자가 부족하여 처음에 나오미는 관할 지역을 벗어나 배치되었으며, 결국 아동양육시설인 그 시설에서 나오미는 직원에 의한 성적 학대를 경험한 것으로 밝혀졌다. 그 후 몇 번의 이동 끝에 그녀는 입소아동과 직원 비율이 거의 일대일인 동일한 지역의 시설에 배치되었다. 그때 나오미는 자신의 반항적인 행동에 대응하지 못하는 위탁양육자 때문에 심각한 정서적 상처를 받았다. 나오미는 사회복지국이 '관할지역 밖'에 있는 곳에 배치된 다른 청소년들과 함께 나오미가 가정으로 복귀해야 한다는 결정이 내려질 때까지 3년간 친숙한 양육자들과 부분적으로 긍정적인 관계를 맺게 되었다.

많은 아동이 가족뿐만 아니라 친구와 지역사회 그리고 자기의식마저 '상실'했기 때문에 다른 지역의 시설로 전원 조치하는 것은 옳은 결정이다. '경영(business)'적 관점으로 들리겠지만, 가족과 떨어져 다른 장소에 아동을 배치하는 것은 엄청난 비용이 들며, 배치 장소를 마련하는 것 역시 우리의 제한된 자원에 부담을 준다. 나오미의 경우는 거부당하고 다시 버려진 상황이었기에 이러한 경험은 그녀에게 있어 재앙이었다.

우리에게 올 때쯤 그녀는 마음의 문을 완전히 닫은 상태였다. 나오미는 오직 멀리 떨어져 있으려고 하였으며, 누군가가 가까이 하려 한다는 느낌이 들면 아주 멀리 떨어져 나가려고만 하였다. 그녀는 어느 누구도 믿으려 하지 않았고, 이별이 가져올 고통에 대한 두려움으로 인해 감정적인 관여를 하기가 쉽지 않은 상태였다. 여기까지가 나오미에 대해 알고 있는 전부다. 나오미는 자신의 친생 가족보다 이 체계에 의해 더 극단적인 학대를 받았다. 나는 이러한 문제가 개인의 욕구와 상황을 고려하지 않는 '일률적인' 예산 절약 정책 때문이라고 생각했다. 나오미의 담당 사회복지사가 자주 교체되었다는 것은, 그녀의 개인사는 계속적으로 간과되어 왔다는 의미이며, 이러한 결정에 누구도 도전하지 않았고, 이로 인하여 나오미의 상처는 더욱 커지고 증폭되었다. 여타의 아동이나 청소년들의 욕구의 맥락에 비춰볼 때, 결국 나오미의 문제행동은 점차 우리가 대응하기에 너무 벅찼으며, 다른 곳으로 배치될 수밖에 없었다.

  최근 한 교육행사에서 나는 이러한 문제를 진지하게 거론하였다. 대부분의 이러한 '교육'의 유형과 마찬가지로, 이 교육 또한 참여자들의 실천 능력을 향상시키는 것이 주 목적이었다. 아동보호체계를 경험한 청소년들을 초대하여 주로 사회복지사와 가족지원 담당자들인 청중에게 자신들의 이야기를 들려주도록 하였다. 나는 이것이 경험 없는 직원들을 겨냥하고, 아동보호체계를 경험한 아동과 청소년들에게 목소리를 낼 수 있는 기회를 주었다는 데 가치가 있음을 이해한다. 하지만 사회복지사가 자신의 담당 사례에 대해 통제력을 강화하라는 압력으로 작용하는 몇 가지 요인 때문에 이러한 방식의 교육은 '문제의 원인'을 감추게 하고, 다시 말해 이러한 실천의 문제가 개별 직원의 통제하기에 달려 있다는 환상을 부추긴다. 이러한 행사에 참여하는 것이 얼마나 절망적인가를 생각해 본 적이 있는가? 이미 일상에서 알고 또한 보아 온 것을 그 누가 지루하게 들으려 하는가? 자신이 사회복지 개입에 있어서 완전히 무력하다는 것을 알면서도, 자신에 대한 책임을 늘 견지할 수 있는가? 여전히 이러한 교육은 교육 부서가 그 전년도의 아동학대 사례에 대한 조사 연구 결과와 법률에 따라 예산을 편성하는 데 사용되고, 또한 실천의 현실과는 동떨어진 성과지표를 충족시켰다는 증거를 제시하는 데만 필요할 뿐이다. 유감스럽게도 나는 이에 동의해 옆길로 빗나간 것을 용서하기 바란다.

학문적이기보다는 아동의 욕구를 충족시키는 데 더욱 비중을 둔 나의 연구는 늘 힘에 부쳤다. 나는 아동양육시설에서 보낸 기간 동안 아주 많은 것을 배울 수 있었는데, 그 대부분은 예방 업무에 관여하려는 나의 바람을 한층 강화하였다. 나는 문제행동을 다루는 어려움을 잘 알고 있었지만, 부모와 달리 내 근무가 끝나고 퇴근할 수 있었다. 또한 가족에게서 거부된 결과 발생한 아동과 청소년들의 상처를 지켜보았다. 학문적 지식이 이러한 문제를 이해하는 데 도움을 줄 수 있지만, 그것은 일상의 현장에서 직접 보는 것만큼 강력하지 않다. 그 아이들은 누군가가 자신들에게 제때에 다가오는 행운을 가지거나 '각별한 애정이 있는' 위탁양육자를 만나서 안정된 보금자리를 찾지 못한다면, 남은 인생이 더욱 엉망이 될 수도 있었다. 분명 아동을 학대하는 부모에게서 격리해야 할 상황이 존재하지만, 예방 활동으로 격리에까지 이르게 하지 않을 수 있는 수많은 사례도 존재하였다.

나오미처럼 많은 아동이 몇 번의 이동 그리고 균열된 관계와 불안정의 영향을 계속 받게 되면, 그것은 그들의 어려움만 가중시킬 뿐이었다. 당연히 아동이나 청소년들은 시설 직원들을 '돈을 받고 일하는 사람'으로 여길 뿐 양육자로 생각하지 않는다. 나는 그들에게 다가가기 위해서 내가 할 수 있는 모든 것을 하고 싶었다. 휴무 날이 되면, 한두 명의 아이를 데리고 학교 연극 관람이나 지역 행사에 참석하였다. 대부분의 청소년은 저항적이고 공격적이어서, 종종 폭력적이고 파괴적인 행동을 보였는데, 가끔은 사람의 진을 빼 놓곤 하였다. 나는 그들과 같이하는 나의 근무시간에는 아무런 문제가 없었고 다른 직원들과도 마찬가지였다. 직원들의 근무시간 외에 심야에 종종 소동을 일으키며 '우리와 그들'이라는 무리 짓기를 하는 청소년들은 점차 시설생활에 익숙해져 갔다.

밤이 되면 청소년들이 잠들지 않고 다른 아동들을 깨우기 일쑤였고, 한번은 옷걸이와 침실 가구 조각을 불태우는 등의 행동을 하여, 야간 근무자들이 '인질'로 잡혀 있는 것처럼 되는 경우도 많았다. 즉, 야간 근무를 한 다음날이면, 아이들이 깊은 잠을 자고 있는 동안, 나는 거의 반송장이 되었다는 것을 의미한다. 아동들은 '할 수 있는 것이기 때문에' 한다는 것을 알았기 때문에 개입할 수 없다는 것이 힘들었다. 이와 비슷하게 우리는 나오미가 술과 약물을 사고 성행위를 하기 위해 외출을 한다는 것을 알고 있었다. 그러한 상황에서 우리가 할 수 있는 것은, 조언을 하고, 콘돔을 건네주는 것뿐이었다. 비록 근처에서 성인 남성이 나오미를 성적으로 착취하기 위해 기다리고 있다는 것을 알고 있더라도.

우리 사회의 일반적인 가정의 일반적인 청소년들은 (비록 논쟁의 소지가 있지만) 충분히 성숙되지 않은 그들의 상태에 비하여 더 많은 권리와 자유를 부여받는다. 나는 그것이 부모나 양육자의 노력에 의한 것이라고 생각한다. 종종 정치적으로 악용되는 선의의 반작용은 그것이 보호하고자 하는 사람들에게 역효과를 낼 수도 있다. 나오미의 경우, 어리석게도 그녀의 담당 사회복지사는 모델이 되고 싶어 하는 나오미의 말을 따라 나오미의 전담 직원(key worker, 사회복지서비스 신청 시 전문직 자격을 갖춘 직원에게 사례를 할당하는데, 대개 정규직 혹은 6개월 이상 근무자로 타 기관과의 서비스 조정 업무도 담당하는데, 이러한 직원을 지칭하는 용어임-역주)으로 하여금 나오미와 함께 런던에 있는 모델 에이전시에 가 보도록 지시하였다. 다행스럽게도 전담 직원은 이러한 지시를 따르지 않았다. 나오미는 전형적인 미인은 아니었으며, 모델 에이전시에서 거부될 경우 그녀의 자아존중감을 저하시킬 우려가 있었다.

사회복지사들은 아주 가끔 방문하였다. 이제는 그 이유를 이해한다. 우선 그들은 시간이 없고, 사례마다 우선순위를 매길 때 아동양육시설에 있는 아동이 지역사회에 있는 아동보다 안전하다는 것을 알고 있었다. 또한 사회복지사들은 해당 아동과 직접적인 관계가 없고, 왜 그들 자신이 그런 일을 해야 하는지에 대한 이해가 없다는 것 역시 불리하게 작용한다. 예를 들어, 나오미의 경우 그녀는 어느 날 오후 1시에 자신의 사회복지사에게 전화를 걸어 나에 대한 불만을 토로했다. 그녀는 일찍 돌아와서 약물(마약)을 복용했고 기분이 좋지 않다고 털어놓았다. 그날 나는 지역병원의 응급실에서 그녀와 밤을 새고 아침 7시에 돌아왔다. 일을 하러 가기 전에 1시간 동안 눈을 붙인 후에 일을 준비하려니 몸이 좋지 않았다. 나는 나오미를 12시 30분에 깨워 두통약과 물 한 컵을 먹였다. 나오미는 확실히 내가 지쳐 있다는 것을 알아채고는 즉각 화를 냈다. 비록 나오미가 손상되었고 자신의 정서적인 고통의 이면을 볼 수 없더라도, 나는 나오미와 좋은 관계를 유지하였다. 나는 나오미가 응급실에 있었다는 사실을 부인할 것이란 걸 알았다. 즉, 이것이 그녀의 뇌에 내장되어 있으며 정서적인 방어의 최선의 형태가 공격이었다.

나오미의 사회복지사가 도착했을 때쯤, 그녀는 사실 관계에만 집중하려는 태도를 보이고 있었다. 나는 나오미의 불만에 대해 조사할 필요성을 이해하였지만, 사회복지사는 냉담했고 우리 둘에 대해 조사하는 데만 몰두하였으며, 나오미가 지나치게 감정적이며 스트레스를 받고 위로가 필요하다는 사실을 주의하지 않는 것 같았다. 사회복지사는 나오미가 눈물을 흘리고 있는 것을 무시한 채, 30분 정도 계속 질문을 했다. 나는 도저히 더 이상 참을 수 없어서 나오미의 어깨에 팔을 올렸다. 그러자 그녀는 울음을 터트리며 나를 껴안았다. 사회복지사는 인상을 쓰며 서류 가방을 챙기더니 간다는 말도 없이 황급히 가 버렸다. 또한 그 사회복지사는 나오미에 대해서도 몰랐고, 나를 정말 힘들게 한 그 전날 오후 2시 이후로 내가 계속 근무 중이라는 것을 자신이 인식하지 못했다는 사실도 몰랐다.

야간 당직은 당번을 정해 실시하였다. 몇 달 후 대부분의 직원이 야간 당직을 하는 것을 꺼려 하며 일부는 직장을 떠나기도 하는 등의 어려움이 있었다. 나는 새 직원이 오기까지 6개월 동안 일주일에 3일 동안 야간 근무를 하자는 제안을 하였다. 내가 다른 일을 하는 정해진 기간 동안 나의 연구를 마무리할 수 있는 기회가 될 수도 있다고 여겨졌기 때문이다. 비록 나의 야간 근무일은 일주일에 3일이었으나, 밤에 근무할 자신이 없었다. 나머지 4일은 밤이나 낮에 깨어 있지 못 하였으며, 일하기 위하여 적응하며 '정상' 상태를 회복하는 데 3일 이 걸렸다. 신체적으로 많이 피곤해서 힘이 든 것은 사실이었다. 조 용한 밤이라 책을 읽고 글을 쓰려 하였으나 항상 잠이 쏟아지곤 했 다. 항상 최악의 시간이었던 새벽 3시까지 잡지책을 뒤적거리고 허 드렛일을 하곤 했다. 나는 타고난 야간 근무자는 아니라고 분명하게 말할 수 있다.

시설의 내부 장식은 부족한 것이 많았고, 나는 이러한 열악한 상황 을 바로잡는 데 사용할 수 있는 자금이 없다는 말을 들었다. 관리자 가 아주 창의적인 회계사가 될 수밖에 없었고, 나는 밤새 잠을 자지 않을 수 있는 방법을 강구하기 시작했다. '아동에게 친근'하며 가정 처럼 보이도록 만드는 데는 비용이 거의 들지 않았다. 아동과 청소년 들은 각자가 자신들의 방의 색깔과 천을 선택했고, 그들이 차례로 다 른 방에 머무르는 동안 나는 밤새 그들의 침실을 장식했다. 그렇게 함으로써 나는 부엌, 식당, 방, 베란다를 새롭게 장식할 수 있었다. 이후 지방자치단체가 민간 주택회사에 이 시설을 매각하고 대신에 도로 아래에 있는 낙후된 건물을 보유하기로 하였음을 알았을 때 적 잖이 실망하였다.

그 기간 동안 케이티는 근처의 아파트를 떠나 뉴캐슬(Newcastle)로 이사한 후 판매업에서 경력을 쌓아 나갔다. 아담에 대한 관심과 뉴캐 슬에서 홀로 있는 케이티에 대한 염려로 인하여 주간 근무대로 옮겼으며, 주간의 일상 세계에 재진입하게 되어 기뻤다. 그리고 곧 나는 '정규직 공무원' 면접에 합격하여 연구를 완전히 그만두게 되었다. 나로서는 더 많은 실제적인 업무와 관심사가 우선이었으며, 내가 진실로 원했던 모든 것인 좋은 사회복지사가 되기 위하여 석사학위가 필요하지 않다고 확신하였다. 그러자 그 무엇인가가 나를 일으켜 세워 마틴, 아담과 함께 충분한 시간을 보낼 수 있는 힘을 얻었으며, 케이티와 벳, 레이첼 등을 방문하기도 하였다.

열여덟 살이 될 때까지 아담은 그 당시 여전히 우리 근처에 살고 있던 자신의 아버지와 점점 더 많은 시간을 함께 보내고 있었다. 제임스가 '척추 문제'라는 질병을 위장하여 건강상의 문제로 소방서에서 은퇴한 점에 대하여 나는 무척이나 복잡한 심경이었다. 해군에서 제공한 주택에서 출퇴근을 했기에 제임스는 소방서로부터 상당한 액수를 일시불로 받았고, 그 돈으로 계속 술을 마실 수 있었다. 아담이 자신의 아버지와 우호적인 관계를 유지한다는 것은 좋은 일이었지만, 제임스의 술친구가 이제 아담이 되었다는 것은 걱정되는 일이었다. 나는 제임스와 대화를 시도하려 했지만, 별 소용이 없었고 그와 아담은 정기적으로 같이 나가서 아주 늦은 시간에 인사불성이 되어서 돌아오기 일쑤였다. 나는 제임스와 아담이 자신들의 문제에서 도피하기 위하여 술을 통한 '자가치료'를 하고 있음을 깨달았다. 하지만 술은 아담의 문제를 더욱 악화시켜 그는 종종 집으로 돌아와서는 밤새 울거나 소리치면서 집을 어지럽혔다.

다행스럽게도 이러한 일들이 오래가지는 않았지만, 아담이 알코올을 조절하지 못하는 것은 분명하였는데, 이것이 그를 더욱 엉망으로 만들어 버린 것이다. 내가 아무리 노력을 해도 아담은 자신의 문제를 전혀 말하려 하지 않았고, 술에 취해 있지 않을 때 그의 감정 상태는 뇌에 몇몇 생리학적 이상이 있다는 증거라고 그 자신이 확신했다. 술의 힘을 듬뿍 빌려서야 아담은 자기 자신이 될 수 있었으며, 밖으로 나가 사람들과 어울릴 수 있다고 믿는 듯했다. 그 결과 그는 술집에서 종종 쫓겨났고, 어리석은 짓을 저지름으로써 두어 번 경찰과 문제를 일으키기도 하였다. 아담은 술을 몇 잔 마신 후에 편안함을 느낀다는 것을 알았고, 많이 마실수록 더욱 기분이 좋아진다고 믿기 시작하였다. 불행하게도 아담에게는 숙취로 인한 고통도 없었다. 자신의 아버지를 며칠 동안 보지 못한 후, 아담은 삼촌을 통해 제임스가 병원에 입원하게 되었다는 소식을 전해 들었다. 나는 아이들을 데리고 제임스의 병문안을 갔으며, 병원으로부터 제임스가 술과 관련된 질병으로 입원하게 되었고 상태가 무척 심각하며, 자신이 누구인지를 인식하는 데만도 3일이 걸렸다는 말을 들었다. 그리고 제임스는 다시금 술을 마시면 죽을 수도 있다는 말을 듣고 금주를 결심하게 되었다.

제임스가 퇴원을 한 직후 아담은 그에게로 갔다. 제임스는 술에 관한 자신의 약속을 지켰고 아담을 더 잘 보살피는 듯 보였다. 이제 술에 취하지 않은 제임스는 아담과 '남자 대 남자'로서 대화를 나눌 수 있었고, 그에 대해 아담은 긍정적인 반응을 보였다. 제임스는 시간제 운전 일을 구했고, 일을 마친 뒤 술에 대한 집착을 빙고 게임으로 전환하였다. 때때로 그는 아담과 함께 가거나 내가 근무 일정에 따라 스누커를 하라고 아담을 데려다 주기도 하였다. 아담은 여전히 문제가 있었지만, 아버지와 있을 때 훨씬 더 행복해 보였다. 그는 더 큰 침실을 가질 수 있었고, 다른 방 중 하나도 스누커를 하기 위해 이용할 수 있었다. 제임스가 더 이상 술값을 주지 않자 아담이 술을 마실 수 없었던 것은 분명하지만, 가끔 술을 마시면 그는 완전히 엉망이 되어 버렸다. 그는 나와 이야기를 하고 싶어서 밤늦게 집으로 오곤 하였는데, 내가 출근하기 위해 아침 일찍 일어나야 한다는 것을 전혀 고려하지 않았다.

아담이 현실과 완전히 동떨어진 것처럼 보이기 시작함에 따라, 나는 아담의 정신건강을 더욱 걱정하였다. 아담은 몇몇 엽기적인 생각과 감정을, 그 정반대의 증거에도 불구하고 꽤 상세하게 설명하기 시작했다. 주치의와 상담을 한 후 어느 날 오후, 그를 병원에 입원시켰다. 아담은 이것에 대해서 전혀 이해하지 못했고, 내가 병원으로 데리러 갔을 때 무척이나 괴로워했다. 그는 혼란과 공포에 질렸지만, 정신병동에 입원하는 것을 거부하지는 않았다. 제임스에게 연락을 하니 그는 그날 오후 방문하기로 약속했고, 나는 일을 마친 후에 방문하겠다고 병동 직원과 약속한 후, 직장으로 나갔다. 그날의 일을 내가 어떻게 했는지 기억나지 않지만, 아담이 이제 안전하고 필요하면 도움을 받을 수 있다는 점에서 안도하였다. 이후 제임스가 전화를 하여 자신이 방문했을 때, 아담이 본인의 의사로 퇴원을 하여 지금은 집에 있다고 말했다.

나는 다시 아담이 조리 있게 말하는 것을 보고 안도하였지만, 그에게 무슨 일이 일어났는지를 말할 수 없었다. 훨씬 뒤에야, 아담은 그 전날 밤 바깥에서 만난 친구들이 건네준 마약의 일종인 '스피드' (speed, 히로뽕을 지칭함-역주)와 '도프'(dope, 마리화나, 헤로인을 지칭함-역주)를 술과 같이 먹었다고 시인했다. 내가 알기로 그 후로 그는 마약에 절대 손을 대는 일이 없었다.

그 즈음 직장에서 휴가를 내어 아담과 함께 콘월로 가서 나의 자매들과 시간을 보냈다. 아담은 강아지를 산책시켜 주고, 자신의 큰아버지와 술집에 들르면서도, 이불 밖으로 나가기를 꺼려 하며 많은 시간을 침대에서 보냈다. 마틴은 휴가를 낼 수 없었지만, 주말 동안 우리와 함께 지내기 위해 2주 후에 우리를 데리러 왔다. 아담은 평화롭고 고요한 혜택을 누렸고, 나는 자매들의 도움에 큰 고마움을 느꼈다. 그 뒤 몇 달 동안 아담의 상태는 악화되었고, 제임스의 방에 머물면서 일체의 다른 일에 관여하지 않았다. 나는 정신을 차릴 수 없었다. 어느 날 아담은 자신이 누군가의 목소리를 들었는데, 무슨 뜻인지 알 수 없다고 말하였다. 아담은 정신과 의사를 만나는 것에 동의하였고, 그 의사는 아담을 정신분열증 환자로 즉각 진단하였다. 나는 이 말의 의미를 아주 잘 알고 있었으며, 항정신병 약물이 그를 안정시켜 주기를 희망했다. 동시에 아담이 그 약이 효과가 없는 20퍼센트의 사람에 해당하지는 않을까 염려하였다.

아담에 대한 진단은 반복적인 처방과 검진을 받기 위하여 주치의를 빈번히 방문해야 한다는 의미이기도 하였다. 의사는 아담을 보지 않고서는 처방을 해 주지 않으려 하였고, 아담은 집을 나가려 하지 않았기 때문에 내게 그것은 조직적인 악몽이었다. 나는 근무를 하지 않는 날의 오후에 그 의무적인 약속을 정했다. 그 문제를 의사와 접수 담당자에게 설명하고자 노력하면, 멀뚱멀뚱한 표정이 될 것임이 확실하였다. 그 약속을 지키기 위해 아담을 격려하고 회유하는 데 거의 하루가 걸렸다. 때로는 효과가 있었고 때로는 그렇지 않았으며, 일이 어떻게 진행될지는 알 수 없었다. 아담에 대한 약물 처방은 매달 재고되었으며, 어떤 이유에서인지 주치의는 총괄적으로 검토하는 것을 거절했는데(그는 네 가지 각기 다른 유형의 처방전을 택했다), 그것은 내가 그 복잡한 절차를 감수해 가며, 일주일에 한 번씩 병원에 가야 한다는 것을 의미하였다. 내가 아담을 진료소로 데려갈 수 없다면, 그는 약을 받을 수가 없었다. 정신과 의사의 도움을 요청하려고도 했지만, 그가 해 줄 수 있는 일은 없는 듯했다. 또한 아담은 불안감을 수반하는 많은 부작용으로 괴로워하였고, 약물의 효과도 미미하였다. 따라서 내가 아담을 그들에게 데려가기 위하여 엄청난 고생을 할 수밖에 없었다.

아담이 정신병리적 증상을 경험하고 있다는 것은 의심의 여지가 없지만, 그에 대한 진단이 옳은지에 대해서는 확신할 수 없었다. 나의 자매들과 마틴은 정신병이 아니라고 했지만, 나는 그것이 완전히 발병하기까지 시간이 걸리는 복잡한 질병이라는 것을 알고 있었다. 그러나 그 정신과 의사가 틀렸다고 믿고 싶었다. 솔직히 말하자면, 그 모든 것이 지나갈 때까지 모래 더미에 내 머리를 묻어 버리고 싶었다. 시련이 더욱 강인함을 선사해 준다고 말하지만, 나는 그렇게 강하지도 않았고, 이제 그런 싸움에는 진절머리가 날 지경이었다. 내가 어떻게 해서든 세 걸음을 전진하면 두 걸음을 후퇴하는 듯하였다. 사실 나 자신에 대한 연민의 마음이 가중되고, 아담의 장래가 두려웠다.

정신과 의사와의 만남은 일종의 교육이었으며, 한 가지 이상을 알게 하였다. 정신과 의사들은 6개월 단위로 순환근무를 했고, 아담은

사회복지체계가 오히려 아동을 학대하다 **153**

세 달마다 병원을 갔다. 이것은 거의 희박했지만, 만일 그가 운이 좋다면 같은 의사를 두 번 만날 수 있음을 의미했다. 그 당시 나는 전형적인 정신분열증 환자의 어머니처럼 과잉보호하는 양육자로 보이지 않을까 걱정하였다. 아담에게는 분명 전형적으로 '부적절한' 아버지가 있었다. 그럼에도 나는 늘 아담과 함께 병원에 갔으며, 늘 똑같이 쓸데없는 짓을 하였다. 대략 말하자면, 정신과 의사는 서류를 검토하지 않고 오는 터라 처음 15분은 서류를 정독하면서 조용히 말없이 흘러갔다. 이러한 일정은 아담을 혼란스럽게 하였다. 때때로 그들은 확실히 나를 위하였으며, 그것은 내가 아담과 함께 병원을 가는 또 다른 이유였다.

우리가 동일 인물을 두 번이나 만났을 때, 나는 무척 혼란스러움을 느낀 채 사무실을 나왔으나, 적어도 나는 정신건강상의 문제는 없었다. 론손(Longthorn) 박사는 아담에 대한 약물처방에 대해서 질문했고, 나는 아담이 복용한 약물의 이름과 복용량을 말해 주었다. 그는 약물 중 하나를 보고 무척이나 동요하면서 서류를 재빨리 넘기기 시작했다. 론손 박사는 넥타이를 헐겁게 맨 상태였으며, 꽉 끼는 재킷 아래로 커프스가 보였다. 박사는 펜으로 자기 머리를 긁으면서 서류에 기록이 없다고 하면서 아담이 이 약을 얼마나 오랫동안 복용하였으며, 누가 처방했는지 물었다. 우리의 마지막 면담이기도 했던 그날, 박사에게 그 질문에 대한 대답을 하자, 그는 목소리를 가다듬으면서 아담에게 그 약물의 복용을 즉시 중단하라고 말하고는 자신의 서류에 뭔가를 기록했다. 단지 그뿐, 그는 아무런 설명도 없었다.

아담의 주위에는 그에게 말을 걸어 줄 사람도, 그의 두려움을 완화시켜 줄 그 누군가도 없었다. 나는 아담이 '정상인' 처럼 행동하도록 격려하였는데, 그 상황에서 이것 외에 내가 무엇을 할 수 있었겠는가? 나는 아무런 도움이 되지 않는 이웃과의 대화가 떠올랐는데, 그는 내가 최선을 다했고, 아담을 그냥 내버려 두라고 조언하면서, 정신분열증 환자가 그러하듯이 아담은 이제 폭력적 범죄를 저지를 것이라고 말했다. 나는 그토록 교육적인 고언에 대하여 웃어야 할지 울어야 할지 몰랐다.

범죄자가 되기는커녕 아담은 안전하다고 생각되는 자신의 방으로 물러났으며, 우리는 그곳에서 함께 낮이나 밤을 보냈다. 그가 안심하는 때를 활용하여, 나는 일을 마친 후에 아담과 함께 스누커를 하러 가거나 밤늦게 슈퍼마켓이 비어 있을 때 함께 들러 아담이 낮 동안 볼 비디오를 고르기도 하였다. 아담의 기분을 예측할 수 없었기 때문에, 이러한 외출은 대개 즉흥적으로 이루어졌다. 따라서 나는 그런 일을 겪고 나면 완전히 지쳐 잠에 빠져들었다. 마틴은 도움을 주고자 노력했지만, 2교대 야간 근무를 하면서 처음에는 아담을 이해하고 다루는 데 어려움을 겪었다. 시간이 흘러감에 따라 우리는 그러한 일상에 점차 적응해 나갔고, 아담은 자신의 불안과 싸웠으며, 상태가 더 이상 나빠지지는 않았다. 우리는 그렇게 해내고 있었다.

일은 잘되어 가고 있었다. 내가 일하고 있던 지방 당국 내에 빈자리가 있음을 알고 있었다. 내가 원하는 일이었고, 필사적으로 노력했음을 알아주었다. 그 자리는 집중지원 팀 내에서 자격을 갖춘 가족지원 사회복지사를 위한 자리였다. 그 팀은 아동양육시설에서 좀 더 발전한 것으로서, 가족의 해체를 막는 것을 목적으로 하며, 부차적으로는 아동과 청소년들의 시설 입소를 접수하는 곳이었다. 사회복지사들의 담당 사례 수는 적었으나, 복합적인 욕구를 가진 '역기능'적이며 혼란스러운 가족을 포함하였다.

서비스 이용자들 중심으로 일주일 내내 융통성 있게 활용하여 하루 16시간까지 근무하였다. 그것의 의미는, 모든 직원이 사례를 담당하더라도 누군가는 항상 위기에 대응해야 한다는 뜻이었다. 또한 위기가 발생한 날 밤, 사회복지사가 그 갈등을 해결하지 못하고 다음날의 협상을 위해 아동을 데리고 올 경우를 위해 이용할 수 있는 몇 개의 침대가 그 건물 안에 마련되어 있었다. 그 팀은 역량 있는 유자격 사회복지사들과 노련한 생활지도원으로 구성되어 있었으며, 그중에는 상담자격증을 소지한 직원도 있었다.

그 일은 내가 희망해 왔던 것이었다. 아동양육시설에서 근무하는 동안 시설에 입소하여 수많은 위기를 경험하는 아동과 청소년들을 목격했으며, 가족의 재결합을 위한 시도가 거의 없고, 사회복지사도 보이지 않는 상태를 경험하였다. 따라서 당연히 지금 그러한 팀에서 근무한다는 것에 흥분을 느꼈다. 시간 외 근무나 시설 내에서 취침해야 하는 것 등은 전혀 문제가 되지 않았다. 임금도 만족스러웠고 팀의 분위기도 환상적이었다. 그 직책을 위한 면접을 실수 없이 치렀다. 나중에서야 그들이 기대하는 바를 찾아내기 위하여 그토록 노력할 필요가 없다는 것을 깨달았는데, 왜냐하면 그곳에 적합한 사람이 바로 '나'였기 때문이다. 나는 정직하고 열정적으로 대답하였다. 나는 그 팀의 혁신적인 업무에 대한 흥분을 숨길 수 없었으며, 팀의 일원이 되고 싶어 하는 나의 진정 어린 바람에 대해서 솔직하였다. 그렇게 면접을 마친 후, 내가 합격할지 알 수 없었기 때문에 집으로 돌아왔을 때는 불안해지기 시작하였다. 그러나 나는 곧 그날 저녁 6시에 합격 통지를 받았으며, 무엇을 해야 할지 몰라 매우 흥분하고 긴장하였다. 나는 흥분을 가라앉히기 위하여 위스키를 몇 잔 마신 탓에, 취업 고지를 받을 무렵 약간 취한 상태였다. 시간이 많이 지난 어느 날, 나에게 합격 고지를 했던 부팀장에게 그 사실을 고백했다. 그녀는 웃으면서, 그날 내 목소리가 '매우 흥분'한 듯 혹은 술에 취한 듯했다고 말했다.

내가 아동양육시설을 떠날 무렵, 데이비(Davy)는 어머니와 함께 살기 위하여 집으로 돌아갔다. 비록 데이비가 다루기 힘들 수도 있고 몸집과 힘 때문에 저항적이고 위협적일 수 있었지만, 그는 정말로 사랑스러운 아이였다. 데이비는 정서적·행동적 어려움으로 인한 학습장애가 있었으며, 어머니의 사랑과 관심을 절실히 필요로 하였다. 데이비는 근친상간 문제로 인하여 무척 어린 나이에 가족과 떨어져 지내야 했다. 그의 어머니가 그 문제에 대하여 방조하거나 가담하였으며, 그의 가족과 친구들은 그 비슷한 용도로 그를 이용하였다. 수년간 데이비는 적절한 신체 접촉에 대한 재교육을 받았으며, 집으로 돌아가도 안전하다는 평가를 받았다.

데이비는 법원을 경유하여 상당한 액수의 돈을 받았는데, 그 돈은 그가 열여섯 살이 될 때까지 보관되고 있던 것이었다. 데이비는 자신의 방을 새롭게 꾸미고 음악 기기를 사는 데 필요한 얼마간의 금액을 떼어 놓은 후에 손해배상금의 나머지 금액을 자신의 어머니에게 주려고 하였다. 나는 이따금씩 그의 인생이 어떻게 변화되었는지 상상해 보곤 하였다. 지금쯤 그는 서른 살 정도가 되었을 것이다.

어쨌든 나는 나의 취업 소식에 대한 기쁨을 가족과 함께 나누기 위해 즉시 파티를 준비했다. 그것은 나에게 할 수 있다는 자신감과 마침내 내가 꿈꾸어 온 일을 한다는 큰 의미를 부여하였으며, 부가적으로는 그 일의 보수가 우리의 삶을 보다 안정적으로 만들 것이라는 의미까지 부여하였다.

그 일이 내가 원하는 일이며 그 이상이기도 했기 때문에 나는 좌절하지 않았다.

10
가족지원 및 사례관리
팀에서 활동하다

　나는 열정적으로 업무를 시작했다. 우리 팀은 '집중적인' 가족지원과 더 '전통적인' 사례관리의 혼합적인 방식이었고, 부속시설로서 각종 사회복지시설을 직영하고 있다. 팀원들은 사회복지시설의 업무활동을 포함한 아동과 가족에 대한 광범위한 경험을 필요로 한다. 쟁점의 복잡성, 가족 역동, 지지의 필요량의 관점에서 세심한 관리가 필요한 가족이 내가 소속된 팀의 주요한 클라이언트 집단이었다.

　우리 팀은 팀의 편성과 운영 방식을 통합적이고 융통성 있게 구성해 갔다. 우리 팀은 아동학대 사례와 관련된 지지 제공에 대한 의뢰를 더 많이 접수하고 있기 때문에, 내가 참여했던 이들 사례는 더 많은 유자격 사회복지사가 담당하도록 고용하는 것이 타당하다. 모든 팀원은 동료의 업무량을 파악했으며, 매주 팀 회의 석상에서 업데이트 했다. 관여가 이루어지는 과정에서 가족 구성원을 모든 직원에게 소개를 했고, 가족 구성원의 대부분은 위기 상황에서 만나게 되는 사회복지사에게 적절하게 대응했다.

다소 시간이 소요되는 이전 방식의 전통적인 사회복지 관여를 경험했던 가족 구성원은 사회복지사들이 시간을 두고 관심을 보여 주기 때문에 이러한 체계에 더욱 잘 적응하였다. 내 말이기는 하지만, 서비스 품질은 우수했다. 그렇기 때문에 사회복지사들은 업무 관계 자체에 포함되어 있는 신체적·심리적·사회적 장애물을 제거하는 데 도움이 되었다. 이러한 사례관리자와 사회복지사가 있었기 때문에 아동과 개입의 의도에 초점을 유지하면서 변화하는 상황을 계속 파악하고 적절하게 대응할 수 있었다.

기본적으로, 우리가 담당하는 가족을 잘 파악하고 제공한 서비스에 반응이 좋지 않은 가족은 별로 보지 못했다. 우리는 아동이 '안전한' 상황이라면 가족 구성원이 우선순위를 정한 문제를 다루면서 그들의 신뢰를 얻기 위해 항상 가족 구성원과 관계 형성을 하고자 했다. 종종 부모 문제의 현재와 과거가 아동의 양육과 통제를 개선하는 데 열쇠를 쥐고 있다. 당연한 말이지만 상대방의 신뢰를 얻으려면 내가 이야기를 들어 주고 이해하고 있다는 것을 그들이 느끼게 할 필요가 있다. '전문직'에 남아 있는 것과 부모/양육자에 대하여 친숙해지기 쉽고 감정이입적인 태도를 취하는 것 사이에 균형을 유지하는 것이 힘들다는 것은 의심할 여지가 없다. 즉, 결국 나를 신뢰하지 못하는 그 누군가에게 나는 '마음을 드러내 보일 수' 없을 것이다. 그렇지 않은가?

자신들의 문제로 인해 매우 힘든 사람들에게 가중한 부담을 주지 않는 한도 내에서, 도움이 된다면 나는 당신 인생의 개인적인 측면을 드러내는 데 문제가 없었다. 물론 나중에 자신에게 불리하게 사용할 수 있는 정보를 어리석게 발설할 수 있다. 이것이야말로 감정의 응어리를 풀고 (우리 모두가 가지고 있는) 편견을 없애는 것이 그 직업에서 중요한 이유이며, 만약 그렇게 하지 않는다면 어떤 정신적인 결함이라도 자신을 다치게 하거나 혹은 당신이 정신적인 결함을 타인에게 투사(project, 자아방어 기제의 일종으로 자신의 바람직하지 않은 감정이나 생각을 다른 사람이나 외부로부터 위협으로 여긴다 – 역주)하여, 잘못된 결론에 도달하거나 다른 사람에게 피해를 주고 전혀 개선되지 않을 것이다.

내가 항상 시도한 것은 타인의 관점에서 사물을 바라보는 것이다. 결국 우리 모두는 들려줄 이야기가 있다. 내가 앞에서 말했듯이 그것은 균형을 맞추기 힘들지만 종종 맞출 수 있는데 시간이 좀 걸릴 뿐이고, 사회복지사가 자신의 본래 모습을 있는 그대로 드러내야 한다. 일부 성인(마찬가지로 아동)을 위하여 누군가가 관심을 갖고 걱정해 준다는 사실은 '플라시보 효과'를 만들 수 있다.

물론 자신이 하고 있는 모든 일이 소용없을 때가 있는데, 자신이 가족의 혼란에 휘말리는 것을 억제하기 위해서 그것을 인식할 필요가 있다. 나도 은퇴한 사회복지사로부터 그런 사건을 '인계받은' 적이 있다. 시기는 다르지만 담당 부서가 그 집의 모든 아동에게 서비스를 제공했으며, 그들 중 두 명은 기아가 되어 '시설'에서 생활했다는 사실 때문에 내가 그 가족에 대한 모든 것을 알았다. 그 어머니는 아이들과는 명백히 긍정적인 관계를 유지하고 있었고 많은 자녀를 출산하였다. 아이들이 각각 열한 살 정도 되면 혼란이 왔다. 오랜 시간 알고 지냈던 사회복지사인 루비(Ruby)가 나를 그 가족에게 소개했다. 루비는 나에게 아이들 아버지인 알프(Alf)가 일주일에 사흘간 야근하는 트럭 운전사이며, 항상 버럭 화를 내고, 또한 타인이 그의 심기를 건드린다면 휘두를 엽총을 의자 뒤에 보관하고 있다고 했다.

나는 종종 그 가족을 방문하였고, 비록 변화는 전혀 없었지만 내가 그 집 아들인 지니(Ginny)를 다른 곳으로 데려가지 않을 것이라고 간신히 확신시켰다. 매일 아침 위기가 발생했지만 휴전을 협상하는 것은 항상 가능했다. 방문하던 어느 날 아버지가 심장마비에 걸렸다고 생각되는 상태에 있어 웃음을 참을 수 없었다.

그의 딸이 무엇을 했는지 기억나지 않지만, 알프는 거의 졸도할 정도였다. 우리가 상황이 약간 진정되었다고 생각했을 때, 지니가 자신의 아버지에게 욕을 퍼부었다. 알프는 자신의 의자 양쪽에 있던 발판 사다리를 쥐고서는 '때려눕히겠다' 고 협박하면서 그녀를 따라 방을 돌았다. 그 둘을 떼어 놓자, 알프는 소리쳤다. "보세요, 내게 참을 수 없는 욕을 했어요. 정말로 은혜를 모르는 년이에요." 지니는 구석에 앉아서 킬킬거렸다.

우리는 그들의 돈 출처를 전혀 몰랐다. 모든 가족이 화려한 모습으로 멋진 옷을 입고 예쁜 집과 호화스러운 휴가를 즐겼다. 나는 올해 그들이 나랑 같은 시간에 휴가를 떠난다는 것을 알았다. 같은 날, 같은 비행기, 같은 목적지. 이번 휴가는 잠시 동안 계획된 것이었고, 언니인 벳이 콘월에서 그녀의 남편과 같이 와서 나와 마틴과 합류했던 것이었기 때문에 나는 어떻게 해야 할지 몰랐다. 이것은 평생 처음으로 맞는 휴가가 될 것이었다. 이전에 나는 한 번도 '외국' 에 나간 적이 없었고, 이제 그 일정을 변경하는 것은 너무나 복잡했다. 한편 나의 팀장은 휴일에도 쉬지 않고 클라이언트를 지원하는 '지역사회복지'의 명품이라고 칭찬했다. 나는 즐겁지 않았다. '팀장'이 일정을 헝클어 버려 그다음 주에 여행을 갔다. 나는 꼭꼭 숨어서 휴가 내내 즐겼다.

이 팀에서 일하는 방식은 가족 구성원의 욕구에 맞추면서도 창의적이고 혁신적이며 순리적이었다. 가장 근본적으로, 변화에 대한 저항의 원인을 파악하고 다루지 않으면서 아동에 대한 양육과 통제에 있어 성인들이 해야 하고 하지 말아야 할 것에 대해 지겹게 말하는 것은 소용이 없었다. 이것은 '아이스 픽맨(Mr. Ice Pick-Man)'의 경우였는데, 그 이름이 붙은 것은 스티브(Steve)가 직원들을 협박하기 위해 얼음 송곳(ice-pick)을 들고 우리 지역의 사회보장사무소에 나타났기 때문이다. 스티브는 또한 학교에 등장하여 교사를 목매달 것이라 협박하고 뒤를 조심하라고 경고했다.

확실히 스티브는 항상 분노가 가득한 사람이었다. 자신의 의붓아들인 존(John)은 신체적 학대의 위험에 노출되어 있었고, 새아버지의 손에 맞아 생긴 부상으로 인해 그의 이름은 아동보호명부(Child Protection Resister, 중대한 손상의 위험에 놓여 있으며, 이러한 위험을 감소시키기 위해서 아동보호 계획이 필요하다고 판단된 아동의 명단이다. 지방자치단체 사회복지국의 모든 사회복지사는 이 등록부에 기록할 의무가 있다—역주)에 올라 있었다. 스티브와 그의 아내(존의 어머니)는 술을 많이 마시는 술꾼이었고, 나중에 스티브는 자신을 알코올중독자라고 인정했지만 안타깝게도 도움을 거절했다. 집에서 받은 가혹한 취급,

부모의 음주 그리고 또래의 영향으로 인해 존은 아주 반항적인 소년이 되었다.

첫 번째 가정방문은 위험했기 때문에 두 명이 동행했다. 곧 그럴 필요가 없었으며 스티브가 공격적인 '언행'을 했지만 실제로는 그렇게까지 심하지 않았다. 내가 존에게 개입하는 업무와 세 명이 모두 모여 가족과의 업무를 수행하면서, 나는 가정에서 스티브와 함께 시간을 보내면서 그를 계획에 충분히 개입시키려 했다. 나를 믿는 것은 쉽지 않았으며, 스티브는 모든 일에 이의를 제기하곤 했다. 우리는 그의 아동기에 대해 토론하기 시작했고, 나는 그가 자신의 경험을 어떻게 다루었는가, 자신이 어떻게 해서 인간이 되었는가와 같이 자신의 경험을 관련시켜 보라고 격려했다. 그다음 주 내내 나는 폭력과 공포로 얼룩진 그의 성장 배경과 그에 대한 결과로 '권위'를 가진 누군가에 대하여 차례차례 폭력과 협박 및 반항으로 어떻게 대응했는가를 알게 되었다.

스티브는 곤경에 처해 있었으며, 불안과 우울증으로 고생하고 있는 어머니를 여전히 흠모하고 있었다. 스티브는 어린 시절부터 자신의 생존을 위해 싸우는 방법을 배웠고, 이 접근법이 효과가 없다는 증거에도 불구하고 계속 그렇게 해 나갔다. 십 대 때, 스티브는 소년범에게 직업교육을 제공하는 소년원에 보내졌고, 그 후 몇 번 성인 교도소에도 다녀왔다. 스티브는 어려움에 부딪히게 되면 주먹질이라는 오직 한 가지 대처 방법만 알았다. 어머니가 의도적인 과다 복용으로 죽음을 맞이하게 되었을 당시 모든 가족 구성원이 그가 어머니를 죽였다고 자신을 비난하던 상황을 이야기할 때 그는 아이처럼 울었다. 스티브는 고작 열네 살이었지만 그때 마음을 굳게 닫았다.

  나는 스티브가 '주먹질보다는 이성적으로 자신을 표현하는 방법' 을 배울 수 있도록 노력했고, 그는 점차적으로 나를 신뢰하게 되었 다. 스티브의 의도는 존 스스로 삶을 이끌지 못하게 방해하는 것이 며, 스티브가 하고 있던 모든 것은 마치 자신처럼 되도록 존을 훈련 시킨 것이란 걸 깨닫게 되었다. 우리의 개입이 끝날 무렵, 스티브는 나를 제외하고는 그렇게 공손하게 대한 사람은 없었으며, 또한 내가 자신을 결코 화나게 하지 않았다고 솔직하게 말할 수 있었다고 했다. 그가 나에게 화냈던 많은 경우가 있었다고 내가 그에게 말했을 때 그 는 웃었다. 이로써 비록 그 상황이 여전히 이상적이지 않지만 존은 자신의 가족과 머무를 수 있었다. 따라서 가정위탁이 필요 없게 되어 담당 부서는 상당한 비용을 절감할 수 있었다. 존은 팀을 위한 내근 당직을 하는 야근 때마다 우리와 함께 쉴 때 슬롯머신을 즐기는 청년 이었다.

  몇 년 뒤 존은 나중에 내가 일했던 신축 건물 밖에 주차된 내 차를 확인하고는 나를 찾아왔다. 비록 삶이 완벽하다고 표현할 수는 없었 지만 그때 스물한 살이었던 존은 자신의 아파트와 직업을 가지고 있 었고 어머니와도 무척 긍정적인 관계를 유지하고 있었다. 불행하게 도 새아버지는 술과 관련된 건강상의 문제가 생겨 최근에 사망했다. 스티브는 그 사례가 종결된 후에도 약 일 년간 나에게 계속 전화를 했다. 그가 상담에 관한 정보를 수용하고 행동했지만 애석하게도 알 코올중독에 관한 시간은 부족했었다.

  나는 다른 사회복지 팀에서는 사회복지사들이 서비스 이용자들과 많은 시간을 보내는 드문 혜택을 누리지 못한다는 것을 잘 알고 있었으며, 그것이 내가 '제대로 된' 지위를 갖고자 했던 이유였다. 최근에 내가 처한 위험으로 인해 알게 된 바는, 이러한 상황은 훨씬 더 악화되고 있다는 것이다.

팀이 활용하는 클라이언트에 대한 신념, 가치, 행동 수칙은 팀워크와 더불어 핵심적이며, 동료와의 관계에서 뚜렷하게 드러났다. 결국 사회복지 이론과 '인간성(human condition)'에 관련된 업무 방식은 사회복지사 자신들에게 적용하지 않으면 쓸모가 없다. 업무는 진이 빠질 정도로 힘들 수 있지만, '원치 않는 업무를 떠넘길' 필요가 있다면, 동료들은 항상 지지적이고, 쉽게 만났다. 관리직은 서비스 이용자들과 팀 내부 모두에 지지적이고 협력적인 업무 방식의 관점에서 사회복지사와 동일한 원리를 충실히 지켰다. 간단히 말해서, 가치와 신념은 직무의 본질적인 부분이며, 언론 또는 방송의 면접이나 다른 공식 행사에서 단순히 반복되는 것이 아니고, 다음에 사용할 때까지 찬장에 보관되어 있는 것이 아니다. 나에게 이것은 살아가는 방식이었기 때문에 그다지 힘들지 않았다. 동시에 내가 능력이 탁월하여 상처를 받지 않는 것은 아니라고 말해야 한다. 나는 심하게 욕을 잘하고 애연가다. 나는 좌절하고 분노하며 여기저기서 실수한다.

일반적으로 우리 팀원들은 행복한 사람들이었고, 내 업무와 관련된 아동 및 청소년 가족의 욕구를 충족시키는 데 온 힘을 쏟았다. 그 누구도 음정이 맞지 않는 노래를 듣지는 않았지만 출근하면서 노래를 부르곤 했다. 나는 한동안 노래를 부르지 않았다. 그럼에도 사회복지사들은 종종 근무일이 아닌데도 회의에 참석하거나 동료들을 도와주려고 밤늦게까지 남아 있는 등 각별하게 노력하면서 항상 즐거워했다. 우리는 또한 각자의 업무를 대신하는 것을 포함하여 교대 근무와 변경에 대해서 유연했다. 무척 힘든 일이었지만 그 보상은 컸으며 그러한 체계는 시계처럼 잘 돌아갔다.

개인적 수준에서, 동료들과 관리직은 내가 그들의 개인적 상황을 알고 있듯이 아담에 대한 나의 어려움 또한 잘 알고 있었다. 내가 급히 휴가가 필요하면, 다른 사회복지사가 예정된 임무를 자원하여 처리한다는 것을 의미했다. 불행하게도 아담에게 서비스를 제공했던 정신건강 팀의 사회복지사들은 그러한 정신적인 여유가 없었다. 아담이 서비스를 받은 지 7년째 되던 해에 아담은 13명의 각기 다른 활동보조인(support worker, 재가 장애인, 노인 등에게 식사 보조, 이동 지원, 투약 지도, 사회활동 보조 등 자립생활을 촉진하는 인력을 말함-역주)이 있었는데, 몇 주간 혹은 몇 달간 공백이 있었다. 그들 중 일부는 자격을 취득하기 위해 그만두었지만, 내 생각에는 대부분 싫증이 나서 곧바로 떠났을 것이다. 그 일이 순조롭지 않았기에 아담에게는 이러한 공백이 재앙이었다. 새로운 사회복지사가 현장에 나타나면 우리는 원점으로 돌아갔고, 아담은 일정 기간 자신감과 흥미를 잃어 갔다. 아담은 정신분열증이라는 '꼬리표'가 붙어 분류되었기 때문에 단지 서비스가 제공되었을 뿐이었고, 실제로는 이것보다는 아담이 어떤 상태인가를 '모니터하는' 것이 우선적으로 요구되었다. 처음에는 나와 마틴이 참석하는 가족 회기가 있었지만 나는 그 목표를 완전히 확신하지 못했는데, 특히 각 회기가 '교육 목적'으로 녹화되었고, 우리는 복사본과 피드백을 받지 못했다. 말할 것도 없이 모든 것이

가족지원 및 사례관리 팀에서 활동하다 **167**

혼란스러웠고, 그 의도가 좋았다고 해도 자신들이 무엇을 했는지 제대로 알고 있을지 확신하지 못했다.

아담은 절차에 따라 새로운 사회복지사인 주디(Judy)에게 소개되었고, 사회적 곤란을 해결하도록 그를 도와줄 계획에 대해서 이야기를 나누었다. 우리는 자신을 쳐다보고 자신에 대해 이야기하는 타인에 대한 '편집증적' 사고와 감정에 대처하도록 아담을 자극해 달라고 주디에게 부탁했다. 비록 아담이 남자 사회복지사에게 반응을 더 잘 보인다고 생각했지만, 그는 주디와 잘 지내는 편이었다. 그녀는 정말로 멋진 사람이었다. 아담이 자신의 진전을 '시험해' 볼 시간이 되었고, 주디는 그를 데리고 한 시간 정도 외출하기로 일정을 잡았다. 내가 퇴근하여 보니, 아담이 불안해하고 화를 내며 이제는 사람들이 정말로 자신을 바라보고 있다고 더 확신하게 된 것을 알았다. 불행히도 주디는 점심시간에 보수적인 남성 전용 클럽에 아담과 같이 가는 것이 적합하다고 생각했다. 아담은 젊은 여성과 같이 있어 본 적이 없으며, 물론 화제의 중심이 되어 본 적도 없었다. 더욱이 우리가 살고 있는 조그만 동네는 그 당시(여전히 그렇지만) 대부분 백인들이었고, 주디는 아프리카계 카리브인이었다. 그 후 한동안 사람들은 주디가 누군지 '무심코' 질문했다.

그 계획은 역효과를 낳았고, 아담을 더욱 악화시키는 결과를 가져왔다. 자신의 불안감을 완화시키고, 어느 누구도 자신에게 관심이 없다며 자신을 '입증하는' 대신, 아담은 모든 사람이 자신을 응시하고 있다고 생각했다. 나는 아담을 담당하는 지역사회 정신과 간호사에게 이 상황을 구조해 달라고 부탁했다. 불행히도 그녀는 내가 하는 말을 오해했고, 마치 나를 정신이상자처럼 쳐다봤다. 나는 그녀에게 아담도, 나도 인종주의자가 아니며, 주디가 아담을 알아보지 못하는 인근 도시로 데려갔다면 그 계획은 효과가 있었겠지만, 우리 지역에서 시작한 것은 더 안 될 일이었다고 말했다. 지역사회 정신과 간호사는 나를 우두커니 바라보았고, 나에게 불만신고서를 제시할 때 나는 단지 소극적으로 적대감을 기록할 수밖에 없었다.

나는 거절당했다. 그리고 나는 이미 상처받았다. 보호관찰소 내 상담창구에서의 경험과 마찬가지로, 인종과 그 외 차별 영역에 관한 문제들은 상식을 넘어서 자동적인 반응을 드러낼 수 있다. 18개월이 지나서 아담이 다시 시도하려고 했다. 그동안 나는 내 딸들과 더불어 내가 할 수 있는 한 아담을 도와주려고 했다. 내가 업무와 인간 관계에 만족했다는 사실이 아담에 대해 적절하게 대응하고, 그가 미래에 대해 긍정적으로 생각하도록 하는 데 도움을 주었다.

마틴은 계속 야근을 했고, 내 교대 근무 때문에 나는 종종 낮 동안 가까운 곳에서 시간을 같이 보내고 주말에는 교외로 나갔다. 내가 일하지 않는 주말에 종종 우리 집에서 밤늦게 딸과 손자들과 아담이 같이 보낼 수 있는 많은 기회를 가졌다. 손자들은 아주 잘 자라나 일곱 살과 네 살이 되었다. 제스와 그 남편은 모두 열심히 일했고, 나와 아담은 그때 그때 아담의 기분에 따라 교대 근무가 끝나면 종종 방문했다. 케이티는 뉴캐슬에서 돌아와 같은 회사 영업부에 일하면서 아주 가까운 아파트에 살고 있었다. 벳과 그 남편은 콘월에서 여전히 레이첼과 살고 있으면서 꽤 안정적인 모습이었다. 물론 벳은 폴의 죽음에서 완전히 회복되지 않았으며, 폴이 없는 인생을 살아가려고 노력하

10

고 있었으나, 손자는 절대 볼 수 없을 것임을 알고 있었다. 인생은 결코 그녀에게 그전과 동일하지는 않을 것이지만, 그녀가 할 수 있는 최선의 방법으로 다루었다.

벳은 남편과 같이 코니시 심장재단(Cornish Heart Foundation)의 기금 모금자가 되어, 무척 바쁜 삶을 살고 있었다. 그해 폴의 생일날, 항상 그랬듯이 우리는 그를 생각하며 초를 밝혔고 전화 통화를 했다. 어버이날 자녀들은 항상 폴을 대신해서 '벳 이모'에게 드릴 꽃을 샀고, 벳은 자신의 정원에 '폴의 스칼렛'이라 이름 지은 장미를 심었는데, 다음 이사 때 이것을 옮겨 심었다. 폴이 복용한 장기이식 후 면역억제의 결과로 폴의 모발이 밤새 금발에서 붉게 변했기에 그 장미의 이름은 특별한 의미를 가지고 있었다. 우리는 주기적으로 서로 만날 수 있었지만 동시에 모든 사람이 같은 자리에 모이는 것은 다소 힘들었다.

이때쯤 나는 바바라(Barbara)와 그녀의 열다섯 살 난 아들인 알렉스(Alex)에 대하여 사회복지 개입을 시작했다. 알렉스는 특별히 학업 성적이 우수하고 미래가 보장된 총명한 청소년이었다. 알렉스의 시험 결과는 경이롭기까지 했으며, 그의 교사는 그를 잠재적인 천재라고 하였다. 하지만 가정에서의 관계와 정서 상태는 형편없었다. 그의 어머니는 학교에서 알렉스가 손목을 면도날로 그으려는 시도를 했다는 소식을 듣고 그를 주치의에게로 데리고 갔다. 알렉스는 자신의 곤란에 대해 그 누구에게도 보이거나 털어놓으려 하지 않았고, 당연히 그의 어머니는 불안에 사로잡혔다.

그다음 6주 동안 나는 알렉스와 친해지는 데 집중했고, 그가 집에서 겪고 있는 문제에 대해 알게 되었다. 그는 자신의 새아버지와 여러 가지 이유로 잘 지내지 못했고, 자신의 어머니와는 아주 모호하고 변덕스러운 관계였다. 나중에 나는 바바라가 무척 가난하게 자랐는데, 그 가족이 남편의 수입과 그녀가 노인요양시설에서 일주일에 7일간 야근했기 때문에 이제 꽤 여유로운 삶을 살고 있다는 것을 알았다.

바바라는 강박적일 정도로 집안 가꾸기에 열심이었고, 좀처럼 잠을 자지 않고 자기 자신을 만족시키려고 했다. 그러나 집안일에 대한 바바라의 스트레스 수위는 견딜 수 없을 정도로 높았고, 따라서 분위기는 안 좋았다. 나는 다른 사람들도 그렇게 했듯이 그 집에 들어가기 전에 항상 신발을 벗어야 했고, 바라라는 내가 앉은 자리를 한 마리 매처럼 예의 주시한 채 계속 움직이면서 내 뒤에 있던 방석을 바로잡고 다시 놓기를 계속했다.

다른 청소년들이 무엇을 하는지 모르는 어머니의 두려움과 의도는 좋지만, 아들이 모든 시간을 공부해야 한다는 불필요한 지시 때문에 알렉스는 외출이 허락되지 않았다. 최소한의 자극에도 언쟁이 일어날 수 있으며, 부모가 그것을 자기들 마음대로 조종하는 것 같았고 그 희생양은 항상 알렉스였다. 바바라와 그녀의 남편인 게리(Gerry) 사이에 의견 대립이 있을 때조차도 알렉스는 부모 각각으로부터, 그리고 부모 모두로부터 호되게 꾸지람을 들었다.

바바라에 대한 개입과 비교해서 알렉스와 게리에 대한 개입은 쉬웠고, 두 남자들은 조금씩 나아지기 시작했다. 게리는 알렉스가 밖으로 나가 친구들과 어울릴 필요가 있다는 것에 동의했지만, 바바라는 그것을 받아들이려고 하지 않았다. 하지만 그녀는 내가 학교와 연락하는 데 동의했고 알렉스는 지도를 받고 뭔가를 '학습'한다는 조건으로 방과 후 수업에 등록할 수 있었다. 다행히도 그가 가입한 대부분의 클럽은 놀거리로서 재미있었지만, 나도, 학교에서도 바바라에게 말하지 않았다. 그것은 시작이었다.

알렉스는 자신감이 생기기 시작했고 몇몇 괜찮은 친구도 사귀게 되었다. 이 점에서 모든 것이 아주 잘 진행되는 것 같았고, 나는 사례를 종결할 생각을 했다. 알렉스는 몇 주 동안 자해를 하지 않았고 훨씬 더 낙관적으로 보였으며, 심지어 그의 어머니조차도 다소 마음의 안정을 되찾은 듯 보였다. 하지만 어느 날 저녁에 그 가족에게서 긴급히 전화를 받고 난 뒤 상황은 악화되어 버렸다. 바바라는 알렉스가 방과 후 클럽에서 만난 한 여학생과 친해지기 시작했다는 것을 알고 알렉스에게 외출을 금지시켰다. 바바라는 매우 격분했고, 단호하게 알렉스가 그녀의 규칙대로 살든지 아니면 떠나야 한다고 했다. 두 시간이나 걸려 그녀를 설득해서 그녀와 남편을 잠자리에 들게 하고 알렉스를 우리와 함께 지내게 했다.

이틀 뒤 알렉스는 자해를 시작했고 약물을 과다 복용했다. 그는 내가 그와 어머니를 동반한다는 조건으로 정신과 의사를 만나는 데 동의했다. 도움이 필요한 것은 알렉스가 아니라 바바라라는 것을 알았지만, 그녀에게 이 사실을 알게 하는 것은 거의 불가능에 가까웠다. 그때쯤 알렉스는 자신의 머리카락을 무더기로 뽑았고, 2주 정도 학교에 가지 않았다. 우리가 주차장을 지나가는데, 바바라는 흰 옷을 입은 젊은 의사를 발견하고는 자신의 아들에 대해 욕을 하기 시작했다. 자신의 말만 들으면 그 의사와 같은 지위를 누리게 되었을 거라며 소리를 질렀다. 그때도 알렉스는 자신의 머리카락을 뽑고 있었다.

결국 바바라는 마음을 터놓고 학업에서 크게 성공하지 못한 자신의 패배감에 대해 이야기했다. 우리는 이것을 천천히 풀어 나가기 시작했고, 바바라는 아들에게 투사했던 불안의 원천을 인정했다. 이 사례가 종결되었을 때쯤 한결 나아졌다. 바바라는 스스로 상담에 참석했으며, 알렉스를 통해서 자신의 삶을 살 수 없으며 그를 통제하는 것이 아니라 조언하고 지지할 수 있다는 사실을 서서히 받아들이게 되었다.

가족 구성원이 함께 살아가기 위해서는 변화가 필요하지만, 자신들의 문제에 대한 해답을 단순하게 치부해 버리는 사람들이 많다. 그들은 친권을 포기하고, 자녀를 '보호조치' 하기를 원한다. 그러한 사람들을 동정하고 그들에게 도움을 제시하지만, 지방자치단체가 그들의 자녀들을 돌봐 주지 않는다는 것은 분명하였다. 실제로는 부모가 완강하고, 변화시키기 위해 그들을 참여시키려는 모든 노력을 거부한다면, 우리는 어떤 대안도 제시할 수 없다. 커스티(Kirsty)의 사례가 정확하게 바로 그러한 경우다.

커스티는 열네 살로 학교는 다니지 않았고 어머니와 계속 싸웠다. 커스티의 어머니가 그녀를 내쫓았다고 말하기 위해 전화를 걸었을 때 응급 의뢰가 있었고, 나는 가족에게 개입하게 되었다. 내가 그 집에 도착했을 때, 커스티는 자신의 소지품이 들어 있는 네 개의 검은 쓰레기봉투를 들고 계단에 앉아 있었다. 이것 외에도 학교 교복, 책, 음악기기 그리고 다른 관련 물품들이 길에 온통 흩어져 있었다. 아주 추운 겨울날 저녁이었고, 비까지 내리고 있었으며, 내가 아무리 문을 두드리며 불러도 커스티의 어머니는 문을 열어 주지 않았다. 커스티의 소지품을 챙기는 데 30분이 소요되었고, 이것은 이웃들에게는 흥밋거리였으며, 커스티가 밤에 나와 함께 머물 곳으로 갔다. 이것이 나의 '당직 업무'였으며, 그는 나의 드레싱 가운을 입고 고마워했고, 우리는 건조기에 젖은 옷을 아무렇게나 넣었다.

　다음 3일 동안 나는 앞으로의 방법을 협상하기 위해 자주 그 가정을 방문했다. 커스티의 어머니 진(Jean)은 문턱 위로 올라오지 못하게 했으며, 제시된 어떤 제안에도 귀를 기울이지 않았다. 진으로서는 그녀의 딸을 돌보는 것이 이제 우리 손에 달려 있는 것이었다. 나는 커스티를 약 10마일 정도 떨어진 위탁가정에 양육을 의뢰하고, 그녀의 귀가를 위하여 계속적으로 개입하였다. 진은 딸의 '다루기 힘든' 변덕스러운 행동에 대해 이야기했고, 커스티가 가정에서 약간의 보석을 훔쳤을 때 더 이상의 기대는 없었다고 말했다. 커스티의 반응은 그녀의 어머니가 먼저 훔쳤다는 것이었고, 진은 '그게 중요한 것이 아니라고' 소리를 질렀다. 커스티는 나에게 자신의 어머니가 '매춘을 했다'고 말했고, 진은 이를 부인하지 않았다. 가족 파일에 의하면, 커스티의 오빠와 새아버지 둘 다 최근에 다양한 절도 및 강도죄로 구금되었다고 한다.

　나는 커스티의 생부와 연락을 했는데, 그는 재혼하여 새 아내가 데려온 두 아이들과 더불어 새로운 가족을 이루고 있어, 커스티에 대해서는 별 관심이 없었다. 그러는 동안 진은 나에게 자신이 이사를 생각하고 있다고 말하고는 새 주소와 연락처를 알려 주려 하지 않았다. 낙담한 나는 결국 커스티가 죽을 경우, 위탁부모가 연락할 필요가 있을 수 있다는 말까지 했다. 그 반응은 그럴 경우, 의미가 없다는 것이었다. 커스티가 받은 충격은 참담했고, 그녀가 어머니를 다시 보기까지는 약 2년이라는 시간이 소요되었다. 나는 이 사례가 그때는 다른 팀으로 이관되었기에 관여하지 못했지만, 최근에 커스티를 봤다. 이제 두 자녀가 있고 아동학대 혐의로 관련 부서에 연루되어 있었다. 그녀가 정신건강상에 문제가 있으며, 계속적으로 바람직하지 못한 파트너들과 같이 지냈고, 그들 중 한 명 혹은 두 명에 의해 가정폭력을 경험했다고 전해 들었다. 하지만 다행스럽게도 시설 입소가 유일한 선택 사항이 아니라는 것이 밝혀지면, 대부분의 경우에 우리는 더 나은 대안을 모색할 수 있다.

일반적으로 말해서, 어떤 부모는 그 변화를 수용할 수 있는 단계에 이르고, 반면 일부는 여전히 취약하다. 어떤 사람들은 변화에 대한 의향이 전혀 없으며, 소수는 무척 위험했다. 후자에 속했던 로레인 (Lorraine)의 경우, 내가 어찌할 바를 몰랐을 때도 있었다. 로레인은 네 명의 자녀가 있었는데, 모두 방임과 정서적 학대를 당한 것으로 등록되었다. 로레인은 인격장애가 있다고 진단받았고, 여러 차례 불안과 우울증으로 고생했다. 그녀는 똑똑하고 말을 잘했지만, 개입하는 과정은 악몽 같았다. 자녀 중 한 명은 몸이 무척 약해서 여러 번 입원을 했지만 정확한 진단을 하기 힘들었다. 타냐(Tanya)는 집안에서 진행되는 압박이 견딜 수 없을 정도로 많을 때, 자신과 자신의 어머니 사이에 거리를 두게 하는 복합적인 심리적 장애를 가졌다고 생각했다. 타냐는 FII(Fabricated and Induced Illness)로 알려진 먼차우전 증후군(Munchausen's Syndrome)의 희생자일 수도 있다고 생각되었다.

로레인은 자신의 자녀 누구라도 우리와 야간에 지내는 것을 허락하지 않았고, 아동을 혼자 두고 관찰할 필요가 있다는 아동보호에 관한 조건을 따르는 것만 허락했다. 모든 자녀는 잘 보호받았으며, 어머니와 눈을 마주치지 않고서는 아무 말도 하지 않았는데, 그녀가 자녀들이 무엇을 말하고 누구에게 말해야 하는지를 지시하는 것 같았다. 나는 아동들과의 관계 형성을 위한 노력으로 아동들을 같이 그리고 각각 따로 데리고 밖으로 나갔다. 아동들은 내가 오기 전에 아주 잘 지시받고 연습한 것 같았기에 많이 진척되지 않았다. 나는 항상 그들, 특히 가장 어린 두 아동은 나에게 뭔가를 말하고 싶어 한다는 느낌을 받았지만 그들이 말하고 행동하는 모든 것은 무척이나 꼼꼼하게 준비된 것처럼 보였다.

가정에서의 상황과 그들의 어머니와 같이 한 것에 대해 이야기하는 것을 피한다면, 그것은 괜찮았고 그들이 웃고 재미있게 노는 것을 보는 것이 좋았다. 내가 집에서는 볼 수 없는 것이었다. 열 살인 잭(Jack)은 자신은 학교에 정말 가고 싶은데, 어머니가 허락하지 않는다고 털어놓은 적이 있다. 그는 내가 자신의 어머니와 이야기하는 것을 허락했고, 나는 아주 조심스럽게 이야기를 꺼냈다. 로레인은 자기가 직접 그를 데려갈 것이고, '잭에게 친구가 되어 주어' 고맙다고 말했다. 잭이 이야기할 누군가가 있다는 것은 좋은 일이라 말하고, 피드백에 대해 감사했다. 그 후 나 혼자 잭과 있을 때, 잭은 이런 것은 아무 소용이 없으며 내가 주위에 있는 것이 상황을 더 나쁘게 하지만 자세히 말할 수 없다면서 갑자기 울었다. 그 후 잭은 좀처럼 나와 이야기하지 않았고 상당 기간 슬퍼 보였다.

아이들은 정기적으로 등교하지 않았고, 집에서 집안일을 하면서 대부분의 시간을 어머니와 같이 있었다. 처음에는 학교와 연계해서, 나는 등교 일을 늘리고, 아이들과 로레인에게 동기 부여를 하고, 또한 로레인이 아이들의 머릿니로 인한 가려운 증상을 없애도록 애썼다.

또한 그녀와 친구가 될 수 있도록 노력했고, 그녀에게 자신의 지적 능력을 생산적으로 사용하도록 많은 격려를 하였다. 불행히도 로레인의 인격장애는 그녀 자신을 포함해서 그 어느 누구도 감당할 수 없는 전형적인 완벽주의자의 증세로 나타났다. 결과적으로 로레인은 어디를 가든지 대혼란을 일으킬 것 같았고, 나를 바쁘게 했다. 로레인은 '아픈 자녀'를 둔 결과로 자신에게 기울어진 관심을 즐겼고, 관련된 전문가들과 '게임하는 것'을 즐기는 듯하였다.

어느 날 밤 10시에 로레인은 나에게 전화를 걸어 자신이 아이들을 죽였다고 말했고, 어떻게 아이들이 죽어 갔는지를 자세히 설명하면서 미친 듯이 웃었다. 그녀는 간간이 웃으면서 전화상으로 장례식 곡을 틀었고, 나는 혼비백산해서 멍하니 있었다. 나중에 방문해서 보니 모든 아이는 잘 있었고, 어머니가 하는 '장난'을 즐기고 있었다. 나는 이 사례를 약 2년간 다루었고 진실을 밝혀낼 수 없었다. 만약 내가 로레인에게 그녀의 권리에 많은 시간과 관심을 주었다면, 그녀가 아마도 자녀들에게 기회를 줄 것이라는 가정을 전제로 업무를 지속했다. 그것이 효과가 있을지 없을지는 확신하지 못했지만, 타냐의 빈번한 입원의 필요성은 줄어든 것 같았고, 그 가족은 마침내 이사를 갔다.

당시 나를 아주 긴장시키는 복잡한 사례가 있었다. 보통 11~16세의 아동들은 다양한 이유로 자녀들을 '성장'시키지 못하거나 그럴 의지가 없는 부모에 의해 버려질 위험이 가장 높은 아동들이다. 일부 부모의 기대는 알렉스의 사례처럼 지나치게 높았고, 다른 부모는 자녀나 부모 자신의 문제를 앞세워서 자녀의 욕구를 무시했다.

이러한 사례에서 아동들은 어느 정도로 자립을 시작했고, 그들의 정서적인 혼란은 그 행동에서 여실히 나타났다. 또한 나는 변함없이 동일한 요인이 관여하지만 방임이나 학대의 기준에 해당되는 다양한 아동보호 사례를 가지고 있다. 어떤 방식이든, 변화가 일어나기 위해서는 제공된 지원의 본질은 같았다. 아동들과 부모의 삶에 있어서 안정적으로 지지적인 성인의 존재는 성과를 결정하는 중요한 요인이었으며, 가족의 균열을 치료하는 데 도움을 주기 위해 우리는 많은 시간을 보냈다. 그 사이에 직원들은 그러한 역할을 맡았다.

옛날 속담에 "못 쓸 정도가 아니라면 그대로 쓰라."는 말이 있다. 새로운 '경영' 구조에 이 속담을 빗대어 본다면, '못 쓸 정도가 아니라면 그것을 더 싸게 복사하라.' 정도로 할 수 있다. 뿌리에서 잘라버리면, 흔히 지불한 만큼 얻게 될 것이고 더 많은 절단을 하고, 당신이 만든 어수선함을 관리하기 위한 고위 간부의 급료에 더 많은 돈을 쓸 것이다.

우리는 이러한 수많은 과정을 몸소 부딪치며 터득해 나갔다.

11

리암, 릴리, 제인 그리고
로버츠 형제들

　우리가 근무했던 건물은 원래는 방이 세 개가 있는 주택 두 채였다
가 하나로 개조된 지방정부 당국 소유의 건물이었다. 한쪽은 사무 공
간으로, 다른 한쪽은 생활시설 공간으로 되어 있어 우리의 요구에 완
벽하게 부합하였다. 우리에게는 생활시설에서 일하면서 예전에 내가
일했던 것과 비슷한 '살림을 돌보는' 책임을 담당하는 야간 경비가
있었다. 가족에 관한 일이 발생하거나 위기 상황의 경우, 가족 구성
원이 원래대로 집으로 돌아가거나 이사를 하기 전에 격리되어 그 해
결책을 찾을 수 있도록 하기 위한 많은 방이 있었다. 따라서 지방정
부 당국이 그 건물을 매각하고 우리가 다른 팀과 같은 장소를 사용해
야 한다는 말을 들었을 때 큰 실망감을 느꼈다. 그것은 우리가 생활
시설과 가족 구성원이 임시로 거처할 수 있는 공간을 잃어버렸다는
의미였다. 우리가 알고 있는 한 그것은 퇴보이며, 이로써 우리의 일
이 더 힘들어지고, 궁극적으로 생활시설에 응급 보호될 인원을 늘린

다는 것을 의미했다. 결국 그 건물은 나중에 철거되었고, 그 토지는 개인 개발업자에게 매각되었다.

돌이켜 보면 이것은 앞으로 생길 더 좋지 않은 많은 변화 중 첫 번째 변화에 불과했다. 새 건물에서 극복해야 하는 많은 현실적인 장애에 부딪혔고, 또 한 가지 변화를 겪게 되었다. 이제 우리는 월요일부터 금요일까지 아침 8시부터 오후 10시까지 일했다. 이것은 가장 늦은 교대 다음의 이른 교대를 기준으로 보통 일관성을 유지하기 위한 조정이었다. 내근 '당직' 중일 때, 사회복지사는 자정까지 전화를 계속 받았다. 대부분의 서비스 이용자들은 이것이 도움이 된다는 것을 알았고, 위기는 종종 전화를 통한 조언과 상담으로 일시적으로 해결될 수 있었다. 내근 당직 사회복지사는 오전 8시에 일을 시작하였기 때문에, 그 복지사는 그때 더 알아보고 필요한 조치를 취할 수 있었다. 주말 근무는 오전 10시부터 오후 6시까지였으며, 전화 응답은 오후 10시까지였다. 서비스에 공백이 생겼으며, 공휴일에는 서비스가 없음을 의미했다.

사회복지사들이 저녁에 가정방문을 할 때면, 그 건물에는 '사람이 없었다'. 그것은 보안을 위한 더 많은 시간과 만일의 경우를 대비한 잠금 해제가 이루어진다는 의미였다. 왜냐하면 건물 안에 경보기가 설치된 방들이 있었는데, 하룻밤에 서너 번 정도로 빈번하게 경보기가 울릴 수 있었다. 클라이언트들의 이용 문제는 전화를 당직자의 휴대전화로 착신함으로써 해결되었고, 위기 상황에서 방문이 필요한 경우 내근 당직 사회복지사는 동료에게 연락을 주었다. 그것이 우리의 업무 속도를 상당히 지연시키기는 했지만, 그 서비스의 '골격'은 유지하면서 담당 부서의 비용을 절감할 수 있었다.

초창기에 그 팀에서 두 명의 직원이 청소년을 위한 '분노 조절 프로그램'을 개발하여 우리가 화요일 저녁마다 운영하였다. 그것은 상당한 성공을 거두었고, 그 프로그램 집단은 6주간 꾸준히 진행되었다. 동시에 '어머니 교실' 프로그램이 인기가 있었고, 다양한 방법에서 생산적이었다. 양육에 대한 조언과 긴장 완화 운동 등은 별도로 하여, 그 집단을 수행하는 데 두 명의 직원만이 필요하였다. 그것은 클라이언트들로 하여금 그들에게 필요한 다른 서비스로 방향을 제시하는 데 유용하였고, 아동보호 사례의 경우 어떻게 진행되는가를 '멀리서' 관찰하는 데 사용되었다. 비공식적인 상태에서 진행되었기에, 좀 더 까다로운 일부 서비스 이용자들과의 관계를 유지하는 데 도움이 되었고, 아주 고립된 여성들 사이의 상호 협조적이고 지원적인 관계를 촉진하였다. 이것들이 먼저 수행되어야 할 일들이었다.

직원 모임을 준비하는 동안 팀장이 우리에게 아버지와 새아버지를 아이들의 육아에 관여시킬 수 있는 방법을 고려해 보라고 요청했다. 우리가 그 의제를 토론하면서 '건강과 안전' 항목을 논의할 때, 그 관리자는 놈(Norm, 잡무를 보는 사람 중의 한 명이었음)이 운동복을 입고 잔디를 깎는 것에 대해서 언급하였다. 불행히도 놈은 잔디 깎는 기계를 자신의 발 앞부분으로 몰아서, 하마터면 발가락을 잃을 뻔하였다고 한다. 나는 아버지들이나 새아버지들을 참여시키는 방법으로써 놈과 함께하는 DIY 회기를 실시할 수 있다고 제안하였다. 이것은 전혀 먹혀들지 않았지만, 우리 중 몇 명은 우습다고 생각했다.

우리는 항상 위탁양육자가 부족하였다(지금도 그러하다). 위탁가정에 대한 수요와 책임은 크지만, 위탁 서비스에 대한 급여는 넉넉하지 않다는 사실에 직면해야 한다. 많은 위탁양육자가 있지만, 다른 위탁 양육자에게 불명예를 갖도록 만들어 버리는 양육자도 있으며, 불행 하게도 후자 쪽과 함께 일을 한 적이 있다.

줄리(Julie)는 주로 청소년 범죄자를 대상으로 일한 전직 교도관이 었다. 그녀는 아이들과 놀거나 요리를 가르쳐 주고 돌보는 등 많은 실천적인 기술을 가지고 있었으며, 인내심이 무척 강했다. 하지만 줄 리는 아동의 정서적 욕구, 특히 상처받은 아동을 어떻게 다루어야 하 는지에 대해 전혀 알지 못하였다. 그녀는 나에게 아동이 스스로 처신 하게 가르치는 것이 자신의 일이라고 말하기도 하였다.

그 당시 나는 자녀가 둘이 있는 한 부모의 사례에 개입하였는데, 작 은 아이는 단기 응급 입소가 필요하였다. 그 아이의 이름은 리암 (Liam)으로 열 살의 남자아이였다. 열네 살인 그의 누나는 심각하고 도 지속적인 정신건강 문제를 가지고 있던 어머니를 위한 간병인 역 할을 했다. 리암의 누나는 '미성년 보호자(young carers, 18세 혹은 어 떤 프로그램의 경우 25세까지 연령으로 가족 중 장애인이나 장기요양보호 대상자를 돌보는 청소년 가족 구성원을 지칭하는데, 이들에게 각족 지원을 함-역주)' 로서 지원받았으며, 자해행동을 최소화하는 방법을 통하여 어머니의 어려움을 통제하고, 어머니의 과도한 행동을 다루는 성숙 함을 지닌 것 같았다. 또한 리암도 문제를 일으키고 있었다. 즉, 그의 행동은 점차 통제 불가능하게 되어 갔고, 그 결과 누나는 더욱 많은 정신적인 압박을 받게 되었다. 또 리암은 기회가 있을 때마다 자기 손에 잡히는 모든 형태의 끈으로 목을 매달려 시도하는 등 정서적으로 '엉망'인 상태였다.

나는 리암을 줄리에게 소개하였고, 처음 이틀 정도는 무사히 지나 갔다. 계획은 내가 리암과 그 가족의 문제에 개입하는 동안, 리암에 게 안정된 환경을 제공하는 것이었다. 당연히 리암이 자신의 어머니 와 누나를 꾸준히 만나는 것이 중요함에도, 줄리는 이것을 필요 없는 간섭으로 생각했고, 협조하려 하지 않았기 때문에 이 접촉을 가능하 도록 촉진하는 데 많은 시간이 소요되었다. 나는 가정 위탁관리부서 에서 근무하였던, 현재 줄리를 관할하는 가정위탁자 담당자에게 전 화를 걸어 그 상황을 해결하기 위해서 나와 함께 가정방문을 하기로 일정을 잡았다. 그 상황을 민감하게 접근하고자 하는 나의 시도에도 불구하고, 이 모임은 서로 욕설이 오가는 무질서한 상태(줄리 입장에 서는)가 되어 버렸다. 처음에 줄리는 나에게 나와 같은 부류를 만난 적이 있으며, 내가 글이나 끄적거리는 공무원이고, 인생에 대해서 아 는 것이 아무것도 없다고 쏘아붙였다. 그녀는 내가 말을 건넬 때마다 입 닥치라고 소리칠 정도로 내가 하는 말은 무엇이든지 아주 적대적 으로 반응했고 듣지 않으려 했다.

나는 위탁양육자들이 돌볼 아이에 대해, 그리고 자신들로부터 아 이가 무엇을 필요로 하는지에 대해 가능한 한 많이 알아야 한다는 것 을 확신시키기 위해 많은 시간을 할애하였다. 줄리의 경우, 그녀는 모든 것에 대해 언쟁을 벌였고, 어떤 조언이나 지침도 거절하였다. 솔직히 가족에게 개입하는 일보다 줄리를 다루는 일이 훨씬 더 힘들 었으며, 그녀를 다루는 데 훨씬 더 많은 시간이 소요되었다. 줄리의 '규칙' 중 하나는 리암이 매일 샤워를 해야 하는 것이었는데, 그는 그것을 거부했다. 그녀는 자신의 규칙을 따르지 않으면, 자기 남편을 불러 그를 끌어내 샤워실로 밀어 넣을 것이라고 협박했다. 줄리는 또한 목매달려는 리암의 시도—이런 시도는 리암의 정서적 상태가 악화되면서 증가했다—는 의도된 것이라고 믿고 있으며, 그의 어머니의 정신건강 문제는 하나의 '변명'이라 생각한다고 말하였다. 줄리는 정신건강 문제라는 것은 '존재하지 않는다'는 자신의 견해를 나에게 계속 이야기했고 자신이 '매를 아끼면 아이를 망친다.'고 생각하는 사람이라고 선언하였다.

나는 리암을 위해 다른 위탁양육자를 알아보았지만, 남은 곳이 없었다. 가정위탁 팀의 조언에 따라, 줄리의 담당 활동 보조인과 나는 줄리에게 '상황을 이해하고 예비 지식을 제공하기 위한' 합동 모임을 시작하였다. 그것은 아까운 시간의 완벽한 낭비였고, 내가 진정 말해야 할 것을 말할 수 없었다. 나는 줄리를 굴복시키고 싶었다. 겉으로는 침착하려고 노력하였으나, 지금 생각해 보면 내가 그녀를 무시한 것이 아니었을까 의심스럽다. 나는 안으로 분노와 불만으로 끓어올랐으며, 내가 방문할 때마다 간장이 녹는 듯하였다. 그녀는 '자칭' 전문가였지만, 나는 왜 그 부서가 그녀를 계속 고용하는지 알 수 없었다. 그녀가 리암에게 더 상처를 주고 있으며, 리암을 '버릇없는 녀석'으로 치부한다는 것을 알았다. 그녀가 어떻게 훈련과정을 마쳤는지 나는 알 수 없다. 내가 두 장 분량의 항의서를 썼지만 별 차이는 없었다. 가정위탁 팀은 줄리와 문제에 대해 이야기할 수 있도록 리암에게 발생했던 모든 사건에 대한 서면상의 입증 자료를 요구하는 편지를 내게 보냈다. 내가 그것을 마무리할 시간이 없었던 터라, 나는 할 수 없이 초과 근무를 해야 한다는 생각에 괴로웠고, 줄리가 몇몇 아이들과는 잘 지내고 있지만 리암과 같이 아이를 돌봄에 있어 기술이나 이해가 부족하다고 느꼈을 뿐이었다. 또한 나는 줄리의 태도가 완전히 전문적이지 않다고 느꼈지만 그것은 또 다른 이야기였다. 감사하게도 가정위탁 팀은 나를 화나게 만든 후, 리암을 위한 다른 위탁 가정을 찾아냈다. 줄리는 어머니가 장기간 병에 걸린 아주 말 잘 듣는 두 자매를 돌보기 시작했고, 내 생각에 일이 잘 처리된 것 같았다.

나는 항상 일하러 오갈 때 노래를 불렀다. 내가 하고 있는 일과 이룰 수 있는 것에 대하여, 나는 열정적인 믿음을 가지고 있었다. 시간이 흐르면서 사회복지 사무실의 접수처로 들어오는 일의 양에 따라, 점점 더 많은 일이 우리에게 할당되었다. 그 당시 사회복지사 자격을 갖춘 직원들은 아동학대 사례만을 담당하였고, 자격을 갖추지 못한 직원들은 '임의적(voluntary)' 기준에 따라 클라이언트에게 개입하였다. 그것 자체로는 문제될 것이 없었으나, 우리가 만든 방식에 의하면 사회복지사가 비번이더라도 일정에 따라 가족을 방문하고 개입계획을 수행해야 한다는 것을 의미했다. 유자격 사회복지사들에게 이러한 근무방식은 아동학대 업무가 수반하는 추가적인 서류 작성과 회의 및 업무상 몰입할 수 있는 시간적 여유가 훨씬 더 적어짐을 의미했다. 우리에게 의뢰되는 업무는 복합적이고 장기간이 소요되는 사례들을 다루게 된다. 그래서 다른 팀의 사회복지사들이 갖고 있던 업무 건수의 절반을 다루면서도 모든 사례가 각각 심각한 책임문제가 뒤따르기 때문에 근무방식의 변경이 매우 어려웠다.

우리는 이전에 새로 임명된 부국장의 방문을 받았는데, 그는 우리에게 서비스 구조 조정에 대한 계획은 없다고 말했지만, 그날부터 일련의 서비스 구조 조정 절차는 조금도 수그러들지 않았다. 비록 내가 클라이언트들을 만날 시간이 많은 것은 아니었지만, 여전히 좋은 실천에 관여할 수 있고, 아동학대 명부에 등록된 이후의 활동을 통하여 등록 취소에 관한 일을 할 수 있었기 때문에 여전히 행복했다. 불행하게도 아동보호 사례 계획은 예전만큼 신속하게 진행되지 않았고, 아동학대 명부에 등록된 아동과 청소년들의 부모가 협조해 주지 않았기 때문에 업무 순환은 매우 느려졌다.

유자격 사회복지사 팀원들이 팀장을 맡았고, 근무 순서가 정해져 있어 원칙적으로는 적어도 우리 중 한 명이 야간 근무를 해야 했으며, 팀장급은 편성에서 제외하였다. 우리는 팀장들이 우리 편이 아니라는 것을 잘 알고 있고, 혹시라도 우리가 관리직들과 의논이 필요하더라도 우리가 알아서 잘 처리하였다. 무척 드문 경우였지만, 나는 또 다른 유자격 사회복지사와 함께 근무하고 있을 때, 그녀의 사례와 관련하여 학교에서 전화를 받은 적이 있다. 금요일 오후 3시 30분경이었고, 교장선생님은 아니타(Anita)에게 열 살된 릴리(Lily)와 여덟 살 제인(Jane)이 자신의 아버지와 함께 포르노 동영상을 본다는 말을 했다고 알려 주었다.

그 아동들은 학교로부터 장기간 관심을 받아야 하는 방임 사례 아동으로 등록되었다. 그들은 항상 단정하지 못하고 보살핌을 받지 못하고 있는 듯 보였고, 연약하고 슬픈 표정을 짓고 있었다. 서른다섯 살의 어머니는 중증도 학습장애가 있었고, 쉰일곱 살의 아버지는 이전의 결혼에서 출생한 성인 자녀들이 있었지만, 그들과 수년간 연락하지 않고 있었다. 아니타는 그 아이들의 아버지를 보면 섬뜩하게 느껴졌다고 항상 말하면서, 이를 이유로 아이들의 어머니가 그 자리에 없을 때는 아버지를 만나지 않았다. 그 아버지가 직원들에게 위협이 될 수 있다는 내용은 서류에는 없었다.

그날 저녁 늦게 우리가 그 집에 도착했을 때, 어머니는 친구랑 빙고를 하러 나가고 없었다. 우리는 아니타가 이미 마련해 둔 안전 조치를 강화하면서, 릴리와 제인을 안심시켰다. 두 자매는 그들의 선생님이 실수를 했다고 대충 말했지만, 그럼에도 불안하고 겁에 질려 있는 것 같았다. 모든 것을 격렬히 부인하는 '아버지'에게 아니타가 이 문제를 설명하는 동안 꼼꼼하게 정리된 엄청난 비디오 모음집을 볼 수 있었다. 또한 아니타가 그와 대화를 하는 동안, 나는 '아버지'의 태도를 관찰하였다. 그는 나의 존재를 완전히 망각한 듯 보였으며, 독특하게 아니타에게 '사로잡힌 것' 같았다. 아니타는 매력적으로 생겼는데, 매우 조그마하여 마치 '아이처럼' 보이는 신체를 가졌다. 우리는 아주 불쾌한 '직감'을 느끼며 그 집을 나왔고, 나는 아니타가 전에 말했던 것을 이해하게 되었다. 아니타와 같이 있는 그를 보는 동안 소름이 끼쳤다.

훨씬 뒤에 아니타가 휴가를 가고, 내가 이 사건을 간과하고 있을 때, 릴리가 겁에 질린 상태로 우리 사무실에 찾아왔다. 릴리는 학교로 가는 길을 우회하여, 택시 기사에게 사회복지국으로 데려가 줄 것을 부탁했던 것이다. 릴리는 자신의 집에서 약 5킬로미터 떨어진 우리 사무실로 오는 길을 잊어버렸고, 여러 건물을 거쳐 택시 기사의 도움으로 아니타나 나를 찾았지만 별 소용이 없었다고 한다. 나는 택시비를 지불하고, 릴리를 위해 차를 끓이고 토스트를 만들었으며, 그녀의 곁에 앉아 그녀를 꼭 안아 주었다. 릴리는 괴로움으로 인해 완전히 제정신이 아닌 듯 힘겹게 말을 이어 가면서 예전에 아니타가 자신에게 집에서 어떻게 지내는지를 물었을 때 자신이 거짓말을 했다는 말만 겨우 했다. 그게 무슨 말이냐고 물었을 때, 릴리는 자신의 아버지가 자신에게 '뭔가'를 하게 했고, 이런 많은 것이 무엇인지에 대해 상세한 설명을 했다고 말하였다. 또한 어머니가 집에 없을 때, 자신의 아버지가 자신에게 이웃의 아이들을 자신의 집으로 데려오게 했으며, 그렇게 한 이유는 그 아이들에게 돈을 주고 옷을 벗은 채 춤을 추게 하기 위해서라고 말했다.

나중에 릴리는 경찰에서 아주 인상적인 비디오 진술을 했고, 그녀의 아버지는 구속되어 유치장에 구금되었다. 그 가족은 황폐화되고, 아이들은 비참함을 느끼며 매우 심한 자기 비난을 하였고, 특히 릴리가 심하였다. 이러한 문제에도 불구하고, 릴리를 비롯한 그 자매는 아버지를 진심으로 사랑했으며, 그가 한 일에 대해 혼란스러워하고 많은 상처를 받았다. 그들의 아버지는 재판 하루 전날 심장 발작으로 사망했다. 감사하게도 아이들을 위해서, 그는 죽기 직전에 죄를 완전히 자백했다. 그럼에도 아니타가 교도소로부터 아버지의 소지품을 릴리와 제인 등에게 돌려주었을 때, 아이들은 아버지의 옷 냄새를 맡으며 울고 있었다고 말하면서 울먹거렸다.

그동안 팀은 일종의 '정체성의 위기'를 경험하였다. 즉, 우리는 유능하였고, '집중적인 원조(intensive support)'를 제공했기 때문에 다른 전문직들이나 가족이 우리에게 가지는 기대나 '시스템(사회복지국)'에 대한 기대는 여전했다. 그런 점에서 우리는 학교와 위탁양육자들에게 평판이 좋았으며, 자신들이 사용할 서비스를 기대하며 우리에게 접촉하는 모든 사람에게도 평판이 좋았다. 우리는 각자의 사례를 처리하는 데 정신이 팔려서 팀 전체로서 운영이 한때 중단되었다. 그리하여 위기에 대한 대응은 단편적이고 부분적이었으며, 효율이 무척이나 줄어들었다. 무자격 직원들이 자신들이 담당하고 있는 사례와 예전부터 같이했던 동료들의 사례에 대해 계속 대처한 것이고, 유자격 사회복지사들은 이에 대해 대처하지 않았기 때문에 팀 내부에 불만이 생겼다. 우리는 업무를 간신히 이어 나간 셈이다.

비록 퇴근 후에 나 홀로 시간을 할애하여 일해야 하는 경우가 점차 증가하고, 서류 작업을 계속 이어 가기가 불가능하였지만, 우리는 여전히 그럭저럭 좋은 서비스를 제공하였다. 당시 두 명의 무자격 직원이 시간제로 사회복지 학사과정을 이수하도록 지지받았다는 것을 기억한다. 이것은 이 직원들이 근무하지 않을 때, 더 많은 업무를 남은 우리가 떠맡아야 하며, 담당 사례 수가 줄어들 리 없다는 것을 의미하였다. 나중에는 이 직원들이 전일제 교육을 받기 위하여 자리를 비우게 되었고, 이것은 우리가 그 서비스를 거의 운영할 수 없음을 의미했다. 이때쯤 나는 방임과 정서적 학대를 경험하여 아동학대 명부에 등록된 각각 아홉 살과 열 살의 로버츠(Roberts) 형제들에게 개입하기 시작하였다. 그들은 격려할 필요가 명백했기 때문에, 나는 그 가족에게 오랫동안 개입할 수 없었다. 오랫동안 우울증과 알코올중독을 앓고 있는 어머니는 로버츠 형제들을 통제할 수 없었다. 이 형제는 학교에 가지 않았고, 그들의 가족, 지역사회 혹은 사회 전체적으로 어떠한 도움도 받지 못하였다. 그들의 집은 버려진 것처럼 보였고, 그들의 어머니 또한 황폐한 상태였다. 나는 종종 방문하여 로버츠 부인을 격려하고, 그 과정에서 두 형제를 어머니와 격리할 수 있는 충분한 증거를 확보하려 했다.

내가 개입한 기간 역시 이 사례에 깊이 관여한 다른 전문가들과 밀접하게 일하면서 그 상황을 개선해 보고자 모든 것을 시도했다. 로버츠 부인은 현재 아동들이 가족 문제의 축이라고 비난하면서, 로버츠 부인의 욕구와 관련한 원조에 접근하는 것을 거절하였다. 로버츠 부인을 위한 상담 약속과 약물 및 알코올 팀에 의뢰하고자 하면서, 아동보호 계획의 일부로 로버츠 부인을 데려와서 참여하도록 하기 위하여 노력하였다.

시간이 흐르면서 로버츠 형제들의 위험천만한 행동은 눈에 띄게 증가하였다. 자신들의 어머니가 술에 취해 인사불성으로 소파에서 자는 동안 로버츠 형제들은 커튼에 불을 질렀다. 형제들은 점점 스스로 생활을 꾸려 갔으며, 날카로운 돌로 콩 통조림을 세게 내리쳐서 손으로 그 내용물을 먹고 있는 것을 목격하기도 하였다. 큰 아이는 약물중독치료센터 밖에서 자주 나타났으며, 두 차례나 주머니에 돈을 가득 채운 채 택시를 타고 집으로 돌아온 적이 있었고, 두 아이들이 구걸을 하고 음식을 훔칠 우려가 있는 것으로 파악되었다. 이뿐만 아니라 형제들은 타 버린 자동차나 버려진 건물에서 잠을 자기 시작했지만, 어머니는 실종 신고도 하지 않았다. 이 아이들을 돌볼 수 있거나 돌보려고 하는 다른 적당한 가족은 없었다.

이것은 앞으로 생길 재앙을 예고했다. 나는 여러 번에 걸쳐 팀장에게 이 형제들에게 공간을 제공하여 수용할 필요를 주장하였다. 그는 동의는 했지만, 매번 토론 끝에는 그럴 수 없다는 고위 관리직들의 결정을 가지고 왔다. 내가 주장을 굽히지 않은 덕에, 이 사례를 부국장과 이야기하게 되었는데, 그는 가정위탁이나 아동양육시설 입소는 모든 핵심 사정(core assessment, 아동과 가족에 개입하는 모든 전문직의 전문적 지식을 포함하는 다기관 사정-역주)을 반드시 실시해야 한다고 말했으며, 이 사정 작업에는 거쳐야 하는 두둑한 서류들이 포함되어 있었다. 나는 일단 다른 사례를 제쳐 두고 대량의 서류 작업에 몰두하였다. 그날은 금요일이었고, 엄밀히 따지면 나의 주말 근무는 이미 지난주에 마친 상태였으로 주말에 근무할 필요는 없었다.

위험을 감수할 것으로 추정되는 문제는 발생하지 않았다. 일은 잘 진행되어 갔다. 아동이 비참한 현실에 처해 있다는 것은 안타까운 일이지만, 대체로 이러한 문제는 그들 부모의 책임이지 국가의 책임은 아닌 것으로 여겨진다. 그러나 나는 내가 직접 본 것에 근거하여 많은 관심을 기울였고, 관리직 결정에 따라 증거는 사례 파일에 서류로 잘 보관되었다. 그 아이들의 사회복지사로서 나의 의무를 신중히 이행했고, 언급한 서류를 집으로 가져갔다. 나는 이 사례를 '완벽하게 처리하기' 위하여, 모든 수단을 강구하여 주말 내내 일했다.

로버츠 형제가 현재 거주하는 구역에 대한 익숙함을 고려할 때, 그대로 이 지역에 남는다면 여전히 위험에 처할 것이 명백했기에 다른 지역으로 배치하는 것이 필요하다고 생각했다. 그러나 그것은 거부되었다. 결국 나는 가정위탁 팀으로 넘길 서류를 완성하기 위하여 월요일에 일찍 근무 교대를 한 후 세 시간 동안 시간 외 근무를 했다. 그러나 이용할 수 있는 지역 내 위탁가정이 없어서 그다음 날 나와 동료 한 명은 로버츠 형제들을 다른 지역에 데려다 주었는데, 왕복 세 시간이 걸리는 곳이었으며, 한 아이가 그곳에 도착하자 잠시 종적을 감추어서 우리는 새벽 1시에 돌아왔다.

나는 그 주에 큰딸의 생일과 나의 결혼 기념일을 잊어버렸다. 바보처럼 들리겠지만, 나는 항상 아이들을 방문하거나 전화를 해서 생일 축하 곡을 불러 주어 다 큰 아이들을 깜짝 놀라게 했기 때문에 내가 아이들의 생일을 잊고 있었다는 것을 알아차렸을 때 몹시 당황하였다. 나는 선물을 대신해서 꽃다발, 사과의 말, 축하금을 가지고 길을 재촉하면서 끔찍한 기분을 느꼈다. 마틴은 달래기가 더 힘들었고, 이틀이나 말을 걸지 않았다. 그는 꽃과 포도주를 사고, 카드를 준비하였으며, 그날 밤 특별히 휴가를 냈다. 밤늦게 집으로 달려갔을 때, 완전히 지쳐 버려서 방해가 되어 버렸고 결국 말다툼을 했다. 그 주에 아담도 거의 보지 못하여서 나는 모든 사람에게 미안하였다. 나는 그다음 주에 모든 사람에게 보상을 하려고 노력했고, 완전히 지쳐서 초라해진 느낌이었다.

로버츠 형제들의 사례와 관련하여, 내가 6주간의 법정 방문(1989년 및 2004년 「아동법」에 의거하여 사회복지사가 6주 간격으로 위탁가정을 방문하는 규정−역주) 규정을 준수했다면, 이 사례를 파악하는 데 소요된 두 달보다 더 긴 시간이 필요했을 것이라는 사실을 깨달았다. 그럴 경우 나는 다른 사람이 표현하는 우려에 의지하고, 적극적으로 일하려 하기보다는 반응적으로 일하면서 천천히 서류 작업을 완성하려 했을 것이다. 나는 이런 방식으로 일하는 방법을 몰랐다. 지금도 그러하다. 더구나 알고 싶지도 않다. 이것은 '보려 하지 않으면 보이지 않는' 법이며, 당신이 꼭 어느것을 할 필요는 없다는 것을 의미한다. 그 결과 담당 사례 수는 두 배가 되더라도 제대로 수행한 것은 없지만 모든 사례에 대해 책무성 있는 실천을 하였다.

나는 이 형제들이 재난을 피했다고 확신했기 때문에 내 책임을 다하는 것에 대해 해명하지 않았다. 내가 의문스러운 것은, 차라리 그 아이들이 자신의 어머니로부터 의도적인 상해를 입었다면 격리하는 것이 적법 절차이므로 그 형제들은 즉시 격리되었을 것이다. 이 사례와 관련하여 엄청난 양의 서류를 작성하도록 한 것은, 아동보호 조치라는 피할 수 없는 결과를 중지하려는 의도적인 시도이자, 전문적 판단에 대한 총체적 무시라고 생각하였다. 물론 로버츠 형제들을 조치하기 위한 서류 작성을 마무리해야 했고, 로버츠 부인에게 '임의 입소(voluntary accommodation, 지방자치단체에 의한 조치가 아닌 부모가 자발적으로 보호를 요청하는 것으로, 지방자치단체가 부모의 친권을 제한하지 않음–역주)'가 아이들에게 최선이라고 설득해야 했다. 내가 담당한 다른 사례를 처리하기 위하여 그 주일의 남은 날들을 2교대로 일해야 했다. 나는 최근의 '방임 아동'에 관해 교육을 받는 도중에 이 사례가 떠올랐다.

저명한 강사들이 방임이 심각한 아동에게 미치는 신체적·심리적 영향을 참석자들에게 설명하였고, 그 문제에 대해 깊이 조사해 나갔다. 그러나 고리타분한 것들이 지적되었는데, 전문가들 사이의 의사소통의 부족, 경험 없는 복지사들, 지식의 부족 그리고 학대 상황의 악화를 인지하지 못하는 것 등에 대한 논의가 진행되었다. 법적인 관점에서, 가족이라는 것에 대한 사회복지사들의 지식 부족과 더불어 정리되지 않은 사례 파일의 끔찍한 문제가 조명되었다. 그날의 내용에는 사회복지사의 '일반 상식'에 대한 심각한 모욕이 내포되어 있었다. 주어진 업무의 복잡함을 전제할 경우, 불가능한 업무량에 대한 언급은 모든 것을 고려한다면 립 서비스였다. 내가 아는 한 그 강사들은 이미 개종한 사람들에게 전도하는 듯한 강의를 하였을 뿐이고, 고위 관리직들은 대부분 참석하지도 않았다. 은유적으로 말하자면, 나는 상급생 심부름을 하는 하급생이었다는 점에서 참을 수 없었다. 나는 그 강사들 중 한 명이 떠나려 할 때 그녀를 주차장에서 잡았다. 그녀는 자신이 실천가였을 때부터 충분히 이해했다고 나에게 말했다. 나는 그녀에게 지금은 더 많은 서류의 도입, 정부가 요구하는 목표치, 수행지표 그리고 더 이상 관여할 시간이 없는 좋은 실천에 대한 증거를 요청하는 통계자료 때문에 상황이 훨씬 더 악화되었다고 말했다.

어쨌든 그 당시 나는 다시 업무를 '따라잡고자' 하였으며, 로버츠 형제들에게서 눈을 뗄 필요가 있는 일련의 불행과 문제에 직면했다. 그 후 몇 달 동안 상황은 나아지지 않았고 더 많은 변화가 있었다. 부국장이 다음 팀 회의에 참석해서 '어떤 상황인가' 그리고 '어떻게 가장 잘 전달할 것인가'를 고려하는 '가족지원'과 관련한 위원회가 구성될 것이라고 발표했다. 나는 경험이 있는 사람이 그 위원회에 포함되는 것이 유용하다는 제안을 조심스럽게 하였으나, 부국장은 미동이 없었다. 다만 짐작할 수 있을 뿐이었다. 우리는 전혀 듣지 못하였다. 결정 내용은, 필요하다면 팀 내에서 사회복지사 자격증을 갖춘 구성원이 그 팀의 사례 중 아동학대 조사 업무를 담당하는 것이었으며, 이것은 예전에는 다른 팀의 업무였다. 또한 보호 조치를 받고 있는 아동들을 다른 곳으로 옮기는 것과는 반대로 그 팀에서 계속 담당하는 것으로 하였다. 한 명은 최근에 가정위탁 팀으로 옮겨갔고, 그 당시 사회복지사 자격을 갖춘 직원은 세 명이었다.

늦게라도 깨닫는다는 것은 좋은 것이지만, 딱히 그 무렵의 깨달음은 나에게 도움이 되는 것 같지 않았다. 비용 상승 문제 때문에 배치할 가정이 여유가 생기자마자 로버츠 형제들을 다시 그 지역에서 데려오라는 지시를 받았다. 나는 이것이 그 아이들에게 최선이 아니라는 것을 입증하는 보고서를 만드는 데 대부분의 시간을 보냈고, 그 보고서에 내용을 더 보태 주었던 상담치료 정신과 의사의 도움을 요청하였다. 하지만 그 또한 별 효과를 거두지 못했고, 나는 팀장 사무실로 호출되었는데, 팀장의 상관이 자신으로 하여금 나를 '자제시키라'는 지시를 내렸다고 하였다. 이때쯤 두 소년들은 그 지역에 무척 잘 적응하여 학교에 다니면서 자신의 양육자와 좋은 관계를 맺어 가고 있었다. 아아, 우리가 만든 상처의 충격을 이해하도록 하는 훈련을 받는 것 말고는 나오미와 일한 이후로 변한 것은 없었다. 그럼에도 나는 내 일에 대해 여전히 헌신적이었고, 나 자신은 일상적으로 반복되는 쳇바퀴 같은 일을 하면서 확실히 자리를 잡아 나갔다.

우습게 들리겠지만 나는 일하러 나가면서 더 이상 노래를 부르지 않았고, 그것을 알아차리지 못할 만큼 무척이나 숨 가쁜 시간을 보냈다.

12
과중한 업무로 4개월간 결근하다

일이 완전히 틀어지게 된 게 언제인지를 정확하게 말하기는 어렵다. 상황을 제대로 파악할 수 있는 위치에 있을 때는 오히려 더욱 어렵다. 내 힘껏 최선을 다했지만, 돌파구가 있을 것 같지 않았다. 그럴 때면 나는 그 주만 넘기면 만사가 잘 풀릴 것이라고 수없이 생각했던 것으로 기억한다. 하지만 그 생각은 틀렸다. 나는 그 팀에서 세 명의 유자격 사회복지사 중 헬렌(Helen)이 지옥으로 추락하는 것을 이미 지켜봤다.

헬렌은 아주 복잡한 사례를 맡았는데, 그것은 아동 보호 절차(care proceedings)의 초기 단계에 있었고, 그것에 대해 완전히 준비되어 있지 않은 상태였다. 나와 마찬가지로 그녀는 가족지원 사회복지사(family support social worker)로 '고용되었고', 따라서 법정 업무에 대해 전반적인 지식과 경험이 부족했다. 더욱이 팀장과 부팀장은 우리보다도 소송 절차에 대한 지식과 경험이 더 부족한 실정이었다. 아동

197

보호 업무에 대해서 우리 세 명은 관리직보다 더 많은 지식과 경험이 있었으나, 이것 또한 우리로 하여금 궁지로 몰아넣는 이유가 되기도 했다.

변화는 상당한 시간에 걸쳐 느리게 일어났으며, 그 팀의 지원의 필요성에 대해 그 누구도 깊이 고려해 보지 않았다. 사실 그것은 문제로 인식조차 되지 않았다. 본청 사회복지 팀은 곤경에 빠져 있었고, 우리가 도움을 요청하는 그 팀은 쌓여 가는 업무량을 감당하기가 심히 벅찼다. 고위 관리직으로서는 그 부족한 인력을 투입할 수 있었던 세 명의 사회복지사를 보유하고 있었다. 우리 팀장들은 전혀 잘못이 없었다. 그들 또한 우리만큼 난감했지만, 곧바로 열심히 대처해 나갔다. 우리가 필요로 하는 전문 지식은 우리 팀에서 소용이 없었기 때문에, 우리는 지침과 지원이 필요할 때마다 관리직의 지시에 따라 다른 팀에게 지원을 요청했다. 우리가 지원을 요청했던 그 팀의 사회복지사들 또한 과도한 업무량을 감당하고 있어 그다지 성공하지 못했으며, 그 팀 사회복지사들은 현장 사회복지직 월급을 받으면서 '관리직 업무까지 지원'을 해 달라는 요청에 대해 짜증을 내고 있었다는 사실을 뒤에 알게 되었다. 그 결과 나는 종종 냉대를 받았고, 나의 팀장에게 자문하라는 말만 반복해서 들을 뿐이었다. 우리는 결국 다른 부서에 질문하는 것을 중단하였고, 모든 일을 시행착오를 거쳐 체득해 나갔으며, 이런 방식은 참으로 지루하고 불안을 유발하면서 업무 처리 시간은 더욱더 늘어났다.

그때쯤 우리 팀장은 (정부 요구에 따라) 자격 취득 후 과정(Post-Qualifying Course)을 이수해야 하는데, 우리 셋 중 한 사람이 그것에 즉시 시작해야 한다고 통보했다. 헬렌은 적합한 상황이 아니었으며, 아니타(Anita)는 보고서를 작성하는 업무가 세 달 이상 밀렸기에 거절했고, 결국 나만 남았다. 그 당시 내가 뭘 생각했는지 모르겠다. 돌이켜 생각해 보면, 업무에 대한 책임 외에 다른 것을 생각할 만한 시간적 여유가 없었고 업무를 계속 추진할 따름이었다. 나는 법정 절차와 보고서 양식에 점차 익숙해졌으며, 새로운 역할에 맞춰 나갔기 때문에 업무를 신속하게 처리해 나갈 것이라 생각했다. 내가 나 자신을 얕봤는데, 왜냐하면 이 일을 어떻게 보든 간에 시간이 너무 부족했기 때문이다. 게다가 자격 취득 후 교육의 일부는 사회복지사들이 '우수 실천(good practice)'에서 역량을 입증하기 위한 학술 훈련으로, 그리고 일부는 사회복지 전체의 전문직 프로파일의 관점에서 '수준을 향상시키려' 계획되었다. '근무 중'에 배울 수 없었던 새로운 학습 내용이 없었고, 첫째 날 나는 첫 번째 교과목이 '차별'과 관련되었다는 것을 알게 되었다. 이러한 학술 훈련의 목적은 개입했던 사례를 바탕으로 우수 실천의 '증거'와 더불어 차별의 원인과 영향에 대한 이해를 자세하게 밝히는 글쓰기 작업을 수행하는 것이었다. 나는 마음 깊숙이 소리 없는 비명을 질렀지만, 그것은 내가 극복해야만 하는 장벽으로 인식하기로 다짐했다.

지나고 나서 보니 나를 포함한 우리 팀은 우리가 개입했던 가족보다 점점 더 역기능적이 되어 갔으며, 이것은 아니타와 나에게 주로 영향을 미치게 되었다. 마틴과의 관계는 함께 보내는 귀중한 시간이 적어서 점점 소원해져 가고 있었다. 내가 원하는 만큼 자녀들과 손자녀들과 함께할 시간이 부족했고, 아담과도 역시 좋은 관계를 유지하

지 못했다. 이때쯤 벳과 그녀의 남편이 웨스트 카운티(West County) 에서 일자리가 없어 우리 동네로 이사를 왔다. 나는 그녀와 나머지 가족을 만날 시간이 없었고, 내 자신이 이기적인 사람으로 느껴졌기 때문에 비참했다. 오직 나만 언제나 업무를 수행할 수 있었기에 한 꺼번에 너무 많은 일을 하고 있었다. 가족과 보내는 1분은 항상 자기 전에 마무리해야 할 서류 더미가 있었기에 1분을 덜 자는 것을 의미 했다. 물론 여전히 아담을 도와야 했고, 최선을 다했다. 불행히도 직 장생활과 가정생활의 균형을 맞추기 어려워져서 내가 특별한 목적 을 위해 시간을 마련하고자 할 때 아담이 기꺼이 협조하지 않으면, 나는 점점 더 심하게 화를 내기 시작했다.

이런 와중에 제스가 셋째를 임신했는데, 6주 빨리 조산하여 황급히 병원에 입원했다. 그녀가 몇 주 동안 몸이 좋지 않았기에 걱정을 많 이 했다. 그 후 2주 동안 나는 직장과 병원 그리고 아담 사이를 정신 없이 뛰어다녔고, 잠자는 것 외에는 집에 있어 본 적이 없었다. 내가 시간을 낼 수 없었기에 마틴이 다른 가족을 데리고 병원으로 다니는 일을 도맡아 했다. 제스의 남편에게 진통을 겪고 있다는 전화를 받았 을 때 나는 일을 하고 있었다. 조산사가 내가 분만을 도와주는 것을 허락했고, 몇 시간 뒤에 예쁜 아이 앨리시어(Alicia)가 모습을 드러냈 다. 나는 복잡한 기분으로 병원을 나섰다. 나는 기쁘고 마음이 놓임 과 동시에 지치고 어찌할 바를 몰랐다. 또한 근무 시간을 많이 허비 했음을 알고 필사적으로 만회할 필요가 있었으며, 병원으로 돌아가 기 위해 한 시간 정도 쉬면서 밤늦게까지 일했다.

제스가 퇴원한 뒤에도 앨리시어는 몇 주 더 병원에 남아 있었다. 제스가 집으로 왔을 때, 나는 제스를 돌보기 위해 휴가를 냈다. 앨리시어는 대체로 조용하고 꿀잠을 자는 아이여서 지친 제스 옆에서 낮에는 종일 자고 밤에는 깨어 있었다. 우리는 낮에는 수유 등을 위해 앨리시어를 깨우려고 했고, 나는 밤에 아기를 돌보기로 나름의 계획을 세워 나갔다.

동시에 제임스는 다시 술을 마시기 시작했다. 그는 '한 병'을 마시러 술집에 출입하기 시작하였지만, 곧 밤에 퇴근하고 매일 밤에 570cc 맥주를 서너 병 마시던 때로 되돌아갔다. 이 일은 아담과 그를 걱정하는 가족에게 상당한 영향을 주었다. 아담은 생부와 살고 있었고, 술집에서 돌아온 아버지로부터 나쁜 영향을 견뎌야 했으므로 가장 큰 타격을 받았다. 술에 취했을 때 제임스는 아담에게 살날이 길지 않다고 말했다. 생부의 문제가 무엇이든지 간에 아담은 그것을 감내할 수 없었고, 이미 자신의 문제만으로도 버거웠기에 나는 무척이나 화가 났다. 나는 아담이 집으로 돌아오기를 원했지만, 당연히 그는 자기만의 공간을 가지는 데 익숙했고 좋든 싫든 적어도 자기 아버지와 몇 년간 부자 관계를 형성했다. 나는 술을 마시고는 제임스가 스물세 살 이후 이런 말들을 해 왔으며, 제임스가 같은 말을 제스에게 함으로써 제스의 스물한 번째 생일을 망쳤다고 아담에게 말했다. 곧 제임스가 아담을 데리고 나가 술로써 자신의 어려움을 부채질하기 시작했다. 물론 제임스와 마찬가지로 알코올이 아담의 문제를 악화시키고 증폭시켰으며, 나는 개입하는 데 무력감을 느꼈다. 당분간 아담은 아버지의 술친구가 되었고, 나는 뒤로 한발짝 물러서서 그 문제가 자연스럽게 종결되기를 바라는 마음이었다.

나는 테스코(Tesco, 영국의 대형 유통업체로 점포명은 홈플러스임—역주)에서 근무하기를 바랐다. 최소한 하루 종일은 아니지만 풀타임으로 일하기를 바랐다. 나의 스트레스 지수는 치달았고, 가족이 나를 필요로 할 때 그곳에 있으려고 노력했지만, 회고해 보면 나는 항상 내가 해야 할 일로 이미 가득 차 있었기에 그들도, 나도 함께하는 것에서 어떠한 즐거움을 얻지 못했다. 내가 계속 지쳐 있었고 어떤 일도 여유롭게 할 수 없었기에 마틴은 항상 내 뒤에 있었다. 나에게 시간은 고려사항이 아니었고, 내 머리를 빗을 시간만 있어도 나는 다행이었다. 그것은 어느 토요일 밤에 정점에 이르렀다. 나는 내가 등록한 자격 취득 후 교육과정에 필요한 글쓰기 작업을 하려고 침대에 앉아 있었다. 내가 너무 바빠 함께 갈 수 없어 말다툼이 있은 뒤에 마틴은 혼자 한잔하러 나갔다. 나는 그날 많은 시간을 '조직'의 밀린 문서를 작성하면서 보냈고, 아담은 그날 우리와 함께 있었다. 밤 10시가량에 아담은 자신의 불안감에 대해 이야기를 나누고자 위층으로 올라왔고 심히 초조해했다. 나는 그때 매우 지쳐 있었고 내가 얼마나 바쁜지에 대해 그에게 소리를 지르기 시작했다. 소리를 지르면서 나는 깨달았는데, '도대체 내가 무슨 일을 하고 있는 거야?'라는 의문이 들었다. 나의 직업적 책임감이 나를 사로잡았고, 심지어 내 개인적인 삶도 없었다는 것을 대부분 인정했으며, 근무 시간이 아닐 때 나에게는 가족이 우선되어야 한다는 확신이 들었다. 당연히 한 달에 한 번 오후에 대학교에 등교했지만, 업무량이 줄어들지 않았다. 나는 수강 등록을 취소해 달라는 전화를 했다. 며칠 뒤 지도교수가 전화를 해 그 이유를 물었다. 나는 내 업무가 개인적인 시간을 이미 많이 뺏어 갔다고 설명하였고, '조직' 근무 시간에 맞춰 교육과정을 이수하는 것이 가능할 때 다시 복학할 것이라고 말했다.

나와 마틴은 그리스로 휴가를 갔지만, 그것이 즐거운 경험은 아니었다. 대부분의 시간을 침대나 풀장에서 잠을 잤고, 안정을 취하는 데 상당한 어려움이 있었다. 식사를 위해 나가는 것 외에 나는 저녁 시간에 숙소에서 지내거나 발코니에서 책을 읽으면서 어디로 가야겠다는 열정을 끌어낼 수 없었다. 나는 사람들을 사귀고 싶지 않았고, 세상사에 대해 '이야기하고' 싶지도 않았다. 직장에서처럼 뭔가를 얻기 위해 열심히 일해야 했고, 복귀하면 기존의 업무를 해야 한다는 것을 알았다. 마틴은 대부분의 밤에 혼자 외출했다. 어쨌든 그는 일 년 내내 휴가를 기다려 왔다. 나는 나도 모르는 사이 나의 현재 가족에게 예전에 제임스가 나에게 대했듯이 대하기 시작했다. 그의 태만은 알코올중독으로 인한 것이었지만, 나의 태만은 '업무'라는 미명하에 자행되었다.

그때까지 나는 유머 감각을 잃어버렸거나 적어도 일시적으로 잊어버렸다고 생각했다. 사무실에서 우리는 핫데스킹(hot-desking, 업무가 부과될 때만 책상을 이용하게 하는 방법-역주)—우리가 하는 업무에 대해 전혀 모르는 타인이 생각해 낸 개념—을 하고 있었다. 이것은 우리 자신의 책상이 없다는 것을 의미했다. 책상 위에 많은 서류와 파일을 두고 클라이언트를 방문하려 외근하고 돌아오면 다른 직원이 컴퓨터를 사용하고 있고 나의 서류와 파일은 특별한 순서 없이 다른 자리로 옮겨졌다. 물론 '빈자리를 소유한다'고 주장하며 다른 사람에게도 그렇게 해야 했다. 다시 자리를 정돈하는 데 많은 시간이 걸리

곤 했다. 또한 우리가 살고 있는 지역 내의 '고발 문화(suiting culture)'에 대한 우리 조직의 두려움 때문에, 반복되는 염좌와 기타 부상을 피하기 위해 의자를 정확하게 맞추는 시범을 보여 주려고 직원들이 지방자치단체 건물 곳곳을 돌아다녔다. 나는 업무량 때문에 화장실에 갈 시간도 없고, 우리가 '핫데스킹'을 하기 때문에 하루에 몇 번씩 의자와 자세를 조정할 기회는 없을 것이라고 그 직원에게 반쯤 히스테릭하게 말한 기억이 난다. 핫데스킹이 누구에게도 문제가 되지 않았기에, 결국 우리는 의자를 조절하는 훈련을 받았으며, 지방의회는 어떤 부상이 발생하더라도 책임을 졌다.

우리는 직무만족도와 자신의 의무를 수행할 때 '조직'이 도와줄 수 있는 것에 대한 설문조사를 실시했다. 나는 망설이지 않고 업무량의 감소는 개인적 수준에서뿐만 아니라 경험 없는 비정규직을 고용하고 이로 인한 사회복지국의 비효율성을 초래하는 계기가 된 사회복지사들의 대량 이직 사태를 저지하는 데 크게 도움이 될 것이라고 제시했다. 나는 통계 자료가 출판되더라도 자료 수집 이후 조작되거나 잊어버릴 수 있기 때문에 별 영향이 없다는 것을 알고 있었다.

'직원보호 방침'의 일부로서, 건강한 생활방식과 직장/가정의 조화를 달성하는 계획 및 조언과 더불어 무료 온라인 건강 사정과 진단을 제공하였다. 나는 몹시 화가 났다! 내가 질문하면 모든 사람이 눈치를 보면서 답을 했지만, 나는 사회복지사에게 도움이 되는 내용을 듣고 싶었다. 물론 통계치는 고용 형태별로 분류되지 않았기 때문에 정보가 유용하지 않았고, 이 새로운 계획은 크게 성공한 것으로 발표되었다. 나중에 지방의회의 목표량을 맞추기 위해 무료 만보기와 물병을 나눠 주고 바구니에서 과일 조각을 나누어 주는 지방의회 직원의 방문이 있었다. 물론 이러한 계획은 문제 해결과는 거리가 먼 것이며, 또한 사회복지국이 사회복지사를 질병에 걸릴 수 있는 조건 속에 방치했다는 것을 의미했다. 나는 다른 팀에 있던 사회복지사들에게 업무량에 대해 이의를 제기하도록 시도했지만 성공을 거두지 못했다. 나는 신입 사회복지사들은 직무를 '학습'하는 데 집중하고 있었지만, 다른 사회복지사들은 아주 빠르게 이직하게 된 이유를 이해할 수 있다.

반면 헬렌(Helen)은 88 사이즈에서 55 사이즈로 체중이 줄었고, 머리카락이 무더기로 빠지기 시작했으며, 일주일에 평균 80~90시간을 일했다. 심리적 붕괴로 인하여 불안정한 상태라는 것을 모든 사람이 알았다. 그녀가 정말 그렇다면, 유일한 한 가지 은총은 그녀가 걱정할 자신의 가족이 없다는 사실이었다. 우리 팀은 많은 상충되는 기능을 수행했는데, 배후에서 우리끼리 만나서 대응할 수 있는 체계를 갖지 못했다. 또 다른 팀의 한 경험 많은 사회복지사는 나에게 그것은 우리 잘못이라고 말했는데, 왜냐하면 서류 작성을 하고, 회의에 참석하고, 그 사례를 '관리' 하는 대신으로 우리는 그 가족이 문제를 해결하도록 노력하고 있었기 때문이라고 했다. '이런, 망할! 내가 그때 그것을 잘못했다.'

어쨌든 헬렌은 자신이 관리직으로부터 지원을 받지 못한다고 생각했기 때문에 다른 팀으로 자리를 옮겼다. 그녀는 괜찮은 서비스를 제공하기 위해서 여전히 더 많은 시간을 투자하고 있으며, 그 일이 평생 해야 할 일이라고 생각하는 듯했다. 부팀장이 뇌졸중을 일으켰고,

결과적으로 다른 직위를 얻었으며, 팀장은 우리 팀에 모든 관심을 상실했고 완전히 낙담한 것 같았다. 나는 그를 안쓰럽게 여겼다. 우리 팀은 다른 지방자치단체가 모델을 삼을 정도로 성공적이고 혁신적인 팀이었다. 그는 나와 마찬가지로 이것이 필생의 사업이었기에 엄청난 충격을 받은 것이 분명했다.

헬렌이 타 부서로 전출한 뒤, 나는 법정 업무를 했고, 문화적 차이와 언어 장벽으로 더 다루기 힘들고 복합적인 사례가 할당되었다. 나는 번역을 해 주고 문화적 측면에 대해 조언을 해 줄 동료를 찾기 위해 애썼다. 결국 그 동료는 헬렌의 가족과 같은 회교성원(Mosque)에 다녔고, 지역사회 내 가족의 지위 때문에 괴롭힘을 당하고 있었기에, 내가 담당하는 사례에 대한 동료의 개입은 매우 제한적으로 이루어졌다. 이것은 나에게 업무는 더욱 증가하지만 외부로부터 전혀 지원을 받을 수 없다는 것을 의미했다. 심지어 법정 보고서 양식에 접근할 수 없었고, 도움을 줄 사람을 찾을 수 없었다.

더욱 심각하게도, 법원이 지명한 '소송 후견인'(그때는 그렇게 알려진)은 내가 실수하게 만들었고, 나를 거의 멍청이처럼 취급하는 것을 즐기는 것 같았다. 그 소송 후견인과 아동을 담당한 변호사는 친한 친구였으며, 내가 말하는 것을 완전히 무시했다. 사실상 나는 거의 눈에 띄지 않았다. 예를 들어, 그 가족은 뇌에 이상이 있다고 주장하면서 그 아동을 불신했다. 소송 후견인과 변호사는 그 아동이 사실 똑똑했지만 그렇게 똑똑하지 않다고 주장하면서 이런 관점을 부분적으로 믿으려는 것 같았다. 법원 대기실에서 그 둘은 자신들을 혼란스럽게 했던 역사적인 일과 상황을 토론하면서 공모자처럼 나란히 앉왔을 것이다. 종종 나는 답변을 했지만, 그들은 묻지도 않았고 대부분 나를 무시했다. 나는 그들에게 말을 하지 않았다.

　오랜 시간 동안 올리비아(Olivia)는 나와 함께 있었으며, 그녀가 처한 환경에 대한 복잡성과 미래에 대한 두려움을 알고 있었기에 나를 신뢰하게 되었다. 올리비아는 잉글랜드에서 태어났고, 그녀의 가족과는 다르게 자신의 정체성 측면에서 꽤 서구화되었으며, 가족의 모국에 대한 관심도 별로 없었다. 올리비아는 자신의 미래에 영향을 끼칠 수 있는 논쟁이 될 쟁점이라 생각되면 소송 후견인이나 변호사의 질문을 이해하지 못하는 척했다. 소송 후견인과 변호사가 그녀의 가족에게 오랫동안 관여해 왔기에, 나는 올리비아가 자신의 가족으로 돌아가는 것을 두려워하며 그 단계에서 그녀가 말한 모든 것이 그녀에게 불리하게 작용할 것이라는 것을 알고 있었다.

　결국 올리비아가 담임선생님에게 어느 날 아침 일찍 깨어 보니 형부가 자신에게 자위행위를 하는 것을 발견했고 그 결과 잠옷이 '젖었다'고 폭로하게 되면서, 우리가 처음으로 그 가족에게 개입하게 되었다. 담당 부서의 우려에 대한 올리비아 아버지의 해결책은 사위 편을 드는 것이었고, 사위가 집에 올 때마다 올리비아를 그녀의 방으로 보내는 것이었다. 결과적으로 올리비아는 성인들과의 상호작용에 대해 거리를 두고, 누구에게 무엇을 말할지를 조심스레 생각했다. 또한 그녀는 나에게 소송 후견인이나 변호사가 마치 자신을 멍청이처럼 대했기 때문에 그들과 잘 지내지 못한다고 말했다. 내가 설명하려고 했을 때 소송 후견인은 나를 무시했고, 올리비아가 지도에서 가족의 고향에 대한 지리적 위치를 확인할 수 없다는 사실이 올리비아가 이

해를 못했다는 가정에 무게를 더해 주는 것 같았다. 그와는 상반되게, 학교 성적부에 관심을 갖고 살펴보았다면 알 수 있듯이 올리비아는 무척이나 똑똑했다.

나는 올리비아를 런던 교외에 있는 어느 확대가정에 위탁양육했는데, 이로 인해 내가 법정 방문(법정가정방문은 1989년 「아동법」에 의거하여 위탁가정 배치 첫 주 1회, 1년간 매월 1일, 1년 이후 3개월마다 1회 이상 실시하도록 규정됨-역주)조차 실시하기 어려웠다. 그래서 나는 올리비아를 황급히 잠깐 만났을 뿐이고, 내가 아무리 많은 시간 일을 할애해도 그녀의 근황을 자세하게 주고받기 힘들었다. 내가 다루고 있는 사례의 혼란스러운 본질 때문에 서류 작성이 계속 늘어나는 이런저런 클라이언트가 내 도움을 필요로 할 것 같았다. 올리비아의 위탁가정 양육자와 대화를 하기 위해 올리비아를 방문해야 했는데, 당연히 런던의 기차역에서 한 통역사와 약속을 잡아 함께 가야 한다는 것을 의미했다. 그것은 왕복 15시간의 여행이었고 힘들었으므로, 나는 다음날 휴무를 받았다. 하지만 불행히도, 그 휴무를 받기 위해 훨씬 더 많은 일을 해야 했다.

'모양새가 좋지 않고' 예산 낭비로 여길 수 있었기에, 나의 근무 시간을 절반으로 줄일지라도 담당 부서가 항공료를 지불하지 않을 것이라는 통보를 받았다. 기차를 세 번 갈아타야 했으므로 비행기를 타는 것이 실제로 더 저렴했다는 사실을 나중에 알았을 때, 나는 무척화가 났다. 더욱이 법정에서 소송 후견인과 올리비아의 담당 변호사가 함께 1박 2일 일정으로 그녀를 방문하였다는 정보를 우연히 들었다. 그 출장 비용은 의심의 여지없이 우리 조직(사회복지국-역주)에서 지급한 것이었다! 나는 분개했다. 심지어 그들은 시내에서 쇼핑을 한 다음에 '점심'을 같이하기도 했다. 다시 한 번 소송 후견인이 나의 발인을 들으려 하지 않은 것에 대해 그녀와 열띤 논쟁을 벌인 뒤에, 나는 조언을 구하기 위해 지방자치단체 소속 변호사에게 전화했다. 그는 내가 소송 후견인의 비위를 맞추어 줄 필요가 있음을 강조했다. 그는 말을 들으려 하지 않았고, 그래서 나는 그녀가 그에 대해 말했던 것을 반복했다. 그녀의 정확한 발언은 "법정 경험이 없는 사회복지사와 무능한 지방자치단체 소속 변호사와의 결합보다 나쁜 것은 없다."는 것이었다. 그에 대한 그의 응답은 "그녀가 정신이 번쩍 들게 할게요."였다. 이후는 일이 한결 수월해졌다.

그때쯤 케이티가 동거인과 같이 근처에 자리를 잡았고, 첫아기(하나만 낳을 것이라고 주장했다)의 출산을 준비하고 있었다. 제스는 비록 세 명의 자녀가 있었지만, '조카'가 생긴다는 사실에 매우 기뻐하는 것 같았다. 케이티는 자정에 진통을 했고, 우리는 다음 12시간을 그녀와 함께 있었다. 때가 되자 조산원이 나와 제스가 그 아기를 받는 것을 허락했는데, 그것은 믿을 수 없는 경험이었다. 아기 리아(Ria)가 라디오에서 들려오던 〈여인이여, 울지 마오(No Woman, No Cry)〉(케이티가 7년 전 폴의 장례식에서 연주하기 위해 선택했던)에 따라 태어났다. 이것이 그 아기가 같은 몸무게로, 그리고 정확히 같은 시간에 태어났기에 자신의 존재를 다시 알게 해 준 폴의 방식이라고 생각하고 싶다. 리아의 탄생은 7년 주기로 죽음에 대한 '마법'을 깨는 것 같았다. 폴 삼촌을 기리기 위해, 아기의 가운데 이름을 스칼렛(Scarlet)으로 지었다. 감사하게도 내가 휴무인 날 태어났기에, 그 다음날 출근

하러 가기 전에 충분히 잠을 잘 수 있었다.

나의 쉰 번째 생일이 다가왔지만, 나는 그것에 신경 쓸 여력이 없었다. 내가 담당하는 사례 중 두 명의 청소년이 각각 가정에서의 상황 때문에 자살을 시도해서 아동양육시설에 입소하기로 되어 있었다. 물론 이것으로 막대한 서류 작성이 필요했지만, 더 중요한 것은 그들이 가정 위탁양육자의 부족으로 인해 각기 다른 민간 아동양육시설에 적응하도록 내가 도와주어야 했다는 것이다. 이것은 시간이 꽤 걸렸고, 또한 다른 사회복지사들은 서류 작성을 마무리하고 차량을 준비하고 입소를 시켜 버린다는 것을 알았지만, 나는 그런 방식으로 처리할 수 없었다.

나는 그들과 같이 시간을 보내면서, 신뢰를 갖게 하고 불안을 제거하는 등 내가 할 수 있는 재보증을 했으며, 각종 서류를 집으로 가지고 가서 작업하고 그 다음날 들고 왔다. 내가 아는 한 이것은 그들이 담당 사회복지사로부터 기대할 수 있는 최소한의 것이었다. 사실 다른 방식으로 업무를 하는 것을 고려해 보지 않았다. 물론 나의 '우수 실천'은 비용이 많이 들고, 나의 희생이 뒤따른다는 것을 알았다. 나는 내가 계약하고 월급받은 것보다 약 600시간 이상에 대한 월급을 못 받았다고 계산한다. 물론 나는 그것을 결코 받지 못할 것이다. 우리 조직 내에서 교육 훈련을 실시했을 때 이러한 문제를 제기하려고 했지만 교육 담당자들은 알고 싶어 하지 않았다. 그들 역시 사회복지 현장에서 벗어나 있지만, 사회복지사인데도 불구하고 이전에 그들 자신의 전형적인 모습과 급증하는 업무량의 현실과는 외관상 동떨어진 교육 훈련을 실시하는 데 집중하고 있었다. 그들은 단지 자신들의 직무를 수행할 뿐이고, 달성해야 하고 증거를 제시해야 하는 '성과 지표'가 있을 뿐이었다.

　두말할 필요 없이 나는 이것을 더 이상 참을 수 없었고, 마음이 매우 불편했다. 나는 내가 느끼는 바를 요약한 편지를 작성하여 팀장에게 보냈고 얼마 지나지 않아 내 근무시간이 주당 25시간으로 단축되었는데, 업무를 따라가기 위하여 어리석게도 내 자신의 (무급) 시간을 더 많이 사용하게 되었다. 나는 업무와 관련된 스트레스의 신체적 · 심리적 증상으로 고통을 받았으며, 그것에 대한 대책이 필요하다고 분명히 말했다. 내 담당 사례의 일부는 업무가 이전되었지만, 가엾게도 너무 늦었다. 나는 결국 4개월간 결근하게 되었다. 나는 힘겨운 상태에 빠져 버렸고, 나 자신과 사회복지국에 화가 났다. '스트레스'가 사회복지사의 인사기록에 남는 그렇게 대단한 질병이 아니고, 그것에 대해 사회복지국이 책임질 방법이 없다는 것을 잘 알고 있었기 때문에 그 편지를 더 빨리 쓰지 않은 것에 대해 자책했다. 나는 잘 모르는 희한한 사람들로부터 3년 동안 병가를 사용하지 않고 지낸 것에 대해서 축하하는 편지를 받았다.

　회복은 느리고 고통스러웠다. 나 자신과 나의 능력에 대한 자신감을 상실했다. 하지만 나는 긴장을 풀고 다이어트로 몸을 회복하고 내 앞가림을 하면서 시간을 보냈다. 아담과도 많은 시간을 보냈는데, 그것은 우리 둘 모두에게 좋은 점이었다. 나는 딸들과 손자녀들을 더 자주 보게 되었고, 그것이 내 얼굴에 미소를 돌려놓았다. 마틴은 내가 복직하는 것을 원하지 않았고, 내 자매들, 자녀들 모두 그러했으며, 그들 모두 나에 대해 염려했다. 그럼에도 나는 그렇게 쉽게 포기

하려 하지 않았고, 회복의 다음 단계는 내가 복직할 때 발생할 것이라고 생각했다. 내가 없는 동안 자격을 갖추지 않고서는 우리 팀에서 계속 일할 수 없다는 통보를 받고, 우리 팀의 두 명의 무자격 팀원은 대학으로 보냈다(비록 그들 중 한 명이 자격을 취득했을 때는 예순이었지만).

직장 복귀 첫날, 부국장이 우리 팀 모임에 와서 표면상으로는 '서비스 검토'를 하도록 지시했다. 그녀는 한편으로는 사회복지사 자격교육을 담당하고 있는 네 명의 직원 때문에 우리 팀은 사실상 해체되었으며, 6킬로미터 떨어진 사회복지국 본부에 있는 여러 사회복지 팀으로 분산될 것이라고 발표했다. 나는 큰 충격을 받았다. 뭔가 바뀔 것이라는 생각에 매달렸고, 내가 또다시 혼란에 빠져서는 안 된다고 결심했다. 이번에는 완전히 다른 상황이었고, 내가 이 상황 속으로 들어가기를 원하는지 확실하지 않았다. 복귀 첫날 엄청난 충격이 있었다. 동시에 나는 직업보건 담당자와의 약속에 참석하라는 요구를 받았고, 그곳에서 내가 상담을 원하는지 질문을 받았다. 나는 "왜요?"라고 질문했고, "몰라요!"라는 답을 들었다. 우리 팀장은 조기퇴직을 신청했다.

부국장의 지시에 따라 '아동학대가 아닌' 사례들은 서서히 줄어들었고, 사무실 이동을 쉽게 하기 위해 가능한 한 빨리 종결되었다. 나는 발언했지만, 그럼에도 종결을 하라고 지시를 받은 사례들 중 한두 사례에 대해 복잡한 심정이었다. 우리 팀은 자신의 가족에게 소개한 많은 남자로 인해 자녀들이 위험에 노출된 리즈(Liz)에 대해서는 장기간 개입했다. 리즈의 두 자녀가 이 남자들 중 한두 명으로부터 성적 학대를 받은 것으로 알려졌고, 리즈의 일곱 자녀들 중 상당수가 학습장애를 보였다. 리즈는 취약했고, 자녀들을 보호하는 데 실패했으며, 이 문제에 대처하지 못했다. 나는 최근의 우려 사항에 대한 조사를 위해 그 가족을 다시 만나게 되었다. 우리 팀의 사례 검토가 끝나자 고위 관리직은 '이전' 사회복지사(나)가 곧 그 사례를 종결시켰다고 결론을 내렸다.

돌이켜 생각해 보건대, 우리 팀의 원래 기능이 점차적으로 약화되었으며, 또한 최일선 사회복지 팀(front-line social work team)의 기능으로 대체되었기 때문에 우리 팀을 해체하려는 '큰 계획'이 항상 있었다는 것은 분명하다. 이것에 대한 이유는 재정적인 것이라는 데는 의심의 여지가 없지만, 나는 직원들의 욕구나 희망 사항 그리고 감정과는 무관하게 집행되는 비열한 방법이 싫었다. 그다음 회의에서 나와 아니타는 또 다른 팀으로의 즉각 이동이나 원래 소관 업무를 따르면서 동일한 명칭을 유지하는 한 개의 팀을 구성하도록 도와주기 위한 12개월의 파견 근무 중에서 선택하게 되었다.

신설되는 팀은 무자격 직원들을 신규 임명하는데, 사례관리를 담당하지 않기로 되어 있었다. 우리에게 술 때문에 실직했는지 질문을 하는 그 불쌍한 사람의 과장된 이야기를 우리가 아주 현실적인 상황으로 바로 잡아서, 따져 물어봤지만 그 재수없게 걸린 사람은 대답하지 못했다(그는 소문을 내는 대가를 두둑하게 받아 두 번이나 승진했기 때문에, 나는 그를 불쌍하다고 하기는 했지만 냉대했다). 우리는 매우 위축되었지만 후자를 선택했다. 그것은 우리가 사회복지직 월급을 유지할 수 있다는 것을 의미했다. 앞으로 무슨 일이 일어날지 누가 알았겠는가?

나는 곧 알게 되었다.

13
팀은 해체되었지만 떠나지 않다

나는 이곳 새로운 팀에서 나의 업무를 열정적으로 해 나갔다. 그러
나 불행하게도 복잡한 반응이 있었다. 뒤늦게 깨달았지만 나는 기존
의 관리직이 우리를 위협적인 존재로 인식하였으며, 체계 그 자체로
부터 된통 당한 터라서 자신들의 입지를 보호하고 있다는 것을 알았
다. 가족지원 부서의 팀장들은 그 당시에는 사회복지사 자격을 요구
받지 않았고, 우리가 사회복지사 자격이 요구되는 업무를 담당하기
위하여 그 팀에 들어온 것으로 생각하였다. 모르겠다. 내 입장에서는
성취 가능한 것을 이미 보았기 때문에 나의 '이전' 팀이 지속되기를
바랄 뿐이었다. 비밀리에, 또한 그렇게 비밀스럽지는 않게 나와 아니
타는 12개월의 파견 근무 후에 우리가 그 팀에 남을 수 있는 어떤 방
법이 있기를 바랐다.

나는 우리 팀을 위해서 나의 지식과 경험을 최대한 전달하고자 노
력했다. 팀이 성공하기를 바랐지만, 우리 소관은 그 팀이 꾸려지도록

도움을 주는 것이었지만, 우리는 너무 많이 뒷전으로 밀려나 있었다. 때때로 이것은 큰 좌절감을 안겨 주었고, 관리직의 불필요한 시간 낭비를 초래하는 결과를 가져왔다. 나와 아니타가 완전히 참여할 수 있었더라면 순조롭게 출발하는 데 2년 이상이 걸리지는 않았을 것이라고 확신한다. 나는 관리직이 그들의 서비스를 조직화하고 전달하는 방법을 배우기 위하여, 다른 지방자치단체에서 온 두 개의 유사한 팀과 '연결망을 구성하는 데' 소요된 그 시간을 정확히 기억하고 있다. 이들이 우리의 '이전' 팀을 모델로 하여 서비스를 시작한 팀이라는 사실 외에 잘못은 없었다.

여하튼 우리는 부당한 대우를 받고 있음을 알 수 있었다. 결국 서류로는 아무것도 남기지 않은 채, 처음 12개월 동안 우리는 새로운 팀과 사회복지국의 전체 이익을 위해 우리에게 요구된 것을 하기로 협의했다. 그리하여 사실상 직원은 없고 일만 잔뜩인 한 팀에 3개월간 나와 아니타가 들어갔다. 직원들의 사기는 매우 낮았고, 기존의 사회복지사들 또한 불가능한 사례 업무로 인하여 많이 떠나간 상태였다. 비록 사례관리 전담은 아니었지만(하느님, 감사합니다!), 우리는 약 120개의 할당되지 않은 사례들로 야기된 혼란을 마무리하였고, 사정을 지연시켰다. 또한 우리는 내근 당직 업무를 담당했다. 첫 주에 나와 아니타는 자정과 밤 10시까지 이틀 연속 근무하였다.

셋째 날 오후 4시 30분경에 위기 상황이 발생하였는데, 대체 가능한 직원이 없어 우리는 또다시 야간 근무를 해야 했다. 나는 부국장이 나의 뒤에 서 있는 것도 모르고 신음을 냈다. 그날 밤 나는 아담과 함께 스누커를 하기로 약속했지만, 이 약속을 지키는 데는 일주일이

나 걸렸다. 나는 팀장에게 그날 밤 가족 모임이 있다고 말했지만, 그는 부국장 특유의 경멸하는 어조로 나의 가족도 현재 우리가 개입하고 있는 가족 사례들과 함께 대기 행렬을 세워야 한다고 말해 소름이 끼쳤다. 물론 나는 내가 업무에 얼마나 몰입하는지, 혹은 많은 시간을 초과근무했지만 대가를 돌려받지 못한다는 것을 그녀가 알기를 기대할 수 없었다. 그녀는 나를 알지 못했다. 하지만 나는 그녀를 한 대 갈겨 주고 싶었고, 그녀가 어떤 직원 관리 방침을 실천하고 있는지 알고 싶었다. 다시 한 번 나 자신에게 내가 계속해서 열심히 일할 것이지만, 개인적인 시간을 할애하지 않으리라 굳게 다짐했다.

그 당시 비교적 안정적인 유일한 팀이 있었다. 나머지는 비정규직 직원, 사회복지 업무를 담당했던 경험 없는 직원 그리고 희미한 희망만을 붙잡고 있었다. 경험이 있는 사람은 자신이 담당하고 있는 사례와 관련하여 조직을 유지하려고 굉장히 노력하거나 떠나려고 했다. 그러한 행태는 여전하다. 근무 조건은 끔찍했으며, 만약 이것에 대해 따지지 않는다면 터무니없었을 것이다. 지방정부가 세입을 올리기 위하여 일반인이 주차장에 더 쉽게 접근할 수 있도록 하였기 때문에, 직원 주차는 건물의 최상층으로 제한되었다. 그래서 현실적으로 5층 어디에 위치한 팀들이 다른 곳으로 급히 가는 것은 불가능했다. 주차장으로 가기 위해 엘리베이터를 타고 건물을 나와서 쇼핑센터를 통과해야 했기 때문에 출장에 15분이 더 추가되었다. 뭐랄까, 나는 도보로 10분밖에 걸리지 않기 때문에 건물 외곽의 주차장을 이용할 수 있도록 하자는 누군가의 아이디어보다는 이것이 더 낫다고 생각하였다. 그러므로 1시간의 방문을 마치는 데 이동 시간을 합쳐

팀은 해체되었지만 떠나지 않다 **217**

서 2~3시간이 소요되었다. 이 무렵 사회복지사들은 비용 문제가 있으니 불필요한 전화나 방문을 하지 못하도록 요구받았다. 우습게도 나는 '불필요하게' 어떤 일을 할 시간이 있는 사람을 알지 못한다.

지역 내 지원체계는 전무하였고, 적어도 내가 확인할 수 있는 범위 내에서는 없었다. 사회복지사들의 행방이나 소재에 대한 알림은 되는 대로였고, 뜻밖의 일이 생길 경우 그것을 알기까지는 며칠이 걸렸다. 경험 있는 직원의 부족으로 인하여, 관리직들이 종종 법정에 나가 있어서 팀이 그들을 만날 수 없었다.

병원의 의뢰를 받아서 신생아에 대한 최초 사정을 마무리한 사례가 생각난다. 그 가족은 적대적이고 공격적이었으며, 사회복지국이 장기간 개입하고 있었으며, 그 외 다른 어떤 지원도 거부하였다. 아이의 엄마인 사라(Sara)는 겨우 열다섯 살로 심각한 학습장애가 있었다. 양육을 담당하고 있는 할머니가 항상 자신이 손자들을 돌보고 있으며, 자신의 딸을 보호한다고 주장하였다. 일곱살 된 할머니의 막내딸에 대한 조사 결과, 별 문제가 없는 것으로 나타났으며, 보건소 소속 방문 간호사는 자신이 할머니의 능력을 믿는다고 말하였다. 동시에 할머니는 매일 전화를 해서 핍박을 받는다는 것에 대해 고함치고 화를 내거나 사무실로 찾아왔는데, 나는 그녀의 비이성적인 태도로 인해 칸막이를 사이에 두고 그녀와 앉아 논리적으로 많은 설명을 해야 했다.

그 상황에서 할머니의 책임을 강조하고, 방문 간호사에게 계속 예의 주시하라고 부탁하면서 그 사례를 종결하는 것 말고는 다른 할 일이 없었다. 이에 관리직도 동의했다. 2주 후, 사라가 자신의 자녀를 거칠게 다루며 수많은 상해를 입혀, 병원에 입원하게 되었다. 나중에 사라의 오빠가 그 아이의 아버지라는 것이 밝혀졌다. 나에게는 그 사례와 관련하여 이야기할 사람이 주위에 없었고, 나는 전혀 지원을 받지 못한다는 느낌이 들었으며, 내가 할 수 있거나 해야 하는 것이 무엇인지 의문스러웠다. 나중에 고위 관리직에서 이 사건을 '너무 빨리' 종결한 것이 아닌가라고 생각했다는 소문을 들었고, 그것은 지금까지 내가 들어 본 것 중 최고의 책임 회피성 발언이었는데, 과연 아동이 죽었다면 누가 책임지려 할지 궁금하였다. 뻔하지 않은가!

더 경험 많은 몇몇 사회복지사들은 고위 관리직의 결재서류 사본을 가지고 있었는데, 특히 자신들이 동의하지 않았으며 '의심스럽게' 여겨지는 사례에 관한 것으로서, 나중에 시간이 지나서 자신들이 사례 파일에서 '삭제해야' 하는 경우에 해당하는 사례였다. 불행하게도 사례의 복잡성으로 인해, 사회복지사가 사례의 모든 사실을 정리하지 않았다는 것이 항상 논쟁이 될 수 있어서, 사본을 가지고 있었던 것은 별 효과가 없었다. 마찬가지로 시간 제약 때문에 대부분의 결정이 구두로 이루어지므로, 그 토론이 실제로 이루어졌는지 입증하는 것은 무척 어려웠다.

이것은 사회복지사들을 매우 난감하게 만들었다. 의사나 다른 분야의 전문가들과 마찬가지로, 만약 문제―특히 아동의 죽음과 같은―가 발생하면 실천을 뒷받침할 수 있는 자격증이 취소될 수 있을 것이다. 사회복지사들에게 자격 등록을 요구하는 사회복지사 등록기관(Social Care Register)에서는 사회복지사 윤리강령에 사회복지사들이 자신의 실천에 대해 책임을 져야 한다고 명백히 언급하고 있다.

동시에 그 체계와 업무량은 도전적인 결정을 좌절시키고 정당화하기 매우 어려워 받아들일 수 없는 위험을 감수하도록 부추긴다.

내가 사례관리를 담당하지 않고 있는 것에 대하여 안도감이 들었다. 사무실을 둘러봤을 때 익숙한 얼굴이 거의 없었다. 한때 나는 모든 사람을 알았다. 사회복지국은 고용 유지 전략의 일부로 연간 1,000파운드를 '보너스'로 지급하고자 하였다. 효과는 미미하였다. 사회복지사들은 연차 휴가를 받아서 필요한 서류 작업을 하는 데 그 휴가를 보냈다. 해당 사회복지사는 단지 오늘의 긴급 상황을 다룰 뿐이며, 내일도 이와 다르지 않을 것임을 잘 알고 있었기에, 가족, 위탁 양육자 및 타 분야의 전문가들로부터 왜 사회복지사가 몇 주간 연락이 안 되는지에 대해 문의하는 전화를 받고 계속적으로 해명하였다. 어떤 사회복지사는 자신들을 방어하고 경험 부족 혹은 지원 부족으로, 자기 자신과 클라이언트에게 해를 끼치는 겉치레 업무를 양산하고 있었다.

사회복지사와 마찬가지로 관리직들이 다루기 힘든 상황을 방치하고 있었다. 어느 누구도 신경 쓰지 않는 것 같았다. 나는 많은 사회복지사와 그들의 관리자에게 대화를 시도하였으나, 그중 일부는 극도로 지쳐 있었다. 나는 전문적인 판단을 행사하고 다룰 수 있는 업무량을 보유하며, '충분히' 훌륭한 사회복지실천을 하기 위한 자신들의 권리를 지켜 내지 못한 것에 대해 많은 변명을 들었다. 어떤 것은 좋았지만, 또 어떤 것은 그저 그랬다. 어떤 사회복지사는 이직하기 전에 학대아동 보호업무를 해 보기를 원하였다. 어떤 사람들은 자신이 할 수 있는 방법으로 '계속되는 대로' 하려고 하였으며, 또 어떤 사람들은 평지풍파를 일으키지도 않고, 독창적으로 생각하지도 않았다.

좋은 실천의 기본을 잊고 지내거나 변질되었거나 혹은 정말로 완전히 좋은 실천의 기본을 망라하지 못한 채, 필요한 경우 말만 늘어놓는 수많은 사람 역시 존재한다. 불행하게도 야망을 가지고 변화 없이 관리자의 자리에 오르는 사람들이 있는데(아직 관리직은 아니지만), 그들은 현재 이루어지고 있는 상황에 '눈을 감고', 주저 없이 거짓말을 하며, 그들의 직위를 유지하기 위하여 속이고, 교묘하게 사람을 조종하는 일을 기꺼이 하는 것 같다. 12주가 지난 뒤 나는 기쁘게 다른 부서로 복귀했다.

그해 후반에 나는 3주간 그 팀에 복귀하여 근무했다. 그 무렵 아니타는 건강상의 문제로 장기간 병가 중이었다. 또한 외관상 안정된 팀의 팀장은 내가 '내근 당직' 사회복지사로서 그 팀에 합류하는 데 관심을 표명하였고, 나에게 이야기한 다음, 다른 생각을 가지고 있던 그녀의 상관인 길(Gill)과 의논하였다. 당연히 그녀는 내가 부진한 팀에 합류하기를 원했다. 사회복지국 안팎에서 내가 일을 찾아내지 못하면, 고위 관리직의 의지에 따라 단지 임시방편으로만 쓰이게 될 것이라는 것을 인식하기 시작했다. 어떤 동료가 왜 그 팀에 합류하지 않았느냐고 물었을 때 나는 놀라웠다. 그녀의 상관이 내가 관심을 보이지 않아, 그 자리는 다른 직원으로 배치했다는 말을 길에게 전해 들었다고 했다. 나는 길이 그런 뻔한 거짓말을 할 수 있다는 것에 화가 났다. 그녀에게 아무런 해를 끼치지 않았고, 그녀는 내가 좋은 사회복지사라는 것을 알고 있었다. 또한 다른 팀에서 '내근 당직' 사회

복지사 자리가 났을 때, 길은 내가 면접을 하러 가야 한다고 말했다. 그때는 내가 몰랐는데 이미 사회복지사로서 고용되었기 때문에 그때 사회복지사 직책을 달라고 강력하게 요구해야 했는데 그러질 못했다. 진실은, 길이 자신의 '제국 건설'에 바빴고, 자신의 제국 어느 모퉁이에 나를 꽂아 놓을 결정을 이미 내렸다는 것이다.

'내근 당직 사회복지사' 직무가 '전문직' 지위이기 때문에, 면접이 필요하다는 말을 들은 후, 나는 지식 및 경험의 향상을 보일 필요가 있다고 생각하였다. 그 면접은 처참하였는데, 왜냐하면 나는 준비할 시간이 없었고, 현재 해야 하는 업무가 항상 우선이었으며, 지원서에 나의 경력에 관해 이미 적어 놓았기 때문이었다. 그것은 나에게 아무런 도움이 되지 못했는데, 왜냐하면 질문들이 무엇을 겨냥하는지 그 단서를 찾을 수 없었기 때문이었다.

첫 번째 질문은 사회 내에서 불이익을 받는 집단을 정의하는 것이었다. 내 마음속에서 또 다시 소리없는 비명을 지르고 있었다.

나는 한부모, 정신장애인, 장애인 등에 대해 설명함으로써 첫 2분을 아깝게 날려 버렸고, 그다음 면접관들에게 마치 내가 세대 격차를 느낀다고 말했다. 사실상 나는 '하찮은 자존심'을 뒷전으로 밀려 보냈던 걸로 기억된다. 내가 받은 또 다른 질문은 사회복지사 자격 취득 후 무엇을 배웠는가에 대한 것이었다. 어려운 질문이었다. 나는 헛소리라고 하면 족할 정도의 답변을 했고, 반면에 현장 경험은 짧았지만 완벽한 대답을 했던 대학생이 합격했다. 나는 완전히 조롱당했다. 세월이 흘러, 길은 나에게 면접 볼 필요없이 최근에 재구성된 팀의 '내근 당직 담당 사회복지사 직책'을 제안했는데 내가 그 제안을 거절하면서 큰 즐거움을 맛보았다.

　나는 환상을 갖지 않는다. 팀 소속 사회복지사들은 그 당시 절망하였고, 한 사람이 처리할 수 있는 이상의 업무가 존재하였다. 내가 그 제안을 거절하자 길은 당황하여 입을 딱 벌린 채, 한동안 나를 쳐다봤다. 그녀의 얼굴은 그냥 부서진 나막신 같았다. 나는 통제하기 힘든 감정을 느꼈는데, 봉급 얼마보다 원칙이 더 중요해지는 때가 찾아오는 것 같았다. 내 희열의 금상첨화는, 길이 사회복지국을 위해서 개처럼 일하였으나 승진을 보장받지 못했을 때였다. 그녀는 다른 지방자치단체로 직장을 옮겼는데, 나는 그녀가 가치 있는 교훈을 얻기를 바란다. 즉, 타인에게 부당을 행한 자는 결국 자신도 부당한 취급을 당한다는 것이다. 나는 이것을 제11번째 계명으로 생각하고자 한다. 18개월도 채 안 된 지금, 그 '내근 당직 업무'는 순환근무로 이루어지고, 사회복지사들은 법정 업무를 포함하여 동일한 수의 사례를 담당하게 되었다. 나에게는 행운의 탈출이다. 이 팀들에 잔류한 경험 많은 사회복지사들은 이미 다른 일자리를 알아보고 있다. 바뀐 체계에서 일해 본 우리는 이러한 상태로는 일할 수 없다는 것을 잘 알고 있었고, 다른 지방자치단체들은 시험적으로 이를 실시해 본 결과 완전히 실패하는 것을 발견하였으며, 예전의 근무체계로 전환하였다.

　여하튼 파견 근무 끝에 내가 무엇을 하고 있을지는 알 수 없었지만, 근무를 마치고 '퇴근 시간을 기록' 한 후 집으로 돌아갈 수 있다는 것에 행복하였다. 나는 아니타와 꾸준히 연락하고 있었고, 우리는 종종 미래에 대한 이야기를 나누었다. 그때쯤 우리 둘은 적당한 사회복지 팀으로 돌아가는 것이나 우리가 사랑했으나 현재는 무자

격 사회복지사와 동등하게 일주일에 170파운드 적게 받으며 계속 이일을 하는 것으로 선택이 제한되리라는 것을 알고 있었다.

아니타는 단호하게 후자는 절대 택하지 않을 것이라고 하였으나, 나는 둘 사이에서 선뜻 결정을 내리지 못하였다. 절반 정도 괜찮은 직업인 사회복지사로서 필요한 나머지 시간을 고려할 때, 잘못되더라도 내가 실제로 잃을 것은 없다는 결론을 이미 내리고 있었다. 아무튼 돈이 나의 '하느님'이었던 적은 없다. '지위'의 상실은, 표현할 만한 적당한 말을 찾지 못하겠는데, 다소 받아들이기 어렵다. 결국 나는 자격을 갖추기 위해서 몇 년간 더 노력했고, '좋은' 사회복지사가 되는 것이 내가 원하는 모든 것이었다. 나는 당분간 신에게 운명을 맡기기로 결심했다.

경박하다는 소리를 들을 우려가 있지만, 처음에는 긴장했지만 나는 행정 업무를 빨리 배우는 것 같았다. 나는 사회복지사 자격증이 그 어떤 것도 보장하지 않으며, 더 중요한 것은 경험과 몰입이라는 것을 오래전부터 알고 있었다. 그 팀의 비전과 가치는 나의 것과 조화를 이루었고, 이는 관리직의 능력 때문이었다. 특히 관리직들은 사회복지사들의 강점과 약점을 잘 파악하고 있었고, 그들을 원조할 수 있는 능력이 있었다. 사회복지사들은 진정한 존중으로 평가되고 대우받았다. 내가 일했던 사회복지 팀 중 한 팀의 관리자는 직원들을 불러모으기 위해서 손가락으로 딱 소리를 내고 손짓을 하였다. 아마 경이적인 직원의 이직률, 업무량과 스트레스 때문일 것이다. 뭐랄까, 사회복지 팀에서 산전수전을 직접 겪지 못했기 때문에 가족지원 관리직 중에는 어떤 순진한 측면이 있었다. 즉, 이는 유자격 사회복지사인 동료들을 존중하는 한편으로, 누가 대장인지를 자동적으로 드러낸다. 민주주의의 환상에도 불구하고, 그것은 완전히 교묘한 속임수다.

그 당시 사회복지국을 살펴보면, 거의 모든 관리직과 고위 관리직은 여성이었다. 그것은 기회의 평등을 의미하는 것이자, 여성에 관련된 고지식한 개념과 이데올로기가 종결되었다는 증거이며, 부가적으로는 자신감의 증진이라는 측면에서 이러한 사실을 축하하고 싶다. 하지만 내가 관찰한 바로는, 이러한 여성들은 주로 특정 연령대에 사회에 진출하였으며, 양육 책임에서 자유로운 것 같았다. 이들 여성에게 일은 생활의 주요한 부분이었던 것 같다. 그러나 이 여성들은 '남성들'의 세계에서 남성들이 싫어하는 방식으로 자신들의 능력을 입증하려는 시도를 한다는 불편한 진실을 가지고 있었다. 이것은 일선의 사회복지사로서 전례를 만들며, 업무 관계가 결코 존중되지 못하는 조직문화를 조장한다. 이러한 조직문화를 가진 시스템을 강화하기 위하여 관행적으로 초과 근무를 하는 관리직과 고위 관리직이 초과 근무를 원하지 않거나 할 수 없는 직원들에 대해서는 호의를 갖고 있지 않을 것이다.

어쨌든 그 무렵 나는 매우 힘든 상황에서 열네 살의 소년과 그 소년의 어머니에게 개입하였다. 조시(Josh)는 복잡한 정신적 문제를 가지고 있었으며, 자신과 그의 여동생과 어머니는 그의 행동으로 위험에 처해 있었다. 조시는 자신의 감정을 통제하기 어려울 때가 있었으며, 화가 나면 그가 사랑하는 사람들을 해치려 했다. 그의 불안정한 감정으로 인하여 자신의 가족을 해하려 했다는 자기혐오의 결과, 그는 자

팀은 해체되었지만 떠나지 않다 **225**

해를 시도하였다. 조시의 행동이 가족 밖에서 확인할 수 있는 계기는 없었고, 따라서 그 위험성을 줄일 방법도 없었다. 처음부터 우리가 집중적인 지원을 제공했더라도, 나는 시간 낭비라는 생각이 점차 분명해졌다.

관계자 모두를 보호하기 위하여, 조시를 격리할 필요가 있는 것은 분명함에도 자원 문제로 인하여 그 누구도 그 상황에 대해 책임을 지지 않으려고 하는 것 같았다. 몇 달 뒤 곧 사고가 발생할 것 같은 우려가 확대되어 2시간씩 다섯 차례에 걸친 회의 끝에, 조시를 그 지역 밖에 있는 아동양육 시설에 입소시켜 그가 도망쳐서 귀가하지 못하게 해야 한다고 결론을 내리게 되었다. 이러한 상황에서는 사회복지국(Social Services), 교육국(Education), 청소년정신건강국(Adolescent Mental Health Services)에서 비용을 분담하는 것이 관례적이다. 그러나 교육국은 늑장을 부리면서, 비록 조시가 집을 떠나는 것을 거부하고, 그의 욕구를 충족시키고 안전을 보장하기 위하여 '대안적인' 맞춤 교육 계획이 필요하다는 사실에도 불구하고, 조시가 지역의 민간기관을 이용하였으므로 자신들은 비용을 지불할 수 없다고 주장하였다. 사회복지국이 그 비용의 2/3를 부담하지 않았기에 그 사례는 상당히 느리게 진행되었다.

비록 각 부서가 자기 부서의 예산을 통제한다 하더라도 결국 재원은 의회라는 동일한 '계정'에서 출연되기 때문에, 그것을 조시의 어머니에게 설명하는 것은 악몽이었다. 조시 사례에 대하여 최종 결론을 내리지 못하고 교착상태에 빠지게 됨에 따라, 사례담당 사회복지사(다행히 내가 아님)는 교육부 자체의 도움이나 재원을 사용하는 데 필요한 증거를 가족으로부터 수집하여 보고서를 작성하는 한편, 자신의 부서에서 이 업무로 인하여 많이 맞서 싸웠다. 그녀가 나보다 현장 경험이 적었기에 그녀를 많이 도와주었다. 한편 그녀 또한 한부모 가정의 가장이었기 때문에 자녀들이 고생을 하였다. 그녀는 곧 사퇴했다.

결국 조시가 자발적으로 아동양육시설에 입소하려 하지 않았기 때문에, 입소를 계획하기 위한 회의가 소집되었다. 가장 중요한 것은 조시와 그 어머니의 관계가 유지되어야 한다는 것임을 고려할 때, 관리자의 해결책은 참으로 기가 막혔다. 비용이 많이 드는 방법보다 조시의 어머니가 조시에게 쇼핑을 간다고 말하면서, 택시를 타고 50킬로미터 떨어진 시설로 가면 된다는 제안을 하였다. 확실한 것은, 관리직은 조시가 어머니의 거짓말에 속았다는 것 때문에 생기는 장·단기 후유증도 고려하지 않았고, 아울러 이미 매우 불안해하는 청소년에게 이로 인하여 야기될 상처 역시 생각하지 않았다는 것이다. 회의실 안의 다른 전문가들이 이 믿을 수 없는 말을 듣고 얼빠진 듯 멍하니 있는 광경을 바라보자니 민망하였다. 여전히 나는 그녀가 예산을 관리하는 데는 무척이나 뛰어나다는 것을 믿는다.

그러는 동안 가정에서는 모든 것이 훨씬 더 수월해졌다. 나는 마틴, 딸들, 아담과 즐거운 시간을 보낼 수 있었다. 나는 자매들을 자주 만났고, 손주들이 정기적으로 나를 만나러 왔다. 다시 말해, 나도 '정상적인'의 삶을 살기 시작한 것이다. 우리는 여전히 성인정신건강 팀(Adult Mental Health Team)과의 어려움을 경험하고 있었는데, 아담의 불안을 관리하기 위하여 접근하는 것은 불가능한 것 같았기 때문이

며, 아담은 외출을 꺼려 하였다. 아담의 자존감이 떨어지는 것을 막기 위해 노력하는 것은 엄청난 부담이었으며, 우리는 지난 3년간 불안 관리 훈련을 받기로 약속받았다. 사회복지사가 바뀌거나 훈련 과정이 취소되거나, 아니면 예산 부족으로 인하여 제대로 실시되지 않았다. 아담이 이러한 불안 관리 훈련에 참여한 적이 있었는데, 불행하게도 그 집단은 자신들이 받아야 하는 관리감독을 받지도 않았다.

불안 관리 훈련 집단의 회원 중 스무 살 정도의 젊은 여성이 첫 번째 회기에서 아담에게 말을 걸었는데, 자신은 손목을 긋는 자해행위를 했다고 말했다. 아담은 아무 말도 하지 않았지만 내가 그를 데리러 갔을 때 매우 불안해 보였다. 그다음 주가 되기 전쯤, 아담은 그녀가 언제쯤 자신이 말한 자살을 실행할지를 나에게 말하였다. 그 젊은 여성은 회복하였지만, 아담은 다른 회원들의 문제에 대해 듣지 않고 자기 자신의 문제만으로도 충분하다고 하였다. 프로그램 진행자들은 동정심이 많아서 아담이 개인적으로 그 과정을 마칠 수 있도록 의뢰해 주었다. 그러나 별다른 성과는 없었다.

훨씬 뒤에 아담에게 그 당시 그가 참여하고 싶었던 또 다른 집단에 들어갈 기회가 왔다. 나의 우선순위가 직장에서 아담에게로 옮겨 갔는데, 집에 있는 아담을 데리고 집단에 참석하도록 바래다 주는 것을 왕복하는 데 2시간이 걸렸으므로, 나에게는 힘든 일이었다. 그럼에도 아담은 집단활동의 첫 번째와 두 번째 회기에서 즐거워하는 것처럼 보였고, 나 역시 점점 긍정적으로 변했다. 우리는 세 번째 회기에 참석하기 위해 도착하였을 때, 직원의 질병 문제로 취소되었다는 짧은 통지가 문에 붙어 있는 것을 발견했다. 네 번째 회기도 다른 긴급한 사정에 밀려 미리 취소되었고, 결국 그 훈련 집단은 낮은 참석률 때문에 취소되었다. 그러한 일은 그리 놀랍지도 않았다. 그 직후 최초의 사정이 만료되어, 아담은 다른 회기에 개별적으로 참여하는 데 필요한 적합성을 사정받아야 한다는 편지를 받았다. 아담은 거절하였다.

나의 업무로 돌아가서, 담당하는 사례를 내가 의사결정을 할 수 없다는 것은 또 다른 어려움이라는 것을 알았다. 원칙적으로 사회복지사 자격을 갖추고 있었지만 사회복지사 자격이 요구되지 않는 업무를 수행한 결과, 나는 다른 사회복지사들이 지시하는 업무를 수행했다. 그것은 정말이지 나를 힘들게 만들었다. 현실에서는 내 업무의 상당량이 외부의 간섭 없이 지속되었다. 일단 가족이 내근 당직 사회복지사에 의해 팀에 의뢰되면, 사례의 복잡성에 대해 전반적으로 익숙하지 않은 사회복지사에게 사례가 할당되면서, 내가 제안하는 계획대로 진행되었다. 내가 그 팀에 계속 있다면 낮은 보수로 일한다는 느낌을 받을 것임을 알았지만, 한편으로는 그럭저럭 해 나가는 자유를 누릴 수 있었을 것이다.

이 말을 하고 나니, 열세 살의 조디(Jodie)와 그녀의 어머니에 대한 나의 개입은 할당받은 사회복지사가 있다는 사실 때문에 상당히 방해를 받았다. 조디의 어머니가 술에 취한 상태에서 조디에게 잔혹한 폭행을 가한 이후로, 조디의 이름은 아동보호명부(Child Protection Register)에 등록되었다. 조디의 어머니인 실비아(Sylvia)의 생활방식은 알코올중독 때문에 혼동스러웠다. 그녀는 술에 취하면 완전히 이성을 잃었고, 자신의 딸에 대하여 혼란스러워하였다. 나는 실비아와

조디를 각각 따로 구분하여 개입하였으며, 조디가 숙모 집에 머물게 되면서 더 이상의 진행이 불가능해졌는데, 조디는 어머니의 폭력 이후로 숙모 집에 가정위탁되었다. 조디를 포함한 모든 당사자가 조디의 귀가 조치 계획에 동의하였다. 실비아 사례를 담당하는 사회복지사는 늑장을 부렸고, 관리직은 내가 계획한 대로 지속시키는 것을 허락하지 않았는데, 왜냐하면 그것이 사회복지사의 책임이기 때문이라고 했다. 나는 그 부분을 이해할 수 없었다. 몇 주가 지난 후에 결국 그 가족은 자체적으로 결정을 내렸는데, 그것은 나를 더욱 힘들게 했다. 아동보호회의(Child Protection Conference)에서 그 사회복지사는 진상을 감추기 위해 거짓말을 했고, 그 가족을 너무 나쁘게 보이도록 언급했다. 그럼에도 나는 그녀에 대해서 동정심을 느꼈다. 그녀는 경험이 없었으며, 근무 시간 외에 일을 하려 하지 않았다. 이것이 우리가 선택한 것들이다.

다음은 나탈리(Natalie)의 경우다. 처음 만났을 때 그녀는 열네 살이었고, 엉망이었다. 그녀는 자기파괴적인 상태였는데, 가족 붕괴로 인해 그 팀에 의뢰되어 보호조치를 받아야 하는 것에 많은 두려움을 느끼고 있었다. 내가 나탈리에게 개입하는 동안, 그 사례는 나탈리의 복잡한 환경 때문에 지정되어 있는 사회복지사에게 할당되지 않았으며, 근무 순번제로 이루어지고 있기 때문에 이 문제를 내근 당직 사회복지사와 의논하는 것은 소용없다는 것을 알았다. 아무튼 나는 나탈리가 더 중요한 역할을 하려 함을 경험상으로 알게 되었다.

나탈리는 지적으로 자신의 연령대를 훨씬 초월하고 있었다. 정서적으로 그녀는 여전히 열네 살이었고, 그녀의 연령대에 그 누구도 겪지 못한 경험을 했다. 나탈리는 수년간 난감한 환경과 가족으로 인하여 방해를 받고 있는 자신의 역경을 극복하려고 힘껏 노력했다. 나탈리의 부모는 자신들의 문제를 가지고 있었으며, 그것은 나탈리에게 큰 충격을 주었고 나탈리를 망쳐 버렸다. 가슴 아픈 일들을 말하거나 건드리지 않고서도, 나는 나탈리의 문제가 그녀의 책임이 아니라는 것을 말할 수 있다. 그 무렵 나탈리는 학교에 다니지 않았고, 술을 많이 마셨는데, 열한 살부터 그렇게 해 오고 있었다. 그녀는 또한 수년간 자해를 해 왔으며, 팔, 허벅지 그리고 배에 찢어진 상처가 있었다. 부모는 나탈리를 문제 덩어리로만 보았다. 그들은 자신들의 문제로 인해 다른 것들을 보지 못하였다. 그럼에도 나탈리는 부모를 사랑하였고, 부모 역시 마찬가지였다. 개입을 진행하기 까다로운 부분이 있었는데, 당연한 것이기는 했지만 나탈리는 성인의 '지도'를 원천적으로 싫어하였다. 그로 인하여 나탈리에게 어떠한 도움도 줄 수 없었다.

나탈리의 부모에게 그녀의 정서적 욕구에 대해 이야기하는 것은 가정에서 그녀의 상황을 악화시킬 것이 분명하였다. 게다가 그녀를 도와줄 수 있도록 생활방식을 바꾸도록 그 부모를 설득하기 위해 할 수 있는 것 또한 없었다. 사실 이 문제들은 대중에 노출된 것이 아니라 비밀의 장막에 가려져 있었다. 중요한 문제를 설명할 수 없다는 것에 좌절하여, 나는 나탈리와 관계를 형성하고, 다른 방법이 있을 것이라고 그녀를 확신시키려고 노력하는 것으로 만족해야 했다.

계속해서 많은 위기가 있었고, 나탈리의 가정생활은 안정과는 거리가 멀었으나, 점차 그녀는 자신의 어려움을 다룰 수 있게 되었다. 마침내 나탈리는 자신의 부모나 현재의 상황을 바꾸는 것이 불가능

하지만, 그것을 다른 방식으로 다룰 수 있다는 것을 받아들이고자 하였다. 신의 가호가 있는 것인지, 나탈리는 그렇게 할 수 있을 만큼 성인이었던 것이다. 나탈리는 다시 학교에 다니기 시작하였으며, 그 당시 임신 중이었지만 시험을 무사히 치렀고, 술을 마시지 않게 되었다. 내가 처음 만난 이후로 자해 또한 하지 않았다. 나는 여전히 나탈리와 연락을 취하고 있다. 이제 열일곱 살의 그녀는 예쁜 남자 아기가 있다. 나탈리는 사회서비스(Social Care) 과정을 일 년간 이수하였으며, 4년제 대학입학을 준비 중이다. 나는 나탈리의 성격적 강점과 자신의 어려움을 극복하는 능력에 놀랐다. 그녀는 무척이나 슬기로운 사람이며, 나는 그녀가 너무나 자랑스럽다.

　내가 왜 이 일을 선택했는지 상기시켜 주는 사람들이 항상 존재한다. 나탈리가 그러한 사람들 중 한 명이다.

14
책을 집필하기로 결심하다

나는 파견 근무가 끝나 감에 따라 혼란에 빠졌다. 고민 끝에 결국 나는 사회복지직으로 복귀하기로 결심했는데, 새해에 또 다른 지역 팀[area team, 영국의 경우, 지방자치단체를 몇 개의 구역으로 나누어 각각에 사회사업 지역팀(social work area team) 혹은 사회복지사무소 지소(local office)를 둔다–역주]에 합류하게 될 것이라는 말을 들었다. 나는 그 당시 모든 팀 중에서 그 팀이 가장 최악이라는 것을 알고 있었다. 직원들은 금방 사직해 버렸고, 업무량은 많았으며, 경력 있는 사회복지사들은 거의 없었다. 마틴과 딸들을 포함한 나의 가족은 복직하지 말라고 간청했다. 나는 그 이유를 충분히 이해했다. 우리 가족은 자신의 업무에 헌신적인 것이 어떻게 서투른 실천(bad practice)으로 연결되는지를 납득하지 못했다. 문제는 내가 '어리석고' 구식이라서가 아니라, 내가 담당하는 아동들에 대한 실상을 제대로 알고자 했다는 것이다. 처음부터 그 결정에 만족하지 않았지만 한번 해 보자고 생각

했다. 결국 나는 절망에서 벗어나서 크리스마스 전주에 인사 발령을
받았다.

　나는 따뜻하게 맞아 주는 팀장과 인사를 나누었다. 그 첫째 주에 나
는 미집행된 의뢰와 미할당된 사례 등 밀린 업무에 본격적으로 착수
했고, 내가 할 수 있는 최선을 다했다. 나는 아니타가 병가에서 돌아
오자마자 우리와 합류할 것이라는 소식을 들어서 다소 위안을 얻었
다. 또다시 팀장과 부팀장은 대부분의 시간을 법원에서 보냈기 때문
에 두 직원의 공석에 따른 행정 지원이 가장 눈에 띄었다. 나는 로버
츠(Roberts) 형제들을 담당하는 사회복지사를 간신히 따라갔는데, 좋
은 소식은 없었다. 그 형제들은 지방자치단체의 보호조치를 받고 있
었고, 생모는 여전히 지속적으로 영향력을 끼치고 있었다. 사회복지
사가 맡고 있던 사례 건수와 복잡함 때문에, 그는 생모가 아이들과
접촉하는 것을 도와줄 수 없었다. 큰아들은 어머니를 만나지 못해서
어머니에 대해 걱정하기 시작했다. 공정하게 말하자면, 큰아들은 항
상 어머니에 대해서 불안감을 가지고 있었고, 방임에도 불구하고 그
들은 서로를 사랑했고 필요로 했다. 큰아들은 어머니와 정기적으로
만나기 위해서 위탁가정에서 생활했고, 결국 어머니 곁에 있으려고
도망쳤다. 큰아들은 그때 완전히 통제 불능이었고, 자멸했다. 나는
그 아이들과 책임감을 느끼는 사회복지사에 대해서 안쓰러움을 느꼈
다. 사회복지사는 자신이 맡은 어느 아기의 사망에 대해 조사를 받는
중이었고, 행색이 초췌했다. 그 후 그는 곧 사직했다.

　나는 당시 나와 친했고 힘들지만 견디고 있었던 부팀장과 이야기
를 나누었는데, 그녀는 퇴직 후 받을 연금 때문에 버티고 있다고 말

했다. 그녀는 거의 쉰 살이었고, 계속 근무해야 할 기간이 많이 남아 있었다. 나는 이해했지만, 내가 받을 연금액이 많지 않고 국가공무원 연금의 일부를 받을 자격이 있기 때문에 나에게 그렇게 도움을 주지는 않을 것이라고 생각했다. 내 경험으로 볼 때 인생에서 확실한 것은 대부분 환상이라는 것을 나는 알고 있었다. 그녀에게 나는 연금에 매달리다 죽은 수많은 사회복지사들로 이미 무덤이 꽉 차 있다고 말했다. 흥미롭게도 어느 누구도 사직하는 것 외에 별다른 방법이 없다고 생각한다. 가장 취약하고 억압받은 사람들에게 개입하는 삶을 살아온 집단 성원들이 스스로 인생을 헤쳐 나가는 것에 상당한 두려움을 느끼고 있다는 사실은 끊임없이 나를 놀라게 한다.

나는 복잡한 심경으로 크리스마스 기간의 휴식을 위해 열심히 업무를 끝냈다. 비록 한 주 동안 열심히 일하면서 그 일을 즐기려 했지만, 나는 새해에는 사례관리를 담당하게 될 것이라는 사실을 아주 잘 알고 있었다. 내 맞은편에 앉아 있던 두 명의 비정규직 직원(agency worker)들이 사직할 것이라고 털어놓았다. 다른 비정규직들로 그 자리를 채우는 데 아마 몇 주가 걸릴 것이므로, 나는 그것이 야기할 추가 압력에 대해서도 잘 알고 있었다. 나는 크리스마스를 혼란스러움 속에서 보냈다. 가족과 휴일을 충분히 즐기지 못했다. 내가 설치를 도와준 그 팀에 남는 것에 대한 장단점을 가늠하면서 몇 시간을 앉아 있었던 기억이 난다. 그날은 2004년 크리스마스 선물의 날(Boxing day)이었다. 나는 텔레비전으로 아시아 지역의 쓰나미 피해를 보면서 앉아 있었다. 생존자들이 헤쳐 나가야 할 혼란에 대해서 떠올려 보았다. 사랑하는 사람들, 집과 재산 그리고 미래에 대한 희망의 상실, 또한 내 인생의 시련과 고난에 대해, 인생에서 정말로 중요한 것에 대해 생각했고, 도대체 빌어먹을 나의 문제점이 무엇인지 곰곰이 생각해 보았다. 내가 아무리 헌신하더라도, 그것은 직업이고 내 인생을 좌우하거나 내가 어떤 인간인가를 규정해서는 안 된다. 나는 시도해 보지 않고서는 여전히 앞으로 나아갈 수 없다는 것을 깨달았다. 그 당시에는 몰랐지만 사회복지사로서 나의 경력은 막바지에 와 있었다.

휴일을 마치고 직장에 돌아온 나는 팀장이 종일 법원에 있다는 것을 알았다. 다른 지시사항이 없었기 때문에 나는 할당되지 않은 사례들의 밀린 잔무를 분류하기 시작했다. 일부 서류에서는 종잇조각들이 삐져 나오고 정리가 안 되어 있어서 마치 매트리스 공장에서 일어난 폭발처럼 보였다. 근무 시간이 끝날 무렵 팀장이 돌아와서 나를 자신의 사무실로 불렀다. 그녀는 다음 주말에 퇴직할 것이고, 앞으로 이틀간 법정에 있을 것이며, 그런 다음 휴가를 갈 것이라서 이번이 내가 그녀를 보는 마지막 날이 될 것이라고 말했다.

그녀가 "이것은 월요일, 이것은 수요일 법정에 갈 서류입니다." "이것은 엉망이고 즉시 처리가 필요합니다." "짐(Jim)이 소진되고 있으므로, 이 일을 그 대신 맡게 될 겁니다." 등의 말을 하면서 십여 개의 서류로 다가가 각 서류를 훑어볼 때, 내 가슴은 내려앉았다. 그녀는 자신이 근처에 있었다면 나를 도와주었을 것이고, 그 사례들에 대한 최신 정보를 나에게 제공해 줄 것이지만, 상황이 이러하므로 무슨일이 발생할지는 말할 수 없다고 하면서 말을 이었다. 그녀는 주말을 그 사례들에 대해 살펴보는 데 보내라고 조언했다. 나는 절망적이었다. 그것들은 복잡한 사례에 속했다. 나는 법정 경험이 거의 없었고, 어디서부터 해야 할지 몰랐다. 또한 종전처럼 내 근무 시간 외에 일을 하지 않을 것이라고 다짐했다. 두 번 다시 그러고 싶지 않았다. 그 팀장은 또한 오늘 날짜로 이 사례들을 나에게 공식적으로 할당한다고 말하고 행운을 빌면서 나갔다. 나는 참담하기만 했다.

퇴근 시간을 두 시간 넘긴 후에 나는 울면서 사무실을 나왔다. 나는 팀장이 퇴임에 앞서 계약상의 책무를 모두 나에게 떠맡김으로써 마무리했다는 것을 알았다. 이렇게 될 일은 아니었고, 결국 내 문제가 되지 말았어야 했다. 나는 혼란 속에서 운전하여 귀가했고, 내가 팀 신설을 도와주었던 팀장에게 전화했다. 그녀에게 마음이 바뀌어 그 팀에 잔류하고 싶다고 말했다. 그다음 날 출근했을 때 나는 혹독한 냉대를 받았다. 팀장은 법정으로 출발하면서 잠시 동안 그녀가 화가 났고, 나의 결정을 듣고 실망했으며, 내가 수행한 업무를 파악한 뒤에 내가 유능하다는 것을 알았다고 말했다. 나는 그녀에게 나로서는 업무 수행 능력이 결코 쟁점이 아니었다고 말했다. 나에게 중요한 것은, 내가 아무런 도움이 되지 않았다는 것이며, 내가 문서 작성을 하고 있는 가족이나 그들의 삶의 실제적인 현실에 대해 알지 못한 채, 많은 서류를 처리하는 횡재를 언제든 어느 때나 누리게 되기를 원했는가 하는 것이었다. 나는 내근 당직 사무실을 운영하기 위하여 주말까지 잔류하는 데 동의했다.

나의 결정에 대해서 내가 행복해할 것이라고 생각하겠지만, 그것이 그렇게 쉽지만은 않았다. 예방적인 업무에 복귀하게 되어 기쁘기는 하였지만, 나는 사회복지사가 아니라 가족지원복지사로서 그 팀

에 재합류했다. 초기에는 다소 악몽 같았다. 어떤 의미에서 내가 그동안 해 온 모든 것을 잃어버린 것에 대한 슬픔이 밀려왔고, 예수님은 내가 고집스럽고 지지 않을 것이라는 것을 알고 있었다. 개인적인 방해물과 트라우마를 극복하기 위해서는 고집과 오기로 맞서야 했다. 몇몇 다른 사회복지사들이 그 의미가 무엇이든지 내가 '용감하다'고 생각한다고 말했다. 그러나 내가 용감하다고는 확신하지 않았다. 나는 그렇게 느끼는 것 때문에 나 자신에게 화가 나는 것을 포함해서 슬픔과 상실과 관련된 일반적인 감정을 모두 경험했다.

관리직과 동료들은 내가 업무에 몰입할 수 있도록 '거리를 두면서' 배려했다. 결국 나는 이전에 '우수한' 사회복지사였기 때문에 '우수한' 가족지원복지사가 될 것이라는 그들의 의견을 받아들였다. 부팀장은 다른 관리자가 그랬듯 현명하게 처신했다. 물론 그들은 내 기분을 이해했지만, 그것에 대해 실제로 아무것도 해 줄 수 없었다. 나는 그 직무의 내부 사정을 잘 알고 있다. 그래서 처음에 사회복지사 자격을 소지하지 않은 부팀장이 나를 관리하고, 또한 내가 가족지원복지사로서 담당할 사례들 중 일부에 대해 분개했다[가족지원복지사(family support worker), 약물 및 알코올 중독, 부모가 교도소에 수감된 가족, 양육상 및 재정적 곤경, 장애아동 혹은 장애 부모가 있는 가족 등 가족의 특정한 욕구를 충족시키기 위한 활동을 하는데, 사회복지사가 이러한 사례를 가족지원복지사에게 할당하게 되며, 사회복지사가 이러한 사례를 사정하고 서비스 계획을 수립하는 데 도움을 준다-역주]. 하지만 곧 나는 그들과 아주 잘 지내게 되었으므로 오래도록 마음에 담아 두지는 않았다. 퇴근 무렵에는 자격 있는 지위든 자격 없는 지위든 전혀 차이가 없었다. 나는 나의 지식, 기술 그리고 가치를 내가 좋아했던 예방적인 업무를 계속하는 데 사용할 것이다. 내가 사례 담당을 하지 않으므로 시간적인 여유는 보너스였다. 그것은 가족과 관련된 문제의 전반적인 상황을 더 좋게 이해할 수 있게 하며, 아동의 이익이 전혀 아닌 관리직의 결정의 경우, 필요하지만 직접적으로 수집할 시간적 여유가 없었던 증거를 사회복지사들에게 제공할 수 있다는 것을 의미했다.

나는 단지 일이 아주 쉽게 풀리기를 염원했다. 사례 담당 사회복지사의 시간적 여유가 없는 단점은 분명했지만, 가족지원복지사로서 자신의 의견을 주장하는 것이 훨씬 더 어려울 수 있다. 그것이 안나(Anna)와 열두 살이 된 그녀의 딸 프레야(Freya)의 사례였다. 프레야는 베이비시터에게 성적 학대를 받았던 것으로 우려되어 사회복지국에 의뢰된 적이 있었으며, 그 후 약물을 과다 복용하며 계속 죽고 싶다는 말을 해 왔다. 청소년 정신건강 팀은 그 어머니와 딸에게 개입하려고 시도했지만, 안나는 '별 문제가 아니라고' 생각했다. 그러나 프레야의 자해행동은 증가했다. 프레야는 단호하게 법적 소송을 제기하기를 원한다고 주장했고, 안나는 프레야가 베이비시터를 부추긴 것이 틀림없다는 사실을 근거로 프레야를 단념시키려는 노력을 계속했다. 안나는 또한 다른 자녀들의 행동을 통제하는 데 어려움을 겪고 있었다.

나는 프레야와 시간을 보냈는데, 그녀는 자신의 어머니처럼 똑똑하고 자신의 생각을 잘 표현했다. 나는 또한 안나와 그녀 자신의 인생과 삶의 경험에 대해 이야기했는데, 그녀는 그것에 대해 솔직했다.

안나도 생부가 사망한 직후인 열한 살 때 담임선생님에게 성적 학대를 받았다는 사실이 밝혀졌다. 자신이 그 경험을 즐겼고, 선생님의 관심을 얻고자 학우들과 경쟁을 했기 때문에 그 선생님에 대한 책임은 묻지 않았다. 안나는 생부를 존경했지만 어머니와 잘 지내지 못했으며, 성적 관계에 대한 왜곡된 생각을 가지고 있었다. 안나는 나중에 일련의 나쁜 관계를 해 왔고, 돈을 받고 사교 모임에 나가고 스트리퍼를 했고, 곤궁할 때는 매매춘을 했다.

프레야는 안나가 소아성애자로 의심되는 남자와 친하게 지낸다는 말을 했을 때, 나는 일곱 살 된 자녀의 안전에 대해서 우려하게 되었다. 나는 안나를 사무실로 데리고 와서 차를 한 잔하면서 이야기를 시도했다. 그녀는 그 의문의 남자가 그녀의 아들인 리안(Ryan)을 데리고 외출하는 데 도움을 주었으며, 그의 과거를 알고 있지만 모든 사람이 인생에서 두 번째 기회를 가져야 한다고 믿는다고 말했다. 안나는 다른 잠정적인 위험성에 대해 알고 있지도 않았으며, 알려고도 하지 않았고, 그 남자가 그녀에게 휴식을 주기 위해 가끔 리안을 지켜보는 사람이 없는 이동식 주택으로 데리고 간다고 말했다. 안나는 그 남자의 존재가 그들이 그녀의 아버지가 살아 있을 때처럼 개인적이고 성적 관계가 없는 일종의 올바른 가족처럼 만들게 한다고 생각했다. 그녀는 자신의 '욕구'를 누구든지 자기 마음에 들고, 그때 만날 수 있는 사람과 집 근처에서 몇 잔 마신 뒤 그 사람에게 보살핌을 받는 것으로 묘사했다.

특히 안나는 자신의 자녀들에게 관심 있는 모든 사람에게 자신이 완벽한 표적이라는 사실을 알지 못했기 때문에, 여기에는 명백히 복잡한 아동학대 보호의 쟁점이 있었다. 심층적인 논의를 하기 위해 안나를 사회복지 팀장에게 데려가기로 약속을 정했다. 그 사례는 배정되지 않았고, 팀장은 안나에게 다른 사람들이 자녀들에게 아무런 통제 없이 접근하지 않도록 하라고 말함으로써 관심을 더 보였다. 우리의 위기 팀(crisis team)이 제공할 수 있는 것보다 장기적인 개입이 필요할 것이라는 사실을 인정하게 되었다. 자녀들의 안전을 확보하기 위해서 안나 자신의 권한 내에서 더 많은 개입을 할 필요성에 대해 개인적으로 팀장에게 전했다.

나중에 나는 가족지원복지사가 행동 관리만을 제공하는 적절한 서비스 계획을 수립했으며, 사례는 여전히 할당되지 않았다는 것을 알았다. 불과 몇 회기가 지나지 않아 안나의 사례에 대한 자세한 내용을 파악하게 될 것이고, 더 많은 전문가의 도움을 제공하여 안나를 지원하게 될 것을 알았기 때문에 나는 너무나 불만스러웠다. 문제의 관리자는 그 당시 '비아동학대'로 분류된 120건 정도 사례를 조정하고 있었고, 자신의 책임을 이행해 왔다. 그것이 적절한 대처방안이었는지 논란의 여지가 많았으며, 나는 책임지지 않아도 된다는 것에 대해서 안도감을 느꼈다.

그 시점에서 나는 책을 집필하기로 결심했다. 그 목적은 두 가지인데, 첫째는 책의 집필은 내게 있어서 개인적으로 경계선을 긋고, 내가 내린 결정을 보강하는 데 도움이 될 것이다. 둘째는 현상 유지에 도전하는 어떠한 시도는 위로부터 나올 것 같지 않았기 때문에, 나는 같은 길을 여행할 사람들에게 이야기를 들려주고 싶었다. 더 넓은 의미에서, 사회복지 교육, 실천 그리고 인생에 관심이 없는 사람들도

읽기를 희망했다. 나는 초조했다. 나는 조사하고, 문헌을 검토하고, 학술적인 글쓰기 방법을 알고 있었지만, 그것은 내가 원하는 바가 아니었다. 나는 학술적 지식을 트집 잡지는 않지만, 그것을 이해함으로써 균형을 맞춰야 한다고 생각한다. 지식은 암기식으로 습득될 수 있고, 타인도 당신이 알고 싶은 것을 원한다는 방식으로 접근할 수 있지만, 반면에 개입하고자 하는 열망과 당신이 알고자 하는 것이 무엇인지를 경험하고자 하는 열망이 있어야만 이해할 수 있다. 전문적인 의미에서, 그러한 이해는 사회복지의 핵심이다. 하지만 우리는 그것을 우리 자신과 자신의 지위에 좀처럼 적용하지 않는다.

나는 메모하기 시작했고, 수백 개의 잡다한 메모를 했으며, 넓은 프레임을 그렸다. 문제는 내가 했던 메모가 개인적으로 내용이 산발적으로 흐트러져 있어 구조를 갖추지 못했다는 점이다. 나는 또한 학술적인 글쓰기 방식으로 돌아가려는 경향을 인지했는데, 그것은 메모한 내용과 구조에 적합하지 않았고, 한 인간으로서 나를 이해하기 힘들어졌다. 그것은 내가 원했던 것이 전혀 아니었다. 게다가 내가 정말로 말하고 싶은 것에 대해 누가 특별히 관심을 가질지를 확신하지도 못했다. 나는 그에 연연하지 않고 천천히 일을 진행해 나갔고, 결과적으로 나의 책은 사무실에서 최고의 놀림거리로 부상했다. 하지만 (그 당시 나조차) 그 어느 누구도 생각하지 못했던 꿈이 실현될 것이라는 사실을 믿어 의심치 않는다. 심지어 마틴도 내가 시간을 낭비한다고 말했고, 그것이 나를 무척이나 짜증나게 했다. 하지만 나는 모든 사람은 자신 안에 적어도 한 권의 책을 가지고 있다는 말을 들었고, 그것은 나에게도 해당한다고 생각했다.

직장에서도 나는 쉽지 않았다. 위기대응 팀(crisis response team, 이 팀은 건강이나 사회서비스 문제로 위기에 처한 사람들이 병원 입원이나 시설 입소를 예방하기 위하여 4시간 안에 위기 상황을 관리하여 대처하고, 이어서 48시간 안에 적절한 서비스로 안내하는 기능을 함-역주)을 운영하기 위해서, 우리는 기본적인 요건으로 열정적이고 헌신적이며 경험 많은 가족지원복지사가 필요하다는 것을 알았다. 우리는 그들을 구하지 못했다. 사회복지국 내부의 해당 복지사들은 지원을 하지 않았다. 그들은 왜 그랬을까? 임금은 같았지만 7일간 주야 교대 근무, 6일간 주간 근무 등과 교대 근무 유형에 따라 시간 외 근무를 해야 했다.

또한 업무 진행 속도는 훨씬 빠르고 일은 더 힘들었다. 문제점 중 하나는 고위 관리직이 교대 근무 수당과 같은 추가 수당을 지급하지 않거나 서류상 사회복지 팀은 의사결정에 대한 책임이 있었기에 필요한 전문지식을 인정하기 위해서 우리 팀이 다른 가족지원 팀과 동일해야 한다는 점에서 단호했다는 것이다. 그 정도여서, 신규 채용을 위한 광고와 면접이 새로운 가족지원복지사의 자격 요건에 따라 진행되었다. 불행히도 다른 가족지원 팀과 달리, 우리는 신입 직원을 천천히 교육할 만한 여유가 없었다. 신입 직원이 업무를 제대로 파악하는 데 많은 시간을 필요로 하지만, 우리 팀에서는 정신없이 일상 업무를 수행하고 있다. 그 결과 우리 팀은 나와 경력 없는 젊은 신입 직원들로 충원되었다. 나는 이 일로 인해 머리 꼭대기까지 화가 났다.

나는 동료들을 도와주려고 노력했지만, 많은 직책이 사회복지사가 아니라 그들과 마찬가지로 가족지원복지사이기 때문에 동료들은 나에 대해 어떠한 관심조차 주지 않았다. 관리직 또한 사회복지사 자격

취득을 위해 공부하는 과정에 있으면서도 우리 팀에서 자신들의 존재를 뚜렷하게 보여 주어야 했고, 동료들을 똑같이 대해 줄 필요가 있었기 때문에 나의 역량을 인정하고 활용하지 못하는 어려움을 이해한다. 하지만 결론적으로 한 팀으로서 우리는 좋은 팀워크를 발휘할 수 없었고, 나는 팀을 떠나야 할지를 고민했다. 고위 관리직이 가족지원 업무를 '비숙련 업무'라 생각하고, 청소년 활동 업무와 같은 분야에서의 경험이 가족지원복지사의 자격에 충분한 선행 요건으로 간주한 것은 자신들의 잘못이 아니라는 사실을 나 또한 알았다. 어쨌든 우리는 서둘렀고, 감사하게도 결국은 도전할 만한 분야를 찾고 있는 경력직 직원을 충원할 수 있었다.

도전에 대해 말하자면, 그 당시 우리가 개입했던 가족은 많은 어려움을 겪고 있었다. 부모는 각각 자녀 한 명을 데리고 이혼하고, 아동 거소지정에 관한 민사소송에 연루되어 있었다. 심각한 조울증이 있는 어머니에게 우리는 열두 살 된 딸을 양육할 수 있도록 조언과 지원을 아끼지 않았다. 문제는 어머니가 약물 복용을 거부했기 때문에, '조증기'에 그녀는 완전히 망상적이고 비이성적인 상태가 되었으며, 이는 딸의 복지에 대한 우려를 불러일으킨다는 것이었다.

그 여인은 무척이나 똑똑하고 매력적인 여성이었다. 하지만 질병은 극도로 심신을 악화시켰고, 정상인에서 벗어난 사고, 감정 그리고 행동의 결과로 생긴 극도의 스트레스와 불안으로 인해 고생했다. 나는 무엇을 경험하게 될지 상상할 수 없었다. 그녀는 또한 우리 팀 소속의 젊은 남자 직원에게 지나친 관심을 보였다.

안젤라(Angela)와 그녀의 딸 페트라(Petra)에 대한 개입에는 어려움이 많았다. 아무리 잘해도 우리는 안젤라를 위해 제대로 해 줄 것이 없었다. 동시에 페트라는 아주 혼란스러워했고, 어머니를 두려워했다. 어느 날 저녁 그녀의 어머니가 문을 잠가 못 들어오게 한다며 전화를 했을 때, 우리가 알게 된 고통스러운 사건에 이어 페트라는 아동양육시설에 입소되었다. 페트라는 자신의 집 길 건너편에서 우리를 기다리고 있었다. 그녀는 부스스했고 추워했으며 불안해 보였다. 안젤라는 문을 열고 안으로 들어오라고 하고, 페트라가 반항을 하고 정리 정돈을 거부한다고 설명했다. 처음에는 안젤라의 행동이 그럴 듯했고, 그 두 사람 사이의 휴전을 협상하려는 노력을 했다. 그러나 곧 이것이 그런 경우가 아니라는 것을 알게 되었다.

안젤라는 자신이 요구한 사항을 페트라가 실행하려는 시도를 거부하였고, 안젤라의 요구 그 자체가 점점 기이해져 갔다. 그녀는 끊임없이 정신이 왔다 갔다 하는 것 같았고, 여전히 예전에 하던대로 점점 더 공격적인 모습을 보였다. 자신의 웨딩드레스라고 하는 아주 얇고 가벼운 롱드레스를 입고 있었고, 수상 가문의 저명인사와의 관계에 대해 우리에게 이야기하기 시작했다. 그녀는 그 사람이 결혼식에 돌아오기를 기다리고 있었고, 그 사람과의 심야 전화 통화 내용으로 우리를 즐겁게 해 주기 시작했다. 여기서 나와 동료 직원인 셸리 (Shelly)는 어떻게 우리와 페트라가 이곳을 벗어날 수 있을까를 생각하기 시작했다. 안젤라는 문을 잠갔다.

안젤라는 자신의 얼굴을 우리 얼굴에 갖다 대고 영혼을 들먹이며 딸이 합류하도록 하면서 과장된 연극배우 같은 모습으로 방 주위를 돌아다니기 시작했다. 페트라는 어머니를 저지할 수 없다는 것을 알았기 때문에 겁을 먹고는 구석에서 몸을 웅크리고 있었다. 우리는 안젤라가 '납득할 수 있는' 여지를 찾아보고자 노력하면서 현실에 대한 안젤라의 왜곡된 지각을 바로잡으려는 협상을 계속해 나갔다. 안젤라가 갑자기 우리 쪽으로 뛰어오면서 아이를 데리고 나가라고 말해 우리는 신경 쓸 필요가 없었다. 우리는 두 번 물을 필요도 없이 페트라를 들쳐 업고 거리로 뛰쳐나왔고, 안젤라는 우리 뒤에서 악마같이 소리를 질러 댔다. 셸리는 격분하면서도 자지러지게 웃었고, 나는 절반은 히스테리, 다른 절반은 두려움 때문이라 생각했다.

며칠 뒤 안젤라는 안전을 위해서 정신병원에 강제 입원되었다. 나중에 그녀는 큰 그림 모자를 쓰고 깔끔한 모습으로 우리 사무실로 찾아왔다. 그녀는 바깥에서 우리 팀 직원인 닐(Neil)의 차를 발견했고, 그에게 줄 꽃다발을 가지고 왔다. 닐은 유리창에서 멀리 떨어진 의자 밑에 숨어 있었고, 반면에 다른 직원이 그를 만날 수 없다고 그녀에게 알려 주었다. 닐은 두려움에 벌벌 떨었다.

이때쯤 아니타는 발령받은 지역 팀으로 복귀할 정도로 충분히 회복했다. 처음에 나는 그녀와 상당히 자주 이야기를 나누었고 종종 같이 점심을 하려고 했다. 그녀가 점점 업무에 몰입하게 되면서 그러한 횟수는 다소 줄어들었다. 아니타는 '우수한' 사회복지사였고, 점차적으로 그녀의 개인적인 시간을 점점 더 일하는 데 쓰고, 정서적 · 신체적으로 생존하기 위해 사용했다. 외부인으로서 내부를 들여다 보는 사람처럼 낯설게 느껴졌고, 아니타의 항변에도 불구하고 나는 그녀의 내적인 변화를 살펴보았다. 그녀는 결코 행복해 보이지 않았다. 나는 이전 소속 팀에 남아 있던 다른 직원들과 접촉을 시도했다. 그들 중 누구도 제대로 자리를 잡고 있다고 생각되지는 않았다. 즉, 세 명은 이미 사회복지국을 떠났고, 네 번째 직원은 남아 있지만 이직을 원하는 것은 아니었다. 또 다른 직원은 관리직을 노리고 있으며, 여섯 번째는 나와 유사한 자리 이동을 했다.

나는 내가 만나는 사회복지사들 속에서 나 자신을 돌아보기 시작했다. 팻(Pat)처럼 주 4일제 근무를 선택하여 월요일에 아이들과 같이 있으면서 집안일을 할 수 있는 한부모가족. 마지막으로 그녀와 이야기했을 때 그녀는 계약하고 임금을 받는 4시간을 포함해서 주 2일제 재택근무를 하고 있었다. 그녀는 갇혀 있는 기분이 들었다. 다른 사회복지사들은 스트레스를 받고, '퉁명스러웠고', 회의에 불참하고, 체계적이지 못하고, 무능해 보였다. 이들은 자신들이 '담당하는' 사례에 대해 토론한 적이 거의 없는데, 이런 방식의 업무처리는 나로서는 유리하기도 하고 불리하기도 하지만 우리 팀원 대다수에게는 불리했다. 아니타는 나에게 자신의 팀에 최근 충원된 사회복지 학위를 갓 취득한 젊은 비정규직 직원이 자신이 없다고 하면서 '아동과 대화하는 방법'에 대해 조언을 구했다고 말했다. 나는 단지 사회복지국이 뿌린 대로 거둔다고 말할 뿐이다.

내 인생은 점차 편안해지고 유쾌해져 갔다. 퇴근 시간은 비교적 정확했으며, 많은 도움이 되었다. 마틴은 우리 결혼생활의 미래에 대한 심각한 우려를 했으며, 내가 지속적으로 소진 상태에 이르렀기에 딸들이 항상 걱정한다고 털어났다. 나는 생일이나 가족 모임을 전혀 놓치지 않았고, 나와 가까이 있는 사람들과 함께할 수 있음을 감사히 여긴다. 누구도 이러한 즐거움을 돈으로 살 수 없다.

책을 집필하기로 결심하다 **247**

비교적 최근에 충원된 정규직 사회복지사가 나에게 자신은 월급을 두 배로 주는 비정규직 사회복지사를 하기 전에, 사회복지사 자격 취득 후 교육을 받기 위해서 대기하고 있다고 말했다. 나는 그런 말을 하는 그녀를 탓하지는 않지만 비정규직을 선택하려 한 것은 자신이 원하는 바는 아니었다. 재키(Jackie)는 아주 유능하고 헌신적이었으며, 자신의 가족과 사회복지국을 위해 오랫동안 열심히 일해 왔다. 불행히도 동거 관계는 깨졌는데, 그녀는 자신의 파트너가 만나는 다른 여자가 직장에서 맞은편에 앉은 동료인 것을 알았다.

내가 재키를 처음 만난 것은 그녀가 개입하고 있는 사례를 우리팀에 의뢰한 이후였다. 이 의뢰 사례는 미혼모와 그의 자녀 관계가 불안정한 이유로 미혼모가 딸에 대한 보호를 사회복지국에 요청한 경우다. 우리도 모르는 사이에 그 소녀는 인터넷에서 그 어머니의 방송을 볼 수 있게 되었다. 그녀의 어머니 맨디(Mandy)는 분명히 파트너를 찾고 있었고, 이런 이미지를 모든 사람이 보도록 올렸다. 맨디는 또한 그녀의 침실에서 비밀리에 많은 남자 친구와의 유흥을 즐겼다.

맨디는 자신의 딸에 대해 상당한 기대를 가지고 있는 공정한 사람으로서 자신을 소개했다. 하지만 그녀의 딸 라라(Lara)의 입장에서 볼 때, 그 둘은 밴시(여자 유령)처럼 아무 이유 없이 서로에게 언성을 높이곤 하였다. 라라는 밤늦도록 밖에 나가 술을 마시며 뭇 남성과 어울렸고 등교를 하지 않았다. 우습게도 맨디는 마치 도덕주의자 같은 인상을 풍겼고, 라라가 작은 성인처럼 행동하기를 기대했으며, 동시에 라라가 자신이 말한 대로 행동하기를 바랐는데, 정착 그녀 자신은 라라에게 전혀 도움을 주지 못했다. 사실 그들 두 사람의 수준은 별

반 차이가 나지 않았고, 마치 자매처럼 언쟁을 벌였다.

　라라에 대한 개별적인 개입이 시작되었고, 그동안 그녀는 어머니의 '은밀한' 사생활에 대한 자신의 분노와 혼란에 대한 이야기를 털어놓았다. 집에서의 분노를 주고받는 동안, 라라는 이러한 쟁점에 관하여 어머니에게 대항했으며, 맨디는 극단적이고 드라마틱하게 울면서 그것에 대해서는 격렬하게 부인했다. 라라는 어머니가 거짓말쟁이라고 하는 말에 공격적으로 반응했다. 우리는 그 당시 그것을 잘 몰랐지만, 그녀의 이전 파트너가 맨디의 막내 자녀의 안전한 주거지를 확보하기 위해 인터넷 이미지의 사본을 재키에게 보냈고, 라라가 사실을 말하고 있다는 것을 우리가 알고 있다고 말할 수 없었다.

　맨디는 또한 그녀와 라라 사이에 의견 대립을 불러일으킨 화장을 좋아하지 않았다. 우리는 이제 매일 걸려 오는 응급전화와 우리가 자신의 딸을 양육시설에 맡겨야 한다는 맨디의 요구에 대응하는 것에 익숙해지고 있었다. 나와 셸리가 그 집에 도착할 때쯤 상황은 마치 제3차 세계대전과도 같은 모습이었다. 나는 상황을 진정시키기 위해 애썼다. 화장이 아주 정상적이고 무해하다는 것을 맨디가 이해하도록 도와주었다. 그 말이 맨디의 기분을 완전하게 전환시킨 것은 의외의 일이었다. 그리고 그녀에게 상처를 줄 마음은 전혀 없었지만 나는 맨디에게 당신이 가장 매력적인 젊은 여성은 아니라는 말을 해야 했다. 그녀의 시력은 나빴고, 이중 초점의 무척 높은 도수의 안경을 썼다. 맨디는 조그맣게 뒤집힌 쨈 항아리 같은 눈으로 밖을 바라보고, 매력 없는 태도로 안면을 긴장시키면서 자신은 화장을 할 필요가 없기 때문에 너무 행운이라고 조용히 말했다. 드디어 그녀는

진정되고 침착한 상태로 돌아왔다. 그녀는 그렇게 되었을지 모르지만 나는 그렇지 않았다. 우리가 눈을 마주치면 웃음이 터져 나올 것 같았기에 나는 감히 셸리를 쳐다보지도 못했다.

나는 맨디에게 일어난 어떤 사건들이 모순적이며, 애증이 엇갈린 양가감정과 행동을 초래하게 되었는지를 의아스럽게 생각하곤 하였다. 이러한 문제에 대해 맨디가 깊이 생각해 보도록 도와주기 위해 셸리가 개입하기를 원했지만, 그 문제가 무엇이든지 간에 깊이 뿌리박혀 있어 맨디는 그 문제를 풀려고 하지 않았다. 결국 지속적인 싸움과 말다툼 때문에 아무것도 할 수가 없었고, 우리는 억지로 사례를 종결하기로 결정했다. 그것이 셸리의 사례였고, 내가 내근 당직 근무 시 위기에 대응하는 것 외에는 개입한 적이 없다. 나는 소란스러울 것으로 예상하면서 셸리의 마지막 가정방문에 동행했다. 맨디는 바뀌지 않았지만, 라라는 자신의 행동을 어느 정도 수정함으로써 어머니의 분노를 피하는 방법을 배우고 있었다. 집에서는 모든 것이 비교적 조용했고, 떠나면서 맨디는 나를 끌어안았고 전혀 뜻밖으로 나에게 말하며 내 입에 키스했다. 나는 멍하니 서 있었고, 그 옆에 서 있던 셸리는 웃음을 참고 있었다. 왜 그녀가 셸리에게 키스하지 않았는지 신만이 안다. 사무실로 돌아오면서 나는 내 가방에 있던 오래된 티슈로 입을 닦았다. 셸리는 그것을 정말 재미있어 했고, 재키도 그랬다. 그날 해프닝의 재미난 측면을 이해하는 데 시간이 걸렸다는 것이 신경 쓰였다. 나는 가끔 화장실 변기에 걸터앉아, '지저분한 일'로부터 결코 피하지 않았지만, '밀착되고 개인적인' 업무와는 거리를 두었다.

비슷한 시기에, 한 동료는 그 부모가 '친권을 상실' 시켜 달라며 강력하게 주장하는 바람에 열다섯 살 정도의 소녀에 대해 개입하기 시작했다. 사샤(Sacha)는 부모님이 이런 태도를 취하는 것에 대해 받아들일 만한 이유를 알 수 없었다. 정리되지 않은 방과 씻지 않아 부모와 다투는 것과 같은 일상적인 문제가 있지만, 이것조차 십 대치고는 무척 유순한 편이었다. 사샤는 학교에 다니고 있었지만 일부 경미한 범죄로 인해서 한 번에 몇 주씩 반복적으로 징계를 받았고, 가장 최근에는 방학 기간 동안 징계를 받았다. 그러나 사샤는 담배, 술, 마약도 하지 않았고, 기타 문제성 행동을 보이지도 않았다. 사실 사샤는 십 대의 가장 전형적인 모습을 보이고 있을 뿐이었다. 부모에게 이러한 사실을 반영하려는 시도는 실패했고, 그들은 단지 그녀에게서 벗어나고 싶어 할 따름이었다. 그들 집에서 사샤의 존재는 문제가 되는 것처럼 보였지만 누구도 그 이유를 정확히 이해하지 못했다.

나는 사샤와 함께 두 차례 방문했으며, 우리는 사샤의 부모가 그들 스스로 아무짝에도 쓸모가 없는 무능한 사람이 된 것을 보고는 무척 놀랐다. 그들에게는 별다른 문제를 일으키지 않는 아들이 한 명 더 있었다. 태양은 어디에나 햇살을 비춘다. 어머니는 내가 '냉담한 사람'이라 보고서에 작성했던 사람인데, 정서적으로 단절되어 있으며, 거칠고 거만했으며, 아버지는 목소리가 크고 공격적이며 몹시 다혈질적인 사람이었다. 어머니는 우리에게 사샤가 어렸을 때 자신은 '딸을 좋아하지' 않았지만, 아버지가 그녀를 많이 돌보았다고 했다. 사샤에게 남자 친구가 있다는 것을 알게 되었을 때(그 당시 그녀는 거의 열여섯 살이었다), 대혼란이 일어났다. 비록 그것이 남자 친구와 아

무런 관계가 없다고 해도 그 아버지가 나타내는 반응은 무척 무분별하였다.

사샤는 어느 날 밤에 위기전화에 응답하면서 부모가 자신에게 집에서 나가라고 했으니, 나를 데려가 달라고 했다. 우리는 그녀를 아무 데도 데려가지 않을 것이고, 사회복지국은 다른 사람들의 자녀에 대한 직접적인 책임을 지지 않지만 최대한 도움을 주기 위해 방문했다고 차분히 설명했다.

아버지는 미친 듯이 날뛰었다. 그는 매우 큰 목소리로 우리가 이해하지도 못하고 듣지도 않는다며 자신의 팔과 손으로 머리를 감싸면서 마구 소리를 질렀다. 우리는 감정의 깊이를 아직까지도 설명할 수 없었다. 어머니는 마치 말벌을 씹는 불독과 같은 얼굴을 하고서 구석에 조용히 앉아 있었다. 한순간 마치 사샤를 때릴 듯이 그는 손을 휘둘렀고, 우리는 문 근처에 앉아 있다는 사실에 약간 안도감을 느꼈다. 우리는 자신의 딸에게 폭력을 휘두를 것처럼 협박하는 아버지와 그녀, 그 외의 가족을 남겨 두고 떠났다. 우리는 그녀가 갈 만한 다른 곳을 찾아야 할 것이다. 그의 말대로, 약 일주일 후 사샤는 신체적 학대의 결과로서 안전을 위해 집에서 분리되었다. 어머니와 오빠는 사샤의 팔을 붙잡아서 폭행을 방조하였고, 아버지는 딸을 발로 차고 주먹으로 쳤다. 우리는 저 집에서 무슨 일이 일어나고 있는지를 결코 알 수 없었지만, 의심하기 시작했다.

15
사회복지 조직의
위장된 가치를 고발하다

팀 신설 초기에 우리는 다섯 명의 사회복지사로 구성된 소규모 팀이었고, 교대 근무를 감당하기 위해 일주일에 7일을 근무하다시피 하였다. 불행하게도 일 년이 지나자 직원은 단 두 명만 남게 되었다. 한 명은 다른 팀으로 자리를 옮겨갔고, 나머지 두 명은 수습 사회복지사(trainee social worker, 사회복지학과 학사 및 석사과정 학생이 지원 가능하며, 원즈워스 카운티의 경우 지방자치단체가 등록금을 지원하고 연봉은 22,626~24,501파운드 정도-역주) 자리를 찾아 떠나갔다. 나는 언젠가 그들 중 한 사람에게 왜 이 자리에서 일할 것을 결심했는지 물어본 적이 있다. 답변은 바로 '돈, 지위 그리고 권력' 때문이었다. 나는 가슴이 철렁 내려앉았다. 이 분야는 사회복지사의 새로운 분야임을 깨달았다. 왠지 웃기는 일이 아닌가? 비록 닐(Neil)이 어리고 아주 순진했지만 나는 닐을 개인적으로 좋아하였다. 그는 '성공에 굉장히 목말라 있는 사람'으로서, 서두르는 경향이 있었다. 반대로, 케리

(Kerry)는 클라이언트와 호흡이 아주 잘 맞았지만, 지나치게 열중했다가 급히 원래대로 '복귀' 하는 방식으로 전환했다. 내 경험으로 볼 때, 그녀가 좋은 사회복지사가 될 것이라는 생각이 들었는데, 자신이 훈련을 받은 민간 단체 내에서 근무하면서 일선의 사회복지 업무는 피하라는 조언을 하였다. 불행하게도 최일선 사회복지 업무는 양심과 가족이 있고, 자신의 삶을 영위하고 싶은 사람에게는 적합하지 않다.

이 무렵 감사하게도 세 명의 경험 많은 가족지원복지사들과 신입 직원 한 명이 와서 그럭저럭 운영되었다. 우리는 또한 나를 포함한 세 명을 더 충원하였으며, 팀장을 포함한 여덟 명의 팀이 구성되었다. 이것은 교대 근무가 더 쉬워지고 출산 휴가를 떠날 리사(Lisa)를 보완하는 것이 더 쉬워졌다는 것을 의미하였다. 리사는 한 어린 소녀 토니(Toni)의 문제에 개입하고 있었는데, 토니는 복합적인 문제를 가지고 있었으며, 그녀의 가족은 어찌할 바를 몰랐다. 토니는 아기를 낳았는데, 그 아기를 뒤뜰에 묻었다고 말하곤 하였다. 또한 아기를 훔치려는 욕망과 시도에 대해 말하였다.

어느 날 저녁 우리가 마지막 근무를 교대하려고 할 때, 토니가 유모차에 어린아이를 태우고 문간에 나타났다. 셸리(Shelly)는 그 당시 가정방문차 외근 중이었고, 나와 레슬리(Lesley)가 토니의 이름과 얼굴은 알아차렸지만, 자세한 내용은 잊고 있었다. 토니는 우리에게 자신이 버스를 탈 돈을 잃어버렸고, 남자 친구를 위해 아이를 돌보고 있는데, 집에 갈 수 있는 약간의 돈이 필요하다고 하였다. 토니는 이상하게 행동하였지만, 조금도 과장하지 않은 듯하여, 말하자면 그 아이는 잘 보살펴지는 것처럼 보였으며, 토니는 자신에게 필요한 것에 몰두

할 뿐이었다. 저녁 무렵이라 어둡고 추워졌기 때문에 우리는 이번 단한 번뿐이라면서 곧장 집으로 갈 것을 다짐받으며 우리 주머니에서 돈을 꺼내 토니에게 주었다. 토니는 지금 열일곱 살쯤 되었을 것이다.

셸리(그 사건을 잘 기억하는 사회복지사)가 돌아오고 나서야 토니가 그 아이를 유괴한 것 같으며, 내가 도피 자금을 제공했다는 생각에 나는 공황 상태가 되었다. 30분 뒤에 토니의 오래된 서류를 찾아 그녀의 아버지에게 전화를 했는데, 그는 그녀에게 남자 친구가 없었다고 말하면서, 아기를 데리고 있었던 것을 본 적이 없다고 했다. 그 아기가 분명히 옆집 아기라는 사실을 알기까지 한 시간 동안 다섯 번의 전화통화가 필요하였다. 우리 셋은 문단속을 하고 완전히 안심하며 웃으면서 집으로 갔다.

집에서는 가족에 투자할 만한 시간과 에너지가 있었기에 모든 것이 나아지고 있었다. 나와 자매들은 주말여행을 계획했는데, 그것은 현명한 선택이었으며, 올해 마틴과의 휴일은 훨씬 더 여유로웠다. 과거의 사소한 말다툼은 사라졌다. 아담은 내가 줄 수 있는 여가 시간과 관심에 다시 잘 반응하고 있으며, 손자녀들과의 관계는 더욱 친밀해졌다. 나와 딸들은 더 많은 시간을 함께 보낼 수 있었고, 상대방의 이야기에 좀 더 귀를 기울일 수 있었다. 나에게 이것이 곧 인생이었으며, 우리가 개입하는 가족의 삶에서 빠진 부분일 것이다.

내가 처음 만났을 당시 열두 살이었던 리한나(Rhianne)의 사례를 살펴보면, 상당 기간 그녀의 삶에는 도움을 주는 성인이 존재하지 않았다. 나탈리와 달리, 리한나는 대응할 만한 정서적 성숙이 없었다. 리한나의 계부는 그녀의 동생을 성적으로 학대했으며, 그녀의 어머

니는 딸들보다 자신의 남편을 선택하였다. 사회복지국은 리한나 또한 학대받았을 가능성을 무시하든지 아니면 이것을 간과할 것을 선택하였다.

이런 일이 어떻게 발생했는지 이해하는 것보다 정당화하는 것이 나에게는 어려운 일이었다. 어느 쪽이든 리한나는 그녀의 동생이 가정에서 분리되었을 때, 집에 남겨져 있었다. 나중에 우리 팀의 개입 과정에서 리한나가 주의력결핍 과잉행동장애(ADHD)가 있으며, 그 가족들로부터 다양한 거부를 받아 괴로워하였음을 발견하였다. 당연히 사회복지국은 그녀가 받은 상처는 이미 있었던 일이므로 보호조치를 하는 것을 거부하였으며, 우리가 리한나에게 개입했던 요점은, 다양하게 역기능적인 리한나의 가족이나 리한나의 친구에게 리한나를 보호조치하도록 하는 데 있었다. 리한나는 그 팀의 여자 직원들, 특히 그녀의 담당 사회복지사와 급속히 친해졌고, 그 사례를 종결할 때 전화로 연락을 유지하였다. 결국 리한나는 열다섯 살에 아동양육시설에 입소했는데, 그 당시 10일간 노숙하였고, 정서적으로 심한 충격을 받은 상태였다. 리한나는 성적으로 문란하였으며, 술을 마시고 마약을 하고, 그때 당시 임신 8주였다. 또한 아주 심하게 자해를 했고, 몇 번이나 약물을 과다 복용했다.

개입 계획을 위한 사례회의가 다른 기관의 다양한 대표자와 함께 열렸고, 나는 그녀의 담당 복지사인 셸리를 대신해서 참석하였다. 리한나의 정신과 의사의 말을 참고하여, 나는 리한나가 어머니에 대한 애매모호한 감정 때문에 위탁양육자와 친밀한 관계를 맺을 수 없었기 때문에, 그녀에게 아동양육시설 입소가 필요하다고 설명하였다.

나오미의 경우처럼(내가 아동양육시설에서 근무할 때 만났던), 리한나는 사람들이 너무 가까이 다가온다고 느끼면 그 관계를 고의적으로 방해하곤 하였다. 그녀는 종종 그와 같은 이유로 우리 팀 직원들이 교체되도록 하였다. 또한 위탁양육자들은 리한나가 위탁가정에서 불안하고 파괴적인 행동을 하는 것에 대응하지 못하였다.

결국 리한나는 경험이 없는 위탁양육자에게 맡겨졌고(주로 비용 문제로 인해), 그 양육자는 나중에 리한나가 '보육교사가 운영하는 소규모 놀이방(Tedder Loving Childminding: TLC)'이 필요하다는 말 외에 그녀에 대한 정보를 사회복지사가 전혀 주지 않았다고 말했다. 그녀의 불안 행동이 증가하고 자해 사건이 더 심각해졌기 때문에 얼마 지나지 않아 리한나의 가정위탁이 중단되었다. 어느 주말, 그 위탁양육자가 우리에게 전화를 하여 그녀가 리한나와 언쟁하는 동안 리한나가 면도칼로 자해를 했다고 말해서, 우리는 리한나의 안전을 위해 그녀를 다른 위탁가정으로 배치하였다. 나는 그 위탁양육자를 비난하지 않았다. 그녀는 리한나처럼 상처받은 아동이나 청소년과 함께하기에는 충분하게 준비가 되어 있지 않았기 때문이다.

그 뒤 어떤 회의에서, 고위 관리직이 자신의 상관으로부터 리한나 사례와 관련하여, 문제의 복잡성을 감안할 때 왜 시설 입소가 처음부터 이루어지지 않은 것인지 질문을 받았다. 나와 정신과 의사는 참석하지 않았었는데, 그녀는 그 결정이 우리의 의견을 바탕으로 이루어졌다고 거짓말을 하였다. 첫 번째 회의에 참석했던 그 사회복지사와 다른 전문가들은 아무 말도 하지 않았다. 비록 고위 관리직의 체면이 중요하고, 그녀가 예산을 담당하고 있었으며, 현재 우리에게 충분한

사회복지 조직의 위장된 가치를 고발하다 **257**

예산이 없다는 것을 이해하고는 있었지만, 그 사실을 알았을 때 나는 화가 났다. 그녀의 상관도 자신이 그 질문을 하기 전에 왜 그러한 조치를 했는지 잘 알고 있었을 것이다. 나는 그녀에게 전화를 걸어 뭔가 오해가 있는 것 같다고 말하였다. 처음에 그녀는 그런 말을 했다는 것을 부인했지만, 곧 그런 말을 했을 수도 있지만 너무 많은 회의에 참석해서 기억나지 않는다며 물러섰다. 나는 그녀에게 그것이 나의 오해가 아니라, 그녀의 오해라는 것을 그녀가 알고 있다면 괜찮다고 말했다. 나는 더 많은 것을 제기할 수 있었을 테지만, 그게 무슨 의미가 있겠는가? 그것은 단지 나에 대한 문제만 일으킬 것이고, 현재 일이 되어 가는 도식을 보면 다반사인 일일 것이다. 그녀가 앞으로 이 사건을 기억하여서 두 번 다시 그렇게 하지 않는다면 그것으로 나는 만족할 뿐이다. 행운을 비는 수밖에.

나는 열정으로 가득 차고 선한 일을 하기 바라는 몇몇 신규 사회복지사들—대부분 젊고 경험이 적은—을 만난 적이 있다. 나는 그들에게 이 일의 위험성을 알려 주었지만, 그들이 이 일을 못하도록 한 것은 아니다. 확실히 그들은 스스로 배워야 할 것이 많으며, 많은 사람이 그들이 개인적인 시간에 일하려 하지 않을 것이며, 의미 없는 일을 용납하지 않을 것이라고 말하였다. 그들 중 상당수는 이직했고, 남아 있는 일부도 그들이 받아들이는 추가 근무와 이것이 야기하는 문제에 대해서 벌써부터 불평을 하기 시작하였다. 그들이 안타깝다.

그 당시 나는 열두 살 된 소녀의 사례를 맡게 되었는데, 그녀의 젊은 엄마는 알코올과 약물에 심하게 중독되었고, 그것을 그녀는 인정하지 않았다. 그 어린 소녀는 적절한 지도와 관리의 부재로 완전히 엉망이었다. 집에 들어가기 위해 창문이 있는 벽을 타고 오르기도 하고, 종종 자신의 어머니가 인사불성인 것을 발견하곤 했다. 칼리(Carly)는 학교에 다니지 않았고, 종종 집에서 사라진 후 인근 도시에 나타나 밤늦게까지 돌아다니곤 하였다. 칼리의 이름은 아동보호명부에 등록되어 있기는 했지만, 부모의 협조 부족으로 인하여 많은 보호를 제공할 수 없었다. 이것은 사회복지사들과 다른 전문가들이 그녀의 환경을 계속 추적하고, 그 결과에 따라 행동해야 하는 압박이 더해졌다는 의미다. 그녀의 어머니는 대부분 나를 피하였으며, 어떠한 방식으로든 나와 함께 일하는 것을 거절하였다.

칼리는 성인을 신뢰하지 않았고, 다만 자립하기를 원하는 사랑스러운 아동이었다. 우리는 칼리에게 안전해야 할 필요성을 여러 번 이야기하였으나, 칼리는 자신이 알아서 할 수 있으며, 밤새 자신을 잡으려는 시도를 누군가가 한다면 '그들의 민망한 곳을 걷어차 버릴 것'이라고 으름장을 놓았다. 내가 일하던 가족센터에서는 자포자기하여 칼리가 나와 같이 있을 때 스스로 이 이론을 검증해야 한다고 결정하였다. 칼리가 의자에서 일어나 떠나려 할 때, 마침 우리는 맥주를 한잔하면서 이야기를 나누고 있었다. 우리는 놀라서 칼리를 잡아 의자에 앉혔다. 그 당시 다른 직원도 한 명 더 있었다. 칼리는 그 메시지를 받아들이기 시작하였다.

여하튼 나에 대한 칼리의 신뢰가 커지면서, 그녀는 자신의 삶에 일어났던 것에 대해 점점 더 많은 이야기를 하기 시작하였다. 그녀의 어머니가 말하지 말라고 한 것들과 그녀를 위험에 빠뜨린 것에 대해서 말이다. 그녀의 담당 사회복지사와 동행했던 방문에서, 칼리는 입

을 꽉 다문 채 이미 나에게 말했던 내용을 되풀이하기를 거부하였다. 왜 칼리가 나에게 했던 말을 또다시 그녀의 담당 사회복지사에게 말할 필요가 있는지 이유를 납득시키는 과정에서 사회복지사는 우리 자신들이 증거기반서비스(evidence-based service)라고 설명했지만, 전혀 도움이 되지 않았다.

결국 나는 칼리가 그녀의 언니와 함께 집에서 분리될 것을 지지하였는데, 그것은 완전하지 않았지만 아동보호회의(Child Protection Conference)에서 칼리가 어머니에게로 돌아간다면 우려의 원인이 될 것이라는 결정이 났다. 칼리와 관련된 모든 사람이, 칼리가 받아들이기 힘든 위험에 노출되어 있으며, 담당 사회복지사는 법원에 보호명령(Care Order)을 청구할 필요가 있다는 것에 동의하였다. 많은 이유로, 칼리는 스페인에서 일주일의 휴가를 보내자는 어머니의 제안에 넘어갔다. 모든 사람이 그녀가 스페인에서 그녀의 어머니와 함께 있는 것이 안전하지 않다는 것에 동의했다는 사실을 고려하면서도, 사회복지국이 칼리가 어머니와 함께 있도록 허용할 것이라는 것을 알았을 때 나는 몹시 당황스러웠다.

내가 들은 이 사건 이면의 추론 과정은 다음과 같다. 즉, 칼리가 어머니와 휴가 가는 것을 막기 위해서 사회복지국이 긴급보호명령(emergency protection order, 친자 분리를 하지 않으면 아동이 위험하다고 믿을 만한 이유가 있는 경우, 지방자치단체가 부모의 동의가 없어도 법원에 청구할 수 있으며, 유효 기간은 최대 8일이며, 1회에 한하여 7일 연장이 가능함-역주)을 법원에 청구하기 위한 충분한 증거가 있었다면, 사회복지국이 동원 가능한 모든 보호명령〔a full of Care Order, 아동이 학대를 받고 있거나 받을 우려가 큰 경우, 부모의 동의가 없더라도 친자를 강제로 분리하여 지방자치단체의 보호에 두는 조치로 긴급보호명령, 경찰에 의한 보호(Police Protection), 보호명령(Care Order), 잠정명령(Interim Order) 등이 있다-역주)을 강구하지 않은 이유를 추궁해야 할 것이다. 사회복지국이 아동학대 사건으로 법원에 보호명령을 청구하게 되면 아동학대 사례에 대한 통제는 상실되어 법원으로 넘어가게 되고, 가끔 법원의 비현실적인 기대(사회복지국이 법원에 보호명령을 청구할 때는 아동의 욕구를 충족시키는 데 필요한 보호와 서비스 제공 계획, 기간, 보호 장소, 친자 교류 및 재결합의 구체적인 과정, 사례 재검토 등을 포함하는 보호 계획을 제출하면, 법원이 이를 심사하는 복잡한 서류 작업이 뒤따름-역주)에 맞춘 업무는 비싼 비용과 많은 시간이 소요되기 때문에 사회복지국이 법원에 보호명령을 청구하지 않은 결정을 절반 정도 이해하게 되었다. 즉 (사회복지국 고위직이 경영의 관점에서 본다면-역주), 아동학대 영업에서 매우 공급이 부족한 두 가지 상품은 시간과 예산이라 할 수 있다.

결국 칼리의 삶이 어떠하였는지, 그녀가 말하지 않은 것이 무엇인지는 신만이 알 수 있는 것이고, 칼리는 안전하게 집으로 돌아갔다. 그럼에도 내가 담당 사회복지사가 아니고, 반대 의견을 분명히 하였다는 것만으로 만족하였다. 계속해서 그녀의 어머니가 사회복지국의 개입을 거절하였고, 집에서 더 심각한 사건이 잇따르자, 최근에 칼리는 보호조치되어 보호명령의 대상이 되었다는 것을 알았다. 불행하게도 현재는 칼리 역시 협조를 거부하고, 자기파괴적인 양식을 드러내고 있다.

명백히 '보호조치(Looked After)'가 필요한 아동이나 청소년과는 별

도로, 그 팀은 좋은 성공률을 보였다. 그 담당 부서의 비용을 제외하고 가족에 대한 혜택은 분명하였다. 나는 사례들에 대한 더 많은 통제를 갈망하면서, 다소 기술이 단순화되었다고 느낄 때 나 자신에게 이것을 상기시켜야 한다. 모든 것을 감안할 때, 나는 올바른 결정을 했다고 느꼈는데, 이제 실제로 내 자격증 등록 상태를 유지하기 위한 보수교육 과정을 시작할 시간이 되었다. 나는 여전히 내가 하는 일을 즐기며, 나 자신의 실천에 대한 통제를 꽤 잘하고 있기 때문에 개인적 보상 역시 상당하다고 느낀다.

비록 그 팀에 여덟 명의 직원이 있었고, 나를 포함한 네 명의 핵심 직원은 버틸 것이지만, 이듬 해 끝 무렵 새로 온 직원들은 이직하기 시작하였다. 교대 근무제와 주말 근무의 영향 및 직무 '스트레스' 가 이곳을 떠나는 가장 큰 이유였다. 투자와 교육이 다시 없어지고, 여전히 배워야 할 것이 많다는 것은 부끄러운 일이다. 또한 받아들일 수 있는 위험 요인의 문제가 있는데, 이것은 반복해서 발생하기는 하지만 경험이 부족한 복지사들에게는 주눅이 들게 하는 것으로 여겨진다. 사회복지국의 고위 관리직들이 '내가 이전에 소속되었던 팀' 을 해체시킨 것은 최고 가치(Best Value, 최고 가치 성과 관리제를 말하는데, 1997년 노동당이 집권하면서 지방정부 개혁 프로그램의 일환으로, 세금이 아깝지 않을 정도의 최고의 서비스를 제공하는 것을 목적으로 해서, 측정하기 어려운 효과의 성과지표는 무시되었고, 경제 성과 효율성이 지나치게 강조되는 단점을 드러냈고, 지방 정치인은 중앙정부로부터 우수지방 자치단체로 인정받아 재선을 하는 데만 관심을 두게 되어, 지역의 특수성을 반영하지 못하는 문제점을 드러냄-역주)를 위장한 허위 절역이었다는 것을 언젠가 이해할 것이라고 나는 생각한다. 그 팀은 약 17년 동안 직원의 변화가 거의 없이 유지되고 있었다. 일에 대한 열정, 팀의 응집력 그리고 가족에 대한 결과는 한 푼의 투자도 손실되지 않았다는 것을 의미하였다. 이를 위해서 자격이 있거나 경험이 많은 직원이 필요하며, 그들의 헌신은 높이 평가되어야 한다.

재미있는 것은, 최근 고위 관리직들의 월급을 재고해 본 것으로, 누적 월급 상승액이 팀을 해체하고 무자격 사회복지사와 경험 없는 사회복지사로 대체함으로써 절약한 비용과 얼추 비슷하였다는 점이다. 또 하나의 고위 관리직이 신설되었고, 의회는 스트레스 관리 과정이나 다소 유명한 '내 인생의 동기 부여(motivational life trainers)' 과정과 같은 데 지속적인 비용을 지출할 것이며, 기회가 있을 때마다 협력의 트럼펫을 불어 댈 것이다.

무척 간단해 보이지만, 나에게 있어 더 적은 담당 사례를 할당받고 그에 따라 더 적은 시간 일하도록 하는 것은 속임수일 것이다. 여하튼 내가 개입하고 있는 가족의 입장에서, 나는 계약을 하고 돈을 지불받은 시간 동안 그 일에 대한 나의 몰입을 유지할 것이다. 이외에는 슬프게도 그 사회복지국이 지불한 만큼만 얻게 될 것이다.

일전에 출근하면서, 나는 사회복지사를 위한 새로운 구인광고를 들었다. 그들은 서비스 이용자들과 긍정적인 관계를 가지며, 충격적인 사건과 상황을 경험한 사람들을 지원하고, 학대받는 아이들을 구할 수 있는 여유로운 복지사들의 모습을 주로 그린다.

머릿속에서 내가 주장하고 싶은 말이 마구 떠오르는 것을 참아 가며 바삐 다른 장소로 걸음을 재촉하였다.

사회복지 조직의 위장된 가치를 고발하다 **263**

에필로그

 나의 경력이 일찍 끝날지도 모르겠지만 나는 매우 활기차고 생기가 넘친다. '사회복지에서 여성을 찾을 수는 있지만, 여성들에게서 사회복지사를 찾을 수 없다.'는 사실을 보여 주었다. 나의 아이들은 각각 서른다섯, 서른 그리고 스물여덟 살의 성인이 되었고, 나는 쉰다섯 번째 생일을 맞이하여 축하를 받았다. 나와 마틴은 '위아래 층에 방이 두 개' 있는 조그만 집에서 행복하게 살고 있고, 다른 사람들과 비교해 본다면 내 인생은 꽤 달콤한 것 같다. 아담은 살아가면서 자신의 문제를 극복하기 위해 앞으로도 계속 가족의 도움을 필요로 하겠지만 많이 안정된 것 같다. 나의 자매들은 옆 동네에서 살고 있고, 우리는 여전히 긴밀한 관계를 유지하며 지낸다. 큰 손자는 열여섯 살이고, 막내 손자는 다섯 살이다. 대체로 나는 여전히 매우 바쁘지만, 속담에서 말하듯이 "돈은 많이 없지만, 꼭 인생을 알고 싶다."

 나는 여전히 내 업무에 헌신적이고, 사람들에게 열정적이다. 요즘 내가 조금 철학적인 방식으로 생각하고 있다. 심지어 내가 이름조차 기억하기 전에 입사했다가 이직할 정도로 수많은 유경력 사회복지사들의 대량 탈출이 계속되고 있다. 그 대부분은 이 직장 저 직장으로 일자리를 이동하면서 자격을 갖추고 교육을 이수한다. 어느 직장에도 헌신하지 않으면서 비정규직 직원의 비용은 상승하고 있는 추세다.

그렇게 말하고 싶다면, 나를 피해 의식에 사로잡힌 편집증 환자라고 불러도 되지만, 경험 없는 사회복지사의 인력 풀을 지속적으로 장악하는 것이 고위 관리직에게 좋은지는 궁금하다. 그들은 훨씬 저임금을 받지만, 자신들이 감수해야 할 위험성을 충분히 이해하지 못하고, 의사결정에 이의를 제기하지 않을 것이며, 불미한 사건이 발생할 경우, (직속 상사를 따라) 지탄을 받을 수 있다. 터무니없는 업무량과 더불어 비정규직의 대량 충원은 좌절의 온상, 서투른 실천 그리고 부실한(위험스럽지 않다면) 의사결정의 양산을 보증하는 상투적인 공식이다. 우리 팀에서는 게임의 '정치' 외곽에서 우리 팀과 우리가 개입하는 가족에 대하여 진정한 헌신을 하고자 하는 지원자를 끌어들이는 방법을 찾을 수 있기를 희망한다.

사회복지국 내부와 전국적 수준에서, 사회복지사의 업무량을 축소하는 움직임이 진행 중이다. 그러나 불행하게도 이러한 움직임은 더 많은 사회복지사를 고용하는 것이 아니라, '우울하게 끝나는' 아동학대 사례와 법정 업무를 사실상 무자격 직원이 사례관리를 담당하게 되고, 곧장 과중한 업무 부담을 떠안게 될 것이다. '요보호아동'과 '아동학대' 사례의 구분은 사회복지사의 재량에 맡겨져 있다 해도 지나치지 않다. 이 구분은 영향을 미치는 많은 요인에 좌우되기 쉬우며, 이러한 요인들도 어떤 시점에 따라 바뀔 수 있다. 아동학대 사례가 많이 보고될 때, 오히려 이와 비슷한 사례를 '요보호아동'으로 판정할 수 있다. 이러한 사례를 담당하는 무자격 직원의 위험과 책임은 자명하다. 나의 견해로는 이러한 움직임이 그 어려움을 결코 해결하지 못할 것이고, 그 문제를 곧장 한참 내려간 최일선에서 다룰 작은 문제로 돌릴 것이다. 또한 이 직원들의 관리직 대부분은 자신이 사회복지사를 해 본 적이 없었으며, 사례관리를 담당할 직원들을 관리하기 위하여 사회복지사 자격 취득 교육과정을 황급히 이수하고 있다.

나는 사회복지사들이 맡은 사례가 아주 복잡하고 많은 시간이 소요되므로 사회복지 활동의 소비자뿐만 아니라 사회복지사 자신조차 이런 유형의 업무 방식에서 혜택을 받을지 의문스럽다. 즉, 변화를 꾀하기 위해 가족에게 개입을 하는 동료들은 사례를 담당하고 있으므로, 이러한 업무 방식을 사용할 수 없다. 경험 있는 많은 가족지원 복지사를 비방하는 것은 아니지만, 이러한 업무 방식은 사회복지사 업을 '싸구려'처럼 표현하는 것이며, 나아가 전문직의 심각한 쇠퇴를 반영하는 것이다. 예방적인 업무는 아동, 청소년 혹은 가족의 지원과 보호에 대한 욕구를 충족시키는 것보다는 무슨 수를 써서라도 아동복지체계로 진입하는 것을 방지하는 또 다른 이름인 것이다.

대대적으로 사회복지 전문직의 학문적 구성 요소를 증가시키려는 움직임은 의심의 여지없이 새로운 유형의 사회복지사를 만들어 낼 것이다. 즉, 인생 경험이 없으며, 업무를 수행하는 데 필요한 시간과 기술을 갖지 않은 직원들은 그들이 영향을 미치고자 하는 사람들의 삶과 동떨어지게 될 것이다. 사회복지실천은 직면한 어려움을 해결하려고 하는 가족에 대해 이해하고 같이 관여하기보다는 점차적으로 정책, 절차 그리고 법률(그것의 허점을 찾는 것과 상식을 포기하는 것이 결부되어 있는 법률)에 의해 수행될 것이다. 동시에 자격 취득과 취득 후 교육은 개인적 수준에서 달성할 수 있는 것인가 관점에서 볼 때 점점 현실성이 떨어질 것이다. 계속되는 아동학대 사망 사건은 직원들을 더욱더 압박함으로써 명백하게 무자격 직원 채용과 재직 중 자격 취득의 악순환을 지속시킬 것이다. 다른 사회복지사들과 토론해 본 결과, 다른 지방자치단체 간에 어떤 차이가 있다고 주장할 수 있는 증거는 없다.

나는 고위 관리직들이 예산 축소, 개인별 성과 지표 그리고 '최고의 가치(Best Value)'와 '지속적인 개선(Continuous Improvement)'에 대한 증거 제시의 요구 때문에 자신들의 직원만큼 무력하다는 것을 이해한다. 물론 고위 관리직은 재정적·개인적 이익이 훨씬 더 중요하고, 다른 어떤 것이 결합된 형태로 직원과 서비스 이용자인 가족에게 가하는 손상을 '이해' 하지 못한다. 나는 국민보건의료서비스(NHS), 경찰, 교육과 교정서비스 같은 다른 공공 부문 노동자들의 유사한 경향을 잘 알고 있다. 사실 우리는 업무 수행에 필요한 자원이 없고, 반면 모든 수준의 개인은 문제점을 지속적으로 은폐하고 통계 자료를 조작하며, 기대 수준과 개별적인 책무성의 증대에 못지않게 점점 더 많은 예산 삭감이 이루어질 것이다. 동시에 책무성과 전문성의 향상을 입증하는 매우 복잡하고 많은 시간을 필요로 하는 방식은 정작 업무 수행에 필요한 시간을 더욱 제한할 뿐이다. 어느 누구도 생각할 시간적 여유가 없으며, 혹은 생각을 하더라도 무시해 버릴 것이지만, 우리 중 그 누구도 그 거짓말, 새빨간 거짓말, 사회복지 통계를 사실대로 믿지 않는다. 내 입장에서 나는 '독창적으로 생각하기' '쏟아지는 정보'와 같은 최근의 '유행어'에 진저리가 날 정도다. 우리 중 많은 사람이 오랫동안 독창적으로 생각해 왔고, 언제부터인가

'아래로부터 위로 정보가 쏟아졌는지'를 안다면 상급 기관도 깜짝 놀랄 것이다.

내가 보기에 어떤 것이 변화할 수 있는 유일한 방법은 직원들이 불가능한 업무량을 거부함으로써 직속상관에 대한 지원을 중단하고, 현재의 직원 수준으로는 그 일을 효율적으로 처리할 수 없다는 것을 직속상관이 인정하도록 설득하는 것이다. 불행히도 이것은 국가적인 수준에서 조치를 취하는 것이 필요하며, 권력자에게 할 수 있는 것과 할 수 없는 것을 일깨우는데 사회복지사들이 일어서서 사람들에게 드러내야 한다는 것을 의미한다. 개인이 통제할 수 없는 것을 계속적으로 관리하지만, 문제는 여전히 해결되지 않는다. 직원들과 일선 관리직들은 서투른 실천의 사건이 발생할 경우에 여전히 희생양이 될 것이고, 외부에 알려지는 데 억지로 관여하게 되고, 자신들이 담당하는 복잡한 사례 중에서 어느 것이 직업적으로 감당할 수 없는 천벌이 될지를 예측할 수 없는 어려움에 봉착하게 될 것이다.

그건 그렇고 나는 다시 출퇴근길에 노래를 부른다. 그러나 혼자만 안다!

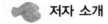 **저자 소개**

Sue Miller

슈 밀러는 39세의 만학도로 1992년 심리학 학사를 취득, 1995년 사회복지사(DipSW) 자격 취득, 1996년 사회복지학 석사학위를 취득했다. 그녀는 아동복지 분야 사회복지사로서 자격등록을 하고 실천을 했으며, 지방자치단체의 보건 및 사회복지국 내 아동양육시설에서 근무했다.

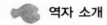 **역자 소개**

김현옥(hyunki@gntech.ac.kr)
경남과학기술대학교 아동가족 · 사회복지학부 부교수

〈주요 저서〉
한국사회와 아동복지(공저, 양서원, 2012)
아동학대의 이해(공저, 양서원, 2010)
한국사회와 아동청소년복지(공저, 양서원, 2009)

김경호(khk@gntech.ac.kr)
경남과학기술대학교 아동가족 · 사회복지학부 교수

〈주요 저서 및 역서〉
사회복지와 비판적 우수실천(공역, 공동체, 2012)
노인과 지역사회보호(공저, 양서원, 2003)
건강한 노화(공역, 양서원. 2002)

어느 사회복지사의 죽음
Death of A Social Worker

2014년 3월 10일 1판 1쇄 인쇄
2014년 3월 20일 1판 1쇄 발행

지은이 • Sue Miller
옮긴이 • 김현옥 · 김경호
펴낸이 • 김진환
펴낸곳 • (주) **학지사**
　　　　121-837 서울시 마포구 서교동 352-29 마인드월드빌딩 5층
대표전화 • 02-330-5114　　팩스 • 02-324-2345
등록번호 • 제313-2006-000265호

홈페이지 • http://www.hakjisa.co.kr
커뮤니티 • http://cafe.naver.com/hakjisa

ISBN 978-89-997-0291-4　03330

정가 13,000원

인터넷 학술논문 원문 서비스 뉴논문 www.newnonmun.com

이 도서의 국립중앙도서관 출판시도서목록(CIP)은 서지정보유통지원
시스템 홈페이지(http://seoji.nl.go.kr)와 국가자료공동목록시스템
(http://www.nl.go.kr/kolisnet)에서 이용하실 수 있습니다.
(CIP 제어번호: CIP2014003996)